Sissy — Krone und Rebellen

MARIELUISE VON INGENHEIM

Sissy

Krone und Rebellen

BREITSCHOPF
WIEN - STUTTGART

Cip-Titelaufnahme der Deutschen Bibliothek

Ingenheim, Marieluise von:
Sissy – Krone und Rebellen/Marieluise von Ingenheim.
Wien; Breitschopf 1988
ISBN 3-7004-0112-4

Titelillustration: Atelier Moser-Brandsch

Alle Rechte, auch die des auszugsweisen Nachdrucks, der photomechanischen Wiedergabe, der Übersetzung und der Übertragung in Bildstreifen, vorbehalten.

© by Breitschopf KG, Wien 1988

ISBN 3-7004-0112-4

Erster Teil

1. Millennium

In diesen Maitagen des Jahres 1896 lebte ganz Budapest in einem Rausch der Festesfreude. Die Hotels und Pensionen waren zum Bersten voll mit auswärtigen Gästen, die Privatzimmer seit Monaten ausgebucht, und wer nicht einmal mehr in einer Herberge unterkommen konnte, schlief in den Parkanlagen oder auf den Bänken der Uferpromenade der Donaustadt. Denn es war ein schöner, warmer, sonniger Mai, es herrschte „Kaiserwetter". Und das Millennium, die Jahrtausendfeier, das Fest aller nationalen Feste, sollte alles bisher Dagewesene übertreffen.

Das Königreich und der Budapester Magistrat ließen sich's auch was kosten. Kein Wunder, daß die Schaulustigen aus ganz Europa in Budapest zusammenkamen. Umzüge, Ausstellungen, Festvorstellungen und -konzerte in Sälen und auf öffentlichen Plätzen, vor allem aber die offiziellen kirchlichen und weltlichen Feierlichkeiten, die sich bis in den Monat Juni hinein erstrecken würden, waren wohl die Reise wert. Alle, die am Fremdenverkehr verdienten — und das war in diesen Budapester Tagen selbst der kleinste Würstelstand und die „Gulyashütte" in der Vorstadt —, sie rieben sich die Hände.

Zwar war die Heilige Stefanskrone, welche die tausendjährige Macht über Ungarn symbolisierte und sie der Satzung nach auf ihren Träger übertrug, der Glanz- und Mittelpunkt des Millenniums; doch das Verlangen, einen Blick auf dieses sagenhafte Heiligtum zu werfen, hielt sich in Grenzen. Hauptsächlich galt die Neugierde der kaum mehr zu Zählenden in den Straßen Budapests dem Königspaar; und hier vor allem „Erszebeth, der geliebten Königin", wie man auf unzähligen Transparenten lesen und deren blumengeschmücktes, wunderschönes Bild man in jeder Geschäftsauslage betrachten konnte.

Es waren Fotografien älteren Datums, Stiche oder mehr oder weniger kunstvolle, oft sogar von Laien angefertigte Gemälde. Selbst die kleinen Greißler und Gemüseläden verzichteten nicht auf ein Bild von Erszebeth. Und auf den Marktständen lächelte sie zwischen Paprikaschoten und Kartoffeln, aus Zeitungen ausgeschnitten und auf Pappe geklebt. Noch nie war in Ungarn eine Frau geliebt und verehrt worden wie sie!

Doch ihren wahren Anblick hatte man lange genug und schmerzlich entbehren müssen. Und überall fragte man nach dem Grund ihres Nichterscheinens. Aus der Hofburg in Wien kamen besorgniserregende Gerüchte, die aufgebauscht und in den Zeitungen von den Journalisten noch mehr entstellt wurden. Und es war kein Wunder, wenn sich daraufhin im Parlament Abgeordnete zu Wort meldeten und Aufklärung verlangten. Denn sie war das geliebte Kleinod aller Ungarn.

War sie wirklich so krank? War sie geistesgestört, nicht klar bei Sinnen? Litt sie etwa an einem anderen geheimnisvollen Leiden? Und wie sah sie aus, war sie immer noch so schön, wie man sie in Erinnerung hatte?

Man fieberte den Tagen entgegen, an denen sie sich öffentlich zeigen würde. Denn es hieß, sie würde kommen! Endlich wieder, zusammen mit ihrem Mann, dem König, in ihre Residenz.

Auf den Kaffeehausterrassen und an den Tischen in den Lokalen und im Freien saßen gutgekleidete Leute und sprachen eifrig über Elisabeth. Sie war seltsam, ein Geheimnis, gut für Gesprächsstoff zu jeder Jahreszeit. Seit dem Tode ihres einzigen Sohnes, des Kronprinzen Rudolf, ging sie nur noch in Schwarz und fand offensichtlich keine Ruhe mehr. Sie kam immer seltener zu ihrem Schloß Gödöllö bei Budapest, das ihr die Ungarn geschenkt hatten und das, wie es hieß, ihr liebster Aufenthalt gewesen sei, bis — ja, bis jenes schreckliche und geheimnisvolle Ereignis in Mayerling eintrat, das ihr Leben veränderte.

Das Volk hatte sich mehr oder weniger mit dem Tod des Kronprinzen abgefunden, die Königin aber offenbar nicht. Sie floh aus Wien, obwohl ihr der König und Kaiser die herrliche Hermesvilla erbauen ließ, um seine Frau in seiner Nähe zu halten. Vergeblich! Auf der fernen Insel Korfu hatte sie sich ein Schloß errichtet, das Achilleion, in dessen Park ein Denkmal des Dichters Heinrich Heine und eines des Kronprinzen Rudolf stand. Doch nun — das war durchgesickert — gefiel es ihr auch dort nicht mehr. Sie wollte das Achilleion verkaufen, für dessen Bau Franz Joseph aus seiner Privatschatulle so große Geldmittel aufgewendet hatte.

Er tröstete sich für die nun schon fast permanente Abwesenheit seiner Gattin, hieß es, mit der Burgschauspielerin Katharina Schratt. Sissy selbst hatte sie ihm zugeführt. Damit ihm die Einsamkeit in seinem privaten Dasein leichter fiele. Bei der schweren Last, die sein Amt ihm Tag für Tag und Stunde für Stunde auferlegte, brauchte er einen Menschen, dem er sein Herz ausschütten konnte. Sissy, seine geliebte Sissy, sah er aber nur selten. Sie floh auch ihn.

Dabei erinnerten sich die älteren Leute noch genau: es war eine echte Liebesheirat, denn eine große, tiefe Zuneigung verband die beiden. Doch seither war viel Wasser die Donau hinabgeflossen — in Wien, wie auch in Budapest . . .

Je geheimnisvoller und rätselhafter das Wesen der Königin ihnen erschien, umso mehr weckte sie ihre Neugierde. Triumphbögen und Girlanden schmückten und überspannten die Straßen, durch die sie fahren würde. Überall wehten schon die Fahnen und Farben Ungarns und Habsburgs, des Herrscherhauses. Und erwartungsvolle Freude glänzte auf allen Gesichtern, strahlte aus jedem Augenpaar, lachte von jedem Mund.

Am 2. Mai war es dann soweit. Die Stadt erbebte unter denn brausenden „Eljen"-Rufen, und die Tauben flatterten erschreckt über die Dächer. Schneidige Märsche und der Paradeschritt des Militärs in seinen schmucken Uniformen, die donnernden Geschützsalven des Salutschießens von der Budaer Burg — dies alles verschmolz zu einem festlichen Lärm, als die Prunkkarosse, begleitet von einem prächtigen Gefolge, durch die in einem Blumenregen fast ertrinkenden Straßen fuhr, während von den Kirchtürmen die Glocken läuteten.

Es ging zur Eröffnung der Millenniums-Ausstellung. Das war eine der vielen Gelegenheiten, an denen sich die Majestäten dem Volk zu zeigen hatten. Die Budapester hatten schon sehnsüchtig darauf gewartet; endlich sah man die geliebte Königin wieder!

Sissy winkte der wogenden Menschenmauer, welche die Straßenzüge säumte, zu. Sie wirkte blaß, schmal, wie abwesend. Sie gab sich Mühe, zu lächeln, doch es gelang ihr schlecht. Franzl hingegen saß gerade neben ihr, wenn auch ein wenig steif. Auch er grüßte in die Menge.

„Mehr Haltung, Sissy", forderte er leise. „Du hast es ja bald durchgestanden! Wenn alles vorbei ist, kannst du dich in unseren Zimmern in der Burg entspannen. Du hättest vielleicht doch eines von den Beruhigungsmitteln nehmen sollen, die dir Kerzl empfohlen hat!"

„Ich bin keine Spur aufgeregt", versicherte sie, „ich mag nur nicht angestarrt werden."

„Es sind ja deine Ungarn, die dich anstarren", meinte er, „deine geliebten Ungarn, mein Schatz."

„Du bist doch nicht etwa eifersüchtig?"

Jetzt lächelte sie wirklich. Hier rangierte sie in der Volksgunst deutlich vor ihm, und es mochte sein, daß ihn dies verletzte.

„Ich erfülle meine Amtspflicht", versetzte er jedoch. „So

wie überall, wo es von mir verlangt wird. Und dabei spielt es keine Rolle, was ich selbst darüber denke und dabei empfinde."

„Siehst du", nickte sie und lächelte wieder schmerzlich in die Menge, „das spüren die Leute, mein Löwe! Du erfüllst deine Pflicht. Wo aber ist dabei dein Herz?"

„Bei dir", antwortete er einfach. „Und ich sorge mich sehr um dich."

„Wohl auch wegen des Briefes, den dir meine Nichte geschrieben hat? Meine Familie macht dir Kummer. Marie ist gemein und niederträchtig."

„Ja", nickte er. „Das hat uns gerade noch gefehlt, daß sie mich erpreßt! Schäbig erpreßt! Wie soll man es sonst nennen?"

„Aber hat sie denn Grund, dich zu erpressen? Was weiß sie über Rudolfs Tod, das niemand erfahren darf?"

„Ach", knurrte Franzl, „Rudolf! Sie behauptet, über dich Dinge veröffentlichen zu können, Dinge, die dein und mein Privatleben betreffen!"

„Unmöglich!" rief Sissy empört.

„Alles natürlich Erfindungen, Verleumdungen, Entstellungen, was weiß ich! Ebenso wie ihr angebliches Wissen über Rudolf. Aber wir können nicht riskieren, daß sie damit an die Öffentlichkeit geht. Es würde nicht nur für uns, sondern für Österreich-Ungarn im In- und Ausland gefährlich sein."

Niemand ahnte, was in ihnen vorging, welche Probleme sie beschäftigten, welche Gefühle sie beherrschten. Man sah sie im vergoldeten Prunkwagen sitzen, der von prächtig geschmückten Lipizzanern gezogen wurde — und manche Leute meinten wohl, dieses Paar wäre zu beneiden ...

Die Nichte der Kaiserin, Gräfin Larisch-Wallersee, hatte geschrieben. Nachdem bekannt geworden war, daß sie in der Affäre um den Tod des Kronprinzen eine nicht eben erfreuliche Rolle gespielt hatte, war sie von dem Grafen geschieden worden, nach München gegangen und hatte dort einen Tenor der Königlich Bayrischen Oper geheiratet.

Für den Sänger war es eine Renommier-Ehe, denn nicht jeder in seinem Fach konnte sich so hoher Verwandtschaft rühmen. Für die einstige Gräfin aber war es der Beginn eines unaufhaltsamen Abstiegs; auch ihre Stunde hatte in Mayerling geschlagen.

Nun ging diese Verbindung in Brüche. Und die Gräfin brauchte Geld. Sie suchte es sich zu beschaffen, indem sie Memoiren schrieb, für die sich angeblich schon sehr viele interessierten. Darunter Zeitungen in den USA, die für solche Schandgeschichten eine Menge Dollars boten.

Aber, schrieb sie, sie wolle in Anbetracht ihrer Familienzugehörigkeit und ungebrochenen Treue zu Onkel und Tante und im Interesse der Reputation des Kaiserhauses schweren Herzens darauf verzichten, ihr Geschreibe zu verkaufen. Doch müsse sie dann natürlich auf andere Weise finanziell über Wasser gehalten werden, bis sie ihre Verhältnisse wieder geordnet habe.

Während ringsum eitel Wonne und Freude herrschten, befanden sich Franzl und Sissy unter dem Eindruck einer ungeheuerlichen Drohung, von der niemand etwas wissen, die niemand erfahren durfte — und aus der es zunächst offenbar auch gar keinen Ausweg gab.

Die Ausstellungseröffnung mit all ihren Reden und der anschließenden Führung durch das Gelände erlebte Sissy halb abwesend. Das fiel auf. Und so erschien sie denen, die sie so sahen, nur noch rätselhafter und — interessanter...

Die endlos scheinende Führung durch die Ausstellung, das anschließende nochmalige Redenhalten und Verabschieden war ermüdend. Und war doch nur einer der vielen Programmpunkte, die im Laufe der Millenniumsfeiern zu absolvieren waren. Sissy sehnte deren Ende herbei. Aber noch war sie eingezwängt in eine wunderschöne, aber tiefschwarze Festtoilette, „im Geschirr", wie sie es zu nennen pflegte.

Sehr bleich sah sie darin aus, für jeden erkennbar, dem es vergönnt war, einen Blick auf ihr Antlitz zu werfen, wenn sie den Schleier lüftete, der von der barettartigen Kopfbedeckung niederfiel und ihr Gesicht bis zum Kinn verdeckte. Das kleine Barett thronte auf der Fülle des noch immer reichen, natürlichen Schmucks ihres Kopfhaars.

Jedes Haar, das an den Bürsten und Kämmen der Friseuse Feifal hängenblieb, verschaffte Sissy Depressionen. Deshalb hatte sich die Friseuse zahlreiche Tricks zugelegt, um solches zu verheimlichen. Auch Sissys Gewicht war ein Problem. Sie wog nur knapp fünfzig Kilo, und Franzl schob — wohl mit Recht — einen guten Teil ihrer Nervosität und schlechten Laune den ständigen strengen Kuren zu, denen sich seine Frau unterwarf und gegen die auch die Leibärzte Bedenken äußerten.

Franzl wußte um diese Opfer, konnte sie aber nicht recht schätzen. Tatsächlich waren ihm die nun schon nicht mehr ganz so sanften Rundungen der stets mollig gewesenen Kathi Schratt lieber als die noch immer gertenschlanke Figur seiner Sissy, die oft nur von Milch und Orangen lebte. Und schließlich gab es bei Kathi einen gut gezuckerten, mit Rosinen gefüllten Guglhupf und dazu jeden Morgen ein Schalerl Kaffee mit Schlagobers, wenn er sie an so manchem frühen Morgen in der Gloriettegasse besuchte.

Sollte er Kathi von dem Münchner Brief erzählen? Was hielt wohl Sissy von dieser Idee?

2. Der Engel Ungarns

Die Zeitungen überschlugen sich in Berichten. Doch Sissy gab keine Interviews, die Journalisten wurden an ihr Sekretariat verwiesen, wo Frau von Sztaray die Flut neugieriger Fragen zu beantworten versuchte.

Nein, die Kaiserin sei nicht ernstlich krank, doch ihrer zarten Natur wegen angegriffen und schonungsbedürftig. Aber die Liebe zur ungarischen Nation sei so tief in ihr Herz gegraben, dáß sie dennoch gekommen sei. Wie, bitte? Die Kaiserin sei völlig klaren Sinnes! O ja, natürlich, Verzeihung, es handle sich hier nicht nur um die Kaiserin, sondern vor allem um die Königin. Jawohl, die Königin werde dem Tedeum beiwohnen, doch zu Festvorstellungen in die Theater und zu Bällen gehe sie nicht. Ob sie noch Gedichte schreibe? — Nein, schon lange nicht mehr.

Ob die Kaiserin bessere Informationen über die Vorfälle in Mayerling habe, wollte ein vorwitziger Auslandskorrespondent wissen. Die Sztaray konterte: Alles, was über die Geschehnisse in jener Nacht bekannt sei, habe das Pressebüro des Hofes in Wien zur Kenntnis gebracht. Aber es hieße doch, der angebliche Selbstmord des Kronprinzen sei gar keiner gewesen? — Ihr, Irma von Sztaray, der engsten Vertrauten und Hofdame der Kaiserin und Königin, sei hierüber auch nicht mehr bekannt als allen anderen Leuten und was aus den Bulletins des Hofes zu entnehmen sei. Im übrigen liege das traurige Ereignis nun schon Jahre zurück, und es gehe jetzt um die Tausend-Jahr-Feiern der Stefanskrone . . .

Während Frau von Sztaray sich in Gegenwart des offiziellen Pressesprechers in der Burg mit den Journalisten plagte, fuhr Sissy in „kleiner Equipage" zu einem Privatbesuch. Sie konnte nicht umhin, in Budapest zu sein, ohne an ihre Pflicht als Urgroßmutter zu denken. Denn in Budapest lebte ja Erzherzog Joseph mit seiner Familie, und vor etwas mehr als einem Jahr, im März, war dessen kleiner Stammhalter Joseph Franz zur Welt gekommen . . . Auf der Fahrt von und zum erzherzoglichen Wohnsitz verdeckte sie stets ihr Gesicht mit dem Fächer; den Schleier hatte sie der drückenden Hitze wegen in der Kutsche zurückgeschlagen.

Der Kleine war ihr erster männlicher Urenkel, und sie hob ihn mit gemischten Gefühlen an ihr Herz und drückte ihn an ihre blassen Lippen. Als sie so dieses Bündel Leben in ihren Armen hielt, wurde ihr mit drückender Deutlichkeit bewußt, wie die Jahre dahinschwanden, wie sie unaufhaltsam durch die Sanduhr des Lebens strömten, so daß nur noch eine kleine, allzu rasch vergängliche Neige übrig blieb. Wie lange noch? — Wer mochte es wissen!

Früher als geplant beendete sie diesen Besuch; sie hatte geahnt, daß sie wieder tiefe Depressionen empfinden würde, und so war es auch gekommen. Von ihrem fröhlichen Mädchensinn von einst blieb nicht mehr viel über. Wo waren die Tage der Kindheit im bayrischen Possenhofen hin? An ihre Eltern erinnerte sie sich nur noch wie an ferne Schemen. Selbst Rudolfs Gesicht vermochte sie sich oft nur mit Mühe ins Gedächtnis zu rufen, und dann erschien es seltsam und unheimlich verzerrt — eher als eine Anklage. Woher kam dieses grausame Schuldgefühl, das ihr Dasein zerstörte?!

Dann kam das feierliche Tedeum in der Krönungskirche... Kaum hörte sie die Ansprache des Kardinalfürstprimas, die von gerührtem Schluchzen der Zuhörer begleitet war. Er sprach von Sissys „mütterlich-zarter Hand", die so segensreich über die ungarische Nation gebreitet war und die einst ein unzertrennbares Band zwischen Ungarn und dem Hause Habsburg geknüpft hatte. Ja, sie hatte die Herzen der ritterlich empfindenden Ungarn erobert. Der „Ausgleich" war ihr und Andrassys Werk gewesen. Andrassy — auch das lag lange zurück... Sissy war, als wandle sie inmitten von Schatten einer Vergangenheit, von der sie heftig wünschte, sie ginge sie nichts an. Doch es gab kein Entrinnen vor ihnen.

Der achte Juni war ein besonderer Tag. An ihm fand der feierliche Staatsakt im Thronsaal der Burg von Buda statt. In feierlicher Prozession waren die Throninsignien von der Krönungskirche nach dem Parlament überführt worden. Ganz Budapest war auf den Beinen, um dieses prächtige Schauspiel mitzuerleben. Dann dauerte im Parlament die Festsitzung des Ungarischen Reichstages stundenlang: stehend mußte Franzl der Rede des Reichstagspräsidenten Szilagyi zuhören. Sissy saß neben ihm und glich einer „Mater dolorosa", wie man anderentags in den Zeitungen lesen konnte.

Bei der darauffolgenden Huldigung im Thronsaal der Burg war sie tatsächlich fast am Ende ihrer Kräfte. Aber als Szilagyi Dankesworte an die Königin richtete und ein brausendes „Eljen" erscholl, schluchzte sie gerührt und dankbar lächelnd auf.

Die Illustriertenleser verschlangen die Journalistenberichte. In denen konnte man lesen, was Sissy bei diesem Anlaß trug: festliche ungarische Nationaltracht aus prächtig schimmernder Seide — in Schwarz! Schwarz war auch die Perlenkette um ihren Hals. Sie trug kein Diadem; ihr Haar war zu einer Krone geflochten.

Wie von einer Last befreit atmete sie auf, als dieser Tag sich neigte. Franzl kam in ihr Ankleidezimmer, um sich besorgt nach ihrem Befinden zu erkundigen.

„Wie geht's, mein Engel?"

„Danke, es muß. Es ist durchgestanden."

„Du siehst fabelhaft aus", stellte er anerkennend fest.

„Ja, Madame Fuchs ist wieder einmal ihrem Ruf als Hofschneiderin gerecht geworden."

„Nicht das Kleid, sondern die königliche Trägerin meine ich."

„Die Rechnungen von Madame Fuchs sind gleichfalls königlich."

„Sag das nicht laut, sonst schreiben die Zeitungen noch, du hättest deswegen so traurig dreingesehen", scherzte er.

„Ach, ich habe während der vielen Reden an so manches gedacht . . . und mir war, als drückten die tausend Jahre, die man so festlich begeht, auf meine Schultern. Ich war oft in Gedanken weit fort — bei Marie Valerie. Nun hat Gisela, ihre älteste Tochter, schon den Titel ‚Schwiegermama', seit Sophiens Heirat mit Joseph. Und ich habe gestern den Buben von Sophie und Joseph getragen und geküßt. Ich — als Urgroßmama!"

„Das darf dich nicht bedrücken, Sissy!" Er küßte sie zart auf den Nacken und ging. Und sie mußte sich für das abendliche Festbankett umkleiden lassen.

Sie saß dann wieder an Franzls Seite in dem festlich geschmückten Saal an der langen Tafel und hatte den gleichen abwesenden Ausdruck in den Augen wie bei der Huldigung am Nachmittag.

Und in Gedanken war sie tatsächlich weit fort: in Possi, in ihrer stillen, kleinen Mädchenkammer.

Durch das Gemurmel an der Tafel, die Geräusche, welche die servierenden Lakaien verursachten, und das Gläserklingen glaubte sie den vertrauten Schlag der alten Kuckucksuhr zu hören, die auch jetzt noch in Possi in stetem Gleichmaß tickte wie einst vor langen Jahren, als sie die hoffnungsvollen Stunden von Sissys Kindheit schlug.

Damals hatte sie nicht im Traum daran gedacht, einmal der „Engel der Magyaren" zu werden. Ein Mädel wie viele andere war sie gewesen, hatte am Ufer des Starnberger Sees getollt und sich von Papa, dem Herzog Max von Bayern, die Gartenschaukel schwingen lassen. Und herzhaft gelacht, wenn es hoch, immer höher hinauf ging. Hoch, immer höher . . . Als sie zum Mädchen erblühte, tauchte ein seltsamer Mann in ihrem Leben auf: Ludwig, König von Bayern. Er warb um die Hand ihrer Schwester und meinte dabei doch sie. Die seltsame Spannung zwischen ihnen blieb bis zu seinem sehr geheimnisvollen Tod im Starnberger See.

Damals, als sie einander zum letzten Mal auf der Roseninsel begegnet waren, hatte sie schon Marie-Valerie an den Händen gehalten. Danach hatten sie einander nur noch in jener dramatischen Nacht in Neuschwanstein gesehen, in der Sissy vergeblich versucht hatte, den König seinen Häschern zu entreißen. Auch Franzl hatte ihm nicht helfen können.

Nené, die ihm als Gattin zugedacht war, war auch schon längere Zeit tot. Sissy dachte an Ischl, an Franzls Brautschau, bei der alles so anders gekommen war, als es Mama Ludovica und Franzls Mutter, Erzherzogin Sophie, geplant hatten. Da hatte die Liebe Schicksal gespielt . . .

So war es denn gekommen, daß das Prinzeßlein aus Possenhofen fortan Krone und Purpur tragen mußte. Doch genau dies hatte sie nie gewollt!

Sie war ein Kind vom Lande und liebte die Freiheit und die Natur. Wie wohl hatte sie sich doch stets auf dem Rücken der Pferde gefühlt! Mit den besten Reitern Europas hatte sie es aufgenommen. Mit Diana hatte man sie verglichen, der Göttin der Jagd . . .

Doch wie fern war dies alles. Fünzig Kilo und dreißig Dekagramm hatte die Waage heute morgen angezeigt, und das Korsett drückte unbarmherzig. Sie lächelte gezwungen, wenn ihr die Lakaien Speisen reichten, nippte wie ein Vögelchen vom Sekt und aß kaum einen Bissen.

In den ersten Jahren ihrer jungen Ehe hatte Franzls Mutter den „bayrischen Wildfang" an die Kandare nehmen wollen. Daran zerbrach ihre Ehe fast. Sissy war kein Geschöpf, dessen Nacken man unter ein ungeliebtes Joch beugen konnte. Das Zeremoniell am Wiener Hof wurde ihr verhaßt, und nach dem Tod der Schwiegermutter war Sissy eine emanzipierte Frau, die über vieles anders dachte, als sie es als Trägerin der Krone sollte.

In diesen Jahren sahen ihre Kinder die Mutter selten. Die Ehe ihres Sohnes Rudolf mit Stephanie, der Tochter des Königs Leopold von Belgien — von Sissy eingefädelt —, ging entsetzlich schief.

Was habe ich falsch gemacht? Diese Frage stellte sich Sissy immer wieder, selbst an diesem Abend regte sich ihr Gewissen. Rudi war ein schwieriger Sohn. Ich habe mich zu wenig um ihn gekümmert . . .

„Es ist überstanden, mein Engel!"

Ja, der Abend war vorbei, die Turmuhr der Budaer Burg schlug bereits die erste Morgenstunde.

„Ich fürchte, ich werde kein Auge zutun können, Franz", gestand sie ihm.

„Und ich werde schlafen wie ein Murmeltier", prophezeite er. „Aber Ketterl muß mich um halb vier Uhr wecken; ich erwarte eine Menge Post aus Wien."

Franzl gab Sissy einen Gutenachtkuß und verschwand in sein Schlafzimmer, wo ihn genauso ein eisernes Feldbett erwartete, wie eins in Wien in der Hofburg stand. Er schlief darin weit besser als Sissy in ihrem barocken Prunkbett; auch heute lag sie lang wach und sann Vergangenem nach.

Und nun kam auch noch dies über sie, der schamlose Erpressungsversuch ihrer eigenen, blutsverwandten Nichte Marie . . .

Sie hatte sich nicht an Sissy gewandt, sondern an Franzl. Franzl aber behauptete, Marie drohte mit Enthüllungen über ihre Tante. Mit welchen Enthüllungen? Sissy hatte sich nichts vorzuwerfen. In ihrem Dasein gab es keine dunklen Flecke, die für sensationslüsterne Presseleute von Interesse sein konnten. Sie, die man den „Engel Ungarns" nannte, war ein waidwunder Vogel, dessen Flügel längst angesengt waren. Wie jene des Ikarus, der sich der Sonne zu sehr nä-

hern wollte. Der Sonne, welche den Namen ‚Freiheit' trug. Ihre Kissen mit Tränen benetzend, schlief sie endlich ein.
Franzl wurde in der Tat schon am frühen Morgen auf seinem Schreibtisch von einem wahren Berg von Kurierpost erwartet.
„Die meinen es aber gut mit mir, die lieben Leut'", brummte er, zündete sich seine Zigarre an und machte sich an die Arbeit.
Obenauf lag ein Lagebericht der österreichischen Gesandtschaft in Bern. In dieser Dienststelle liefen zahlreiche offizielle und auch inoffizielle Fäden zusammen. Auch die in der Schweiz tätigen Agenten des österreichischen Geheimdienstes berichteten per Kurierpost über diese Stelle, welche diplomatische Immunität genoß.

In der letzten Zeit sind im Bereich Chamonix, aber auch im Kanton Zürich verschiedentlich Treffen subversiver Elemente beobachtet worden. Es handelt sich um anarchistische Verschwörer, die vom sicheren Boden der Schweiz aus Unternehmungen planen, die vornehmlich auf auswärtigem Territorium zur Durchführung gelangen und eine Destabilisierung der politischen Lage in Europa zum Ziele haben sollen.

Obwohl die Schweizer Kantone selbst schon aus Gründen einer ungestörten Vorbereitung kaum als Schauplätze derartiger verbrecherischer Anschläge ausersehen sind, scheint doch Anlaß vorzuliegen, insbesondere bei den Reisen Ihrer Majestät innerhalb der Schweiz gesteigerte Vorsicht angebracht erscheinen zu lassen.

„Da haben wir's", brummte Franzl. „Das muß ich Sissy lesen lassen!"
Sissy erwachte gegen sieben Uhr morgens mit Kopfweh. Sie hatte zu wenig geschlafen und fühlte sich kaum ausge-

ruht. Und was ihr Franzl beim Frühstück vorlas, stimmte sie auch nicht heiterer.

„Aber wir sind doch in Ungarn und nicht in der Schweiz", wehrte sie ab. „Im übrigen bin ich alt genug, um auf mich aufzupassen!"

3. Nikolaus und Alexandra

Nach den wunderschönen, sonnigen Maitagen folgte ein verregneter, kühler Frühsommer. Die Tage des Millenniums in Budapest hatten Sissy sehr angestrengt. Oft bis zum Umfallen erschöpft war sie in der Budapester Burg in ihrem Schlafzimmer aufs Bett gefallen; nur mit Mühe hatte man sie auskleiden können. Mit letzter Kraft schleppte sie sich noch ins Bad und kniete dann vor ihrem Hausaltar; doch schon beim Beten fielen ihr mitunter die Augen zu.

Nun war sie wieder in Lainz, in der Hermesvilla und fühlte sich erleichtert. Das Millennium war vorbei und gehörte der Geschichte an. Doch ein neues Ereignis stand bevor, diesmal in Wien: der Besuch des jungen russischen Zarenpaares, Nikolaus II. und seiner Zarin Alexandra.

Alexandra war eine Deutsche, eine Prinzessin von Hessen-Darmstadt. Nikolaus, so hieß es, sei schrecklich verliebt in sie, wie auch sie in ihn — zwei Königskinder, die einander liebten und um die Erfüllung dieser Liebe nicht einmal hatten kämpfen müssen. Das einzige, was ihrem Glück hinderlich war, war der Thron, von dem aus Nikolaus das riesige Russenreich regieren mußte.

Nikolaus und Alexandra hatten dem zu entgehen versucht. An allen Höfen Europas redete man und spöttelte über die beiden, die doch tatsächlich gehofft hatten, durch einen kühnen Fluchtversuch nach Paris der Krönung zu entkommen. Nikolaus wollte nichts als Privatmann sein und als solcher für seine Familie leben. War er, ein Romanoff, nicht reich genug, um sich und seiner Familie den Himmel auf Erden bieten zu können? Und hätte nicht sein Bruder, Großfürst Dimitri, zum Zaren gekrönt werden können? Der Fluchtversuch mißlang, die Schranzen schleppten den armen Nikolaus zur Krönung. So wurde er Zar wider Willen, ohne Lust und Neigung für sein Amt, das er mehr schlecht als recht nach den Vorschlägen seiner Ratgeber versah. Zarin Alexandra hingegen fügte sich in ihr Schicksal. Sie sei, so hieß es, der wahre Kopf der Familie, und mit ihr könne man nicht machen, was man wolle.

Auch zwei arme, in goldenen Käfigen gefangene Vögel, dachte Sissy und schaute durch die Fenster ihres Arbeitszimmers in der Hermesvilla hinab auf den verregneten Lainzer Tierpark, der sich grün und blätternaß vor ihren Blicken ausbreitete. Der Wind pfiff böig über die Dächer, und Sissy fröstelte.

Sie hatte sich aus Budapest eine neue Hofdame mitgebracht, die Baronin Sennyey, die sich bemühte, etwas Abwechslung in ihr Leben zu bringen. Auch Barker war wieder da, und Sissy nahm wieder bei ihm Fremdsprachenunterricht, obwohl sie nicht die Absicht hatte, sobald wieder nach Korfu zu reisen.

„Dort steige ich erst wieder ab, wenn man aus dem Achilleion ein anständiges Hotel gemacht hat", versicherte sie dem kopfschüttelnden Franzl, der ihr vorhielt, wieviel Geld in den Bau investiert worden sei, der ihr nun schon nicht mehr gefiele.

„Sei doch froh, Franzl", hielt sie ihm entgegen. „Nun hast du mich ja, wo du mich haben willst — hier in Wien, in der Hermesvilla."

Doch so, wie sie das sagte, freute es ihn nicht. Es klang zu sehr nach Resignation. Sissy sah wirklich angegriffen aus. Franzl sah es deutlich genug, und es machte ihm große Sorge.

„Hab keine Angst, Löwe", tröstete sie ihn. „Mit mir ist nicht mehr viel los, wie du siehst, aber bis das Zarenpaar kommt, bin ich schon wieder gehorsamst auf den Beinen."
Sie liebte doch Franzl! Niemand konnte das verstehen, sie selbst konnte es kaum fassen, wie es dennoch immer wieder zwischen ihnen zu einem großen Schweigen gekommen war.
„Mein armer Engel", sagte Franzl zärtlich und strich ihr übers Haar. „Ich bitte dich, unterlaß für eine Weile deine ewigen Kuren und iß wie ein vernünftiger Mensch", bat er. „Das wird deine Nerven beruhigen und dir bei deiner Wiederherstellung behilflich sein."
„Ich sagte dir schon, daß du nichts zu fürchten hast", erklärte sie beinahe ärgerlich. „Ich werde Nikolaus und Alexandra empfangen, wie es meine Pflicht ist."
„Aber", brummte er betroffen, „so war das doch nicht gemeint! Ich sorge mich um dich und nicht um diesen Empfang."
„Mag sein, daß du dich um mich sorgst, alter Löwe. Aber um den Empfang sorgst du dich auch; ich kenne dich doch, du brauchst mir nichts vorzumachen."
Er schwieg gekränkt und sah sie traurig an. Und plötzlich überkam ihn unaussprechliche Wehmut.
„Hast du denn alles vergessen, mein Engel", murmelte er, „all die schönen Stunden, die Tage und Nächte unserer Liebe? Der Herrgott hat uns beide zusammengeführt. Wir sollten, ja, wir konnten nicht immer glücklich sein. Aber wer weiß, wie lange noch ... Niemand kennt das Morgen, weiß, was ihm bestimmt ist. Das ist gut so und Gottes Wille. Aber man sollte auch danach leben! Nicht eine Stunde sollte man ungenutzt verstreichen lassen, ohne zu lieben. Zu lieben, was man nur lieben kann. Uns einander, vor allem ..."
„In mir glimmt kaum noch ein Funke, Franz", antwortete sie bitter. „Das Feuer von einst ist erloschen. Zu viele ha-

ben es zum Erlöschen gebracht. Man hat mit Fleiß daran gearbeitet. Nun ist es soweit!"

„Aber es ist nie zu spät", drängte er. „Nie, Sissy, mein Engel!"

„Franz, das Leben hat mich gezeichnet. Was meinst du, weshalb ich dich hier, in diesem halbdunklen Zimmer, empfange?"

„Weil du dich krank fühlst, denke ich", antwortete er etwas unsicher.

Und sah sie lächeln: „Weil ich eitel bin! Dazu, siehst du, bin ich noch nicht zu alt, Löwe. Ich möchte nicht, daß du mich siehst, wie ich wirklich bin. Du kamst unangemeldet, und ich hatte keine Zeit, mich auf dich vorzubereiten. Man sagt, ich hätte die ewige Jugend gepachtet. Aber das ist eine Lüge, so wie vieles andere, was über mich verbreitet wird. Wären in diesem Zimmer nicht die Jalousien herabgelassen, dann würdest du es sehen."

Ungläubig schüttelte er den Kopf: „Was sagst du da?"

„Die Wahrheit", bekannte sie trocken. „Nichts als die Wahrheit, Löwe. Und wenn du selbst in deinen Spiegel schaust, wirst du feststellen müssen, daß du auch nicht mehr der fesche Prinz bist, der mir einst, in Ischl, so feurig den Hof gemacht hat."

„Das ist nun einmal der Lauf der Dinge", meinte er betreten, „dagegen kommt niemand an."

„Und deine Freundin Kathi wird auch von Tag zu Tag dicker", stellte Sissy spöttisch fest. „Ich glaube, im Burgtheater muß man's bis ins Parkett hinunter hören, wie die Nähte von ihrem Mieder krachen."

„Du bist unleidlich, Sissy", bemerkte er ärgerlich.

„Verzeih", bat sie, schnell versöhnlich.

Ihre Sprunghaftigkeit irritierte ihn. Sie läutete nach der Sennyey und befahl ihr, im Teesalon die Jause auftragen zu lassen — für Seine Majestät und sie selbst.

„Geh nur schon hinüber", sagte sie danach zu Franzl, „ich komme gleich nach."

Er erhob sich gehorsam und suchte den Teesalon auf. Noch immer war sie für ihn das gleiche reizvolle Rätsel wie einst, auch wenn es ihr nun, wie er meinte, gefiel, die „alte Frau" zu spielen.

Kurze Zeit später folgte sie ihm in den Teesalon, wo der Kaiser sie bereits erwartete. Seine Blicke umfingen sie liebevoll. Sie war schlank wie ein junges Mädchen und hatte noch immer denselben schwebenden Gang, den er an ihr stets bewundert hatte. Sie war zart, und ihr schmales Gesicht war von fast durchsichtiger Schönheit. Ihr Haar — nun, es hatte nicht mehr das satte Dunkel von einst, aber hing von ihrem Nacken noch immer in reicher, gebändigter Fülle.

„Was redest du von ‚alt'", sagte er verweisend.

„Manche Leute haben Augen und sehen nicht", entgegnete sie schnippisch. „Darf ich zur Jause bitten, mein Herr Gemahl?"

***

Nikolaus und Alexandra hatten noch keine Sorgen, was ihr Alter betraf. Aber dafür eine Menge anderer. Der Knabe, den Alexandra geboren hatte und welcher der Zarewitsch — der Thronfolger — war, war zum Entsetzen seiner Eltern und der Ärzte ein Bluter. Selbst die geringste Schramme, die er sich beim Spielen holte, wurde für ihn zum lebensgefährdenden Problem. Er war in Petersburg in der Obhut der Zarenmutter geblieben, und Nikolaus und Alexandra hatten seinetwegen keine ruhige Minute.

Dieser Besuch war eine hochoffizielle und politisch recht ernste Angelegenheit. Die Petersburger Regierung sah Rußland als Schutzmacht der slawischen Völkerfamilie. Dadurch ergaben sich für die Stellung Österreichs auf dem

Balkan, dem „Pulverfaß Europas", Probleme, die zu ernsten Spannungen zwischen den beiden Großmächten führen konnten. Weder Nikolaus noch Franz Joseph wollten solche. Er und sein Gast aus Rußland verstanden sich privat recht gut; und auch die beiden gekrönten Frauen, die ihr offizielles Programm — den Besuch der Kaiserlichen Sammlungen, der Hof-Reitschule und eines Armeespitals — zu absolvieren hatten. Bei dieser Gelegenheit wechselten sie kein Wort über Politik, sondern sprachen vielmehr über die Möglichkeiten, den Zarewitsch zu heilen.

Während die beiden Außenminister einander am Ballhausplatz mit lächelnden Diplomatenmienen harte Bandagen verpaßten, ging es beim abschließenden Galaempfang der Monarchen in Schloß Schönbrunn äußerst friedlich und gelöst zu. Aus den Trinksprüchen Franz Josephs und Zar Nikolaus' war von einer gespannten Lage nichts herauszuhören; dagegen wurde der Wunsch nach Freundschaft und guten Beziehungen glaubhaft bekräftigt, und als Nikolaus und Alexandra, von den Wienern scharenweise bestaunt, in Begleitung von Sissy und Franz Joseph zum Ostbahnhof fuhren, um wieder abzureisen, sah es auch bloß nach einer Visite unter Freunden aus, die eben zum Wohl der von ihnen vertretenen Völker erfolgreich beendet worden war.

Die Ehrensalven waren verhallt, der letzte Händedruck gewechselt, und Franzl versprach, zum Gegenbesuch nach Petersburg zu kommen. Dann dampfte der Sonderzug aus der dekorierten Halle, der rote Teppich wurde eingerollt, und Kaiser und Kaiserin fuhren heim in die Hofburg.

„Die beiden sind recht umgänglich", fand Franzl zu Sissy. „Und ich denke, es ließe sich gut mit ihnen auskommen. Aber ihre Berater . . . die sind es letztendlich, die regieren. Nikolaus aber hat die Verantwortung. Ich hoffe bloß, daß wir nicht eines Tages gegen ihn Krieg führen werden müssen."

„Krieg?" fragte Sissy gedehnt. „Glaubst du wirklich?"
„Na, er will keinen Krieg, ich auch nicht. Aber andere wollen ihn. Hätten den Balkan bis hinauf nach Konstantinopel lieber heute als morgen sich einverleibt. Das sieht nicht gerade rosig aus für die Zukunft . . ."
„Die Zarin tut mir leid, wegen des Buben", erzählte Sissy. „Der arme Kleine . . . was müssen die beiden seinetwegen für Ängste ausstehen! — Ob man ihn wohl wird heilen können?"
„Nikolaus kann sich die besten Ärzte leisten. Und überdies ist der Zarewitsch ja der Thronfolger. Diese Krankheit ist keine Privatsache; sie ist ein Regentschaftsproblem. Sie müssen den Zarewitsch einfach über die Runden bringen."

4. Sissys letzter Wille

„Sie ist jetzt gar nicht vernünftig ansprechbar, sie macht schon wieder eine ihrer wahnsinnigen Abmagerungskuren", sagte er beim Frühstückskaffee in der Gloriettegasse und fand in seinem tiefsten Inneren, daß es hier, in der kleinen Villa, die er der Schauspielerin und Freundin Kathi zum Geschenk gemacht hatte, doch wirklich weit angenehmer und gemütlicher war als in dem prächtigen, schloßartigen Sommersitz, den er für seine Frau im Lainzer Tiergarten errichtet hatte.
„Tja", brummte Kathi Schratt und wiegte bedenklich den Kopf, „wie ich Ihre Majestät kenne, würde jetzt alles bloß ihren Widerspruchsgeist wecken. Das Vernünftigste ist, sie gewähren zu lassen. Ich kann sie aufsuchen, kann mit ihr reden — das heißt, wenn sie mich überhaupt empfängt."
„Oh, das tut sie sicher", meinte der Kaiser.
„Majestät, in diesem Zustand — nämlich während der

Kur, meine ich — ist man als Frau nicht gern fremden Blikken ausgesetzt."

„Aber Sie sind nicht fremd", widersprach der Kaiser.

„Nun, schön", meinte Kathi, „ich will es versuchen. Aber ob es Erfolg hat, kann ich nicht versprechen. Sie wird wahrscheinlich erst wieder in Ischl zugänglicher und aufgeschlossener sein."

Ihm lag noch manches auf der Zunge — der Brief aus München vor allem, der von ihm noch nicht beantwortet worden war. Doch ein Blick auf seine Uhr mahnte ihn, daß es Zeit war, ins Schloß zurückzukehren, wo die Minister zum Vortrag bestellt waren.

Er erhob sich, lebhaft bedauernd, gehen zu müssen, und küßte der Schauspielerin mit ritterlicher Galanterie die Hand.

„Auf morgen, beste Freundin", verabschiedete er sich.

Kathi stand auf und knickste.

„Auf morgen, Majestät, zur gewohnten Stunde, wie immer", lächelte sie.

Er tat ihr leid. Sie blickte ihm nach, wie er mit eiligen Schritten geschäftig dem Gittertor zuschritt, welches das kleine Anwesen von der Gloriettegasse trennte. In wenigen Minuten würde er an der Mauer zum Schönbrunnerpark sein. Dort gab es eine kleine Pforte, durch die er immer durchging.

Während dieses Gesprächs saß Sissy an ihrem Schreibtisch und starrte auf Papiere, die vor ihr ausgebreitet lagen. Sie hatte soeben den Masseur fortgeschickt und wünschte von niemandem gestört zu werden — absolut von niemandem, Seine Majestät ausgenommen, wenn er etwa unerwarteterweise kommen sollte.

Doch das war nicht zu befürchten. Sissy wußte, wo er zu dieser Stunde anzutreffen war. Und deshalb hatte sie diese frühe Morgenstunde gewählt, um mit einer Arbeit zu Rande zu kommen, die sie in Gedanken schon begonnen hatte, als der Morgen graute.

MEIN LETZTER WILLE

stand auf einem der Blätter zu lesen; Sissy hatte es eigenhändig geschrieben. Wenn alles fertig war, würde sie das Testament noch der Gültigkeit halber von zwei Zeugen unterschreiben lassen; doch es war noch nicht soweit.

Sissy hatte bereits einmal ein Testament gemacht; damals hatte Rudi noch gelebt. Im Winter des Jahres 1887 hatte sie sich hingesetzt und verfügt, daß ihr Liebling Marie-Valerie alles erben solle, was sie besaß. Doch nun empfand sie dies ungerecht jenen gegenüber, die mit ihr so viel Freud und Leid geteilt hatten.

Und dann war ja auch noch ihre Enkelin, Rudis Tochter Elisabeth. Sie durfte nicht übergangen werden, im Gegenteil!

Sissy überschlug ihren Besitz und entschied sich schließlich dafür, eine Fünftelteilung vorzunehmen. Valerie, Gisela und Rudis Tochter sollten je ein Fünftel erhalten.

Und dann stellte Sissy eine lange Liste aller ihrer Getreuen zusammen, angefangen von Ida von Ferenczy über die Sztaray und Sarolta von Majlrath, bis — nun bis zu Katharina Schratt, der Sissy einen goldenen Georgstaler als Brosche vermachte. Sozusagen als Erinnerung. Ida und Marie aber, die ihr so viele Jahre hindurch treu zur Seite gestanden waren, erhielten Pensionen und Geschenke. Sie wurden nicht eben kleinlich bedacht.

Ida aber sollte nach Sissys Tod noch etwas tun: ihre geheimen Aufzeichnungen dem Kaiser übergeben ...

Ja, und da waren auch die vielen Gedichte, die Sissy in Stunden der Muße verfaßt hatte! Sissy entschied sich nun doch, daß sie veröffentlicht werden sollten.

Aber erst lange, lange Zeit danach . . . Früher versteht mich ja doch keiner. Es könnte bloß Ärger geben, Ärger für Franzl oder, falls er nicht mehr lebt, dann für andere, die den Namen „Habsburg" tragen. Denn in meinen Gedichten enthülle ich meine geheimsten Gedanken — und sie sind nicht gerade die einer Kaiserin, die den Monarchismus zu vertreten hat.

Mag sein, daß ich mich deshalb in der Schweiz wohler fühle . . . Wäre ich doch schon wieder in der Schweiz, in der klaren Luft dieser Berge! Es wäre schön, könnte ich dort die letzte Zeit verbringen, die mir der Himmel noch gönnt.

Sissy fragte sich, woher es kam, daß sie jetzt so oft ans Sterben dachte. Und dabei stets das Gefühl hatte, sie würde vor ihrem lieben Franzl „hinübergehen". Sie dachte an den Tod ohne Furcht. Sie empfand bloß Neugier. Ja, sie war neugierig auf das, was nach dem Sterben kommen würde. Das Sterben selbst, das Sterben freilich . . .

Sie hatte jedenfalls ein neues Testament gemacht und war vorbereitet. Sie kam ja nun auch in die Jahre, in denen man alles bedenken mußte. Der Körper, der nicht mehr so funktionierte wie früher, erinnerte sie daran. Nichts war mehr so wie einst . . .

Kathi hatte an diesem Tag Probe im Burgtheater, kam gegen Mittag heim, nahm einen Imbiß zu sich — auch sie hatte sich notgedrungenermaßen auf Diät gesetzt — dachte aber nicht im entferntesten daran, sich zu kasteien, wie es Sissy tat, und fuhr dann hinaus nach Lainz, in die Hermesvilla.

Die frische Luft tat ihr gut. Den ganzen Vormittag über hatte sie den Leimfarben- und Kleistergeruch von Kulissen in der Nase gehabt, und dazu noch den Staub der Hinterbühne geschluckt, auf der Bühnenarbeiter werkten. Nun sog sie die würzige Luft des Wienerwaldes ein . . .

Die Kaiserin, dachte sie bei sich, weiß offenbar gar nicht, wie schön sie es hier hat. Sonst bliebe sie öfter und länger hier und würde es genießen. Und dabei hat ihr der Kaiser dieses Haus mit so viel Liebe erbaut und zum Geschenk gemacht.

Sie fuhr bei der Villa vor und ließ sich bei Frau von Ferenzcy melden, um zu erfragen, ob die Kaiserin sie empfangen würde.

„Ihre Majestät nimmt gerade Griechischunterricht bei Herrn Barker", antwortete die Hofdame bereitwillig. „Sind gnädige Frau bei Ihrer Majestät angekündigt?"

„Nein", schüttelte Frau Kathi den Kopf. „Aber Seine Majestät hat mich heute morgen gebeten, Ihre Majestät zu besuchen — er ist sehr um sie besorgt, aber heute leider unabkömmlich."

Die Ferenzcy nickte verständnisvoll.

„Ich werde sofort nachfragen. Wenn Sie sich ein wenig gedulden."

Sie verständigte Sissy persönlich von dem Besuch, und Sissy brach ihre Griechischstunde sofort ab und ließ Kathi in den Teesalon bitten.

Sie dachte wieder an die Brosche, die sie Kathi vererbt hatte. Doch da fiel ihr etwas anderes ein. Es fragte sich nur, wie Franzl es aufnehmen würde . . .

Möglicherweise könnte Kathi während eines Gastspiels in München Kontakt mit ihrer Nichte Marie aufnehmen. Es war nicht von der Hand zu weisen, daß Kathi mit ihrer rhetorischen Begabung Marie so weit beeinflussen konnte, daß sie das Schändliche ihres Verhaltens begriff und davon Abstand nahm, sich mit dem Mittel der Erpressung Geld zu beschaffen.

Daher sah Kathi im Teesalon einen erwartungsvollen, prüfenden Blick auf sich gerichtet, den sie sich nicht erklären konnte. Aber nicht das war es, was sie so sehr verwirrte,

31

daß sie kaum die richtigen Worte zur Begrüßung fand, sondern das erschreckende Aussehen der Kaiserin.

„Majestät", kam es ganz entsetzt von ihren Lippen, während sie in den Hofknicks versank.

„Stehen S' doch auf, Baronin", wehrte jedoch Sissy diese Höflichkeitsbezeugung sofort ab. „Und setzen Sie sich zu mir. Ich bin halt ein bisserl schlanker geworden, im Moment trink' ich Karlsbader. Das sollten Sie auch tun, könnt' Ihnen nicht schaden", fügte sie ein wenig spöttisch mit einem Blick auf Frau Kathis Rundungen hinzu.

„Majestät, ich ess' reinweg schon fast gar nix", versicherte Kathi jedoch wenig glaubhaft. „Und eine Karlsbader Kur darf ich mir nur im Urlaub erlauben. Stell'n sich Majestät doch bloß vor, wenn das Wasser g'rad zu wirken anfangt, wenn ich auf der Bühne steh' — es wär' net auszudenken!"

Bei dieser Vorstellung mußte Sissy freilich herzlich lachen; Frau Kathi hatte es wieder einmal geschafft, sie brachte gute Laune in das Haus.

Ich muß mit dem Franzl über meine Idee reden, sagte sie sich, während sie die Schauspielerin freundlich betrachtete. Je mehr ich darüber nachdenke, umso wahrscheinlicher erscheint mir, daß sie bei meiner Nichte Erfolg hat.

Kathi ihrerseits dachte daran, daß sie dem Kaiser wohl empfehlen würde, seinen Leibarzt Dr. Kerzl in die Hermesvilla zu schicken. Diese übertriebene Kur konnte Sissys Herz und ihre Lungen gefährden.

„Sie sind also gekommen, um sich im Auftrag meines Gatten davon zu überzeugen, daß ich noch lebe", spöttelte Sissy. „Nun, Sie sehen mich in voller Größe, ein wenig schlanker zwar, aber noch komplett. Jetzt allmählich, denke ich, komme ich in die Verfassung, in der ich mich auf der Ischler Promenade sehen lassen kann."

„Das konnten Majestät schon immer", versicherte die Schratt.

Und wieder spürte sie Sissys fragend-prüfenden Blick. Da war etwas, was die Kaiserin auf dem Herzen hatte, aber nicht aussprechen wollte. Das fühlte Kathi instinktiv.

„Kann ich Majestät mit irgend etwas dienen?" fragte sie deshalb vorsichtig.

Aber was es auch immer sein mochte, es wollte Sissy offenbar nicht über die Lippen.

Es kam nun zu einem belanglosen Geplauder. Die Kaiserin befahl Tee und Gebäck; sie selbst nippte nur aus dem feinen Schälchen aus durchscheinendem chinesischem Porzellan, und Frau Kathi genierte sich, zuzugreifen.

„Es ist ja nicht mehr lange, bis Ischl", sagte sie. „Und bis zu Seiner Majestät Geburtstag ..."

5. Des Kaisers Geburtstag

Sissy lief erregt auf und ab. Vor der Kaiservilla in Bad Ischl dämmerte ein grauer Morgen. Nebelschwaden hingen über dem Salzburger Bergland.

Die Gegenwart des Kaisers und seiner Familie zog jeden Sommer nicht nur Scharen von Fremden in diesen bisher ganz unbekannt gewesenen, zauberhaften kleinen Ort. Auch die Prominenz aus Wien begann sich in der Folge hier anzusiedeln. Wer auf sich hielt, kaufte oder baute sich in Ischl eine Villa. Es war daher nicht außergewöhnlich, daß sich auch die Hofburg-Schauspielerin Katharina Schratt in Ischl einmietete. Und zwar in der Villa Felicitas.

Dort schlief Kathi an diesem Morgen noch. Doch in der Kaiservilla brannte schon Licht hinter den Fenstern. Der Kaiser und die Kaiserin fanden keine Ruhe. Nicht ein bißchen Erholung war ihnen vergönnt.

Sissy wandte sich jäh um und blickte in das Gesicht Franz Josephs. Es wirkte in diesem künstlichen Licht aschfahl.

„Oh, Franzl", stöhnte sie, es klang fast wie Schluchzen.
„Sissy", bat der Kaiser, „wir müssen der Sache ruhig und gefaßt ins Auge sehen. Es war mein Fehler, ich habe die Dinge einfach auf mich zukommen lassen. Ich dachte nicht daran, daß sie Ernst machen würde."
„Aber nun —"
„Ja, nun läßt sich's wohl nicht länger hinauszögern, wir müssen Farbe bekennen. Deshalb müssen wir zunächst überlegen, was zu tun ist. Wir müssen jeden Skandal vermeiden. Nur eines ist völlig klar: sie ist leider Gottes zu allem fähig."
„Dieses Schandgeschöpf", zischte Sissy voll Zorn. „Am liebsten führe ich selbst zu ihr nach München, um sie zur Rede zu stellen."
„Das würde die Sache nur noch verschlimmern, fürchte ich", warnte Franzl.
„Oh, ich ließe mir schon etwas einfallen und brächte sie auf irgendeine Weise zum Schweigen."
Wieder schüttelte er bedächtig den Kopf.
„Willst du sie etwa umbringen? Das kannst du nicht. Aber selbst wenn du es fertigbrächtest, hätte es keinen Zweck. Sie schreibt doch, daß sie ihre Aufzeichnungen an einem sicheren Ort hinterlegt hat und, falls ihr irgend etwas zustößt, ihre Veröffentlichung durch dritte Personen erfolgen würde."
„Ich hätte sie nie für so hinterhältig und gemein gehalten", stieß Sissy hervor. „Marie, meine eigene Nichte und Blutsverwandte!"
Ein leises Lächeln umspielte Franzls Lippen.
„Sie ist nicht dumm. Sie rechnet mit allem. Selbst damit, daß wir uns auf nicht legale Weise zur Wehr setzen würden."
„Allein, daß sie dir so etwas zutraut, beweist, wes Geistes Kind sie selbst ist!" rief Sissy.

„Ach", brummte Franzl, und ein merkwürdiger Blick streifte sie. „Mir traut man eine ganze Menge zu . . ."
Sie schwieg betroffen. Er kannte also ihre geheimsten Gedanken, die ihren Sohn betrafen. Und sie glaubte, vor Scham versinken zu müssen, während ihr die Röte maßloser Verlegenheit ins Antlitz schoß.

Man sollte eben nicht mit Steinen werfen, wenn man selbst im Glashaus saß. Franzl schien ihre Gedanken zu erraten, er trat zu ihr und strich ihr beruhigend übers Haar.

Marie hatte in einem lakonischen Brief Namen und Adressen verschiedener Blätter mitgeteilt, die sich um die Veröffentlichungsrechte ihrer Memoiren bewarben, und auch die Summen genannt, die ihr dafür geboten wurden. Nun forderte sie kurz und bündig eine Entscheidung binnen vierzehn Tagen, da ihr Angebot, die Veröffentlichung gegen Zahlung einer Entschädigungssumme für die ihr entgehenden Honorare zu unterlassen, bis dato unbeantwortet geblieben sei. Und sie forderte noch mehr als in ihrem ersten Brief . . .

„Daß uns auch das noch passieren muß, Franzl", stieß Sissy zornbebend hervor. „Und daß Gott uns so hart straft! Haben wir das verdient, Franzl?"

Er schwieg, blickte mit gerunzelter Stirn zu Boden.

„Sag mir ehrlich, ob wir es verdient haben!" stieß sie hervor, und als er gekränkt den Kopf hob, bohrte sie ihren Blick in den seinen. „Rede endlich, Franzl! Es quält mich unaufhörlich, ich ertrage es nicht länger! Inwieweit sind wir schuld an Rudis Tod?"

Ihr Atem ging hektisch, während er deprimiert, aber gelassen wirkte. Er antwortete nicht, schien noch zu warten, was sie noch auf dem Herzen hatte.

„Franzl", fuhr sie denn auch fort, „diese Erpresserin, meine Nichte — was kann sie wissen, um ihr Schweigen verkaufen zu können?"

Er seufzte, schüttelte den Kopf und streckte abwehrend die Hände von sich.

„Sie ist deine Verwandte", erklärte er. „Du wirfst ihr ihre Denkart vor. Und du? Auf was du nur für Gedanken kommst, du, meine eigene Frau, Rudis Mutter!" meinte er vorwurfsvoll und gepreßt. „Glaube es mir: weder du noch ich sind in irgendeiner Weise schuldig. Du am allerwenigsten."

Sie schüttelte heftig den Kopf.

„Und wieso stand er mir dann plötzlich gegenüber — im Schneesturm, auf Korsika?!"

Er schüttelte verweisend den Kopf.

„Hirngespinste, Sissy! Deine Nerven waren, wie schon so oft, überreizt."

„O nein, das waren keine Hirngespinste!" verteidigte sie sich. „Ich habe es nicht vergessen. So etwas kann man ja gar nicht vergessen, Franzl! Glaube es mir, das war keine Einbildung! Rudis Geist war es. Ich bin dessen sicher! Ich habe ihn genau erkannt!"

„Doch", widersprach er. „Es war Einbildung, nichts weiter. Wir haben hundertmal darüber gesprochen." Und er beharrte auf seiner Meinung: „Deine erregte Phantasie —"

Jetzt sprang sie auf, begann wieder durchs Zimmer zu laufen. Blieb schließlich vor ihm stehen.

Franzl zündete sich mit nervösen Fingern eine Beruhigungszigarre an. Er versuchte, äußerlich ruhig zu erscheinen, doch Sissy merkte, daß es ihm diesmal schlecht gelang. Ihm, der sich sonst so gut zu beherrschen wußte.

„Hör endlich auf mit dieser Geschichte, Sissy, von deiner Reise durch Korsika. Es sind nichts als Hirngespinste. Du hattest Angst, deine nervösen Zustände. Du befandest dich in einer Extremsituation, mein armer Engel. Und damit ist alles erklärt. Aber die Briefe aus München, von deiner lieben Nichte Marie, sind leider keine Phantasie, sondern reale

Wirklichkeit. Und dieser kam so wunderhübsch ausgerechnet zu meinem Geburtstag! Ein sehr feines Geschenk! Eine besonders liebenswürdige Aufmerksamkeit für den Onkel!"

Er paffte zornig dichte Wolken aus seiner Zigarre.

„Daß du denn gar nichts dagegen unternehmen kannst! Du, ein Kaiser!"

„Wie denn, was denn?! Sie hat uns durch ihre hinterhältige Art und Weise schlau genug die Hände gebunden!"

„Aber die Polizei —"

„Ja, natürlich, ich könnte sie durch die bayrische Polizei verhaften lassen. Ja, ich könnte sogar eigene Agenten schicken. Und in jedem Fall gäbe es dann einen Skandal. Und wer garantiert uns, daß dann tatsächlich verhindert wird, daß ihre verdammten Aufzeichnungen nicht doch durch einen Unbekannten, den wir nicht kennen, veröffentlicht werden?"

„Solche Veröffentlichungen kann man doch beschlagnahmen lassen, Franz!" meinte Sissy.

„Gewiß, das kann man. Doch wir wissen ja aus Erfahrung, wie gut das funktioniert. Bevor die Behörde einschreiten kann, ist es schon zu spät. Deine Nichte schreibt, verschiedene in ihrer Liste nicht angeführte Zeitungen des Auslandes würden auch Exemplare ihrer Memoiren erhalten. Welche Zeitungen? Und welchen Auslandes? Blätter in Frankreich, England, Amerika? Und natürlich Deutschland. Und vielleicht auch Italien . . . — Nein, mein Engel, da wäre gar nichts zu verhindern, und darauf kann ich mich auch gar nicht einlassen . . .!"

Sissy seufzte. Die Atmosphäre im Zimmer war zum Zerreißen gespannt. Unermüdlich tickte die Meißner Porzellanuhr auf dem Konsoltisch vor dem großen, goldgerahmten Spiegel, der das Bild des Paares im nun allmählich heller werdenden Morgenlicht wiedergab. Schon stahl sich die

Sonne ins Zimmer; doch sie dachten nicht daran, das Licht auszuknipsen.

„Und wer weiß", fuhr Franzl sorgenvoll fort, „wer weiß, was sie alles schreibt und erfindet! Ich kenne die Zeitungsleute. Die würden bedenkenlos die gemeinsten Lügen abdrucken. Den Zeitungen geht es doch nur um die Sensation — die ist ihr Geschäft, und die verantwortlichen Redakteure können sich obendrein auf den Verfasser ausreden."

„Also — mußt du tatsächlich zahlen?!"

„Es sieht so aus", knurrte er wütend, „daß ich ihren nicht gerade bescheidenen Forderungen nachgeben muß."

Sie schüttelte nur den Kopf. Vermochte es einfach nicht zu fassen, daß ihr Mann, der mächtige König und Kaiser, in diesem Falle machtlos sein sollte! Und wieder dachte sie intensiv an die Idee bei dem Besuch von Kathi in der Hermesvilla.

Sie trat ans Fenster, blickte hinüber zur Villa Felicitas. Deren Fensterläden waren geschlossen. Ahnungslos von dem Sturm, der hier in der Kaiservilla tobte, schlief Kathi.

Ja, es war die bittere Wahrheit: sie wurden erpreßt! Sissy wußte es seit Budapest. Doch sie und Franzl hatten es einfach nicht glauben können und nicht wahrhaben wollen. Franzl hatte Maries ersten Brief unvorsichtigerweise einfach unbeantwortet gelassen. Jetzt aber mußte man die Tatsachen zur Kenntnis nehmen.

Nun begann sich das Zimmer allmählich mit dem beißenden Rauch aus Franzls Zigarre zu füllen; das besserte Sissys Laune keineswegs.

„Es muß Mittel und Wege geben."

„Weißt du einen, mein kluger Engel?" spöttelte er.

„Es könnte schon sein. Ob er Erfolg hat, kann ich nicht garantieren. Aber man muß es zumindest versuchen, sie schachmatt zu setzen, bevor sie uns auf so gemeine Weise schaden kann."

„Kaisers Geburtstag", knurrte er. „Alle Welt feiert den Kaiser. Mit Böllerschüssen und Aufmärschen. Die Kinder haben schulfrei. Es gibt Festmessen und die Hymne. Und wie sieht mein Geburtstag wirklich aus?!"

„Hast du mir überhaupt zugehört, Franzl?" fragte sie zweifelnd.

„Doch", sagte er, „du hast irgendeine Idee. Aber ich glaube, daß alles nichts nützt. Sie hat uns in der Hand. Und wir müssen zahlen."

„Und wer garantiert uns, daß sie, wenn sie das Geld hat, Ruhe gibt?! Daß sie es nicht nach einer Weile wieder von neuem versucht, von dir Geld zu erpressen? Und wieder, und immer wieder, als wärest du eine Zitrone?"

„Niemand", antwortete er knapp. „Wir müssen es darauf ankommen lassen. Und auf eine günstige Gelegenheit warten, um ihr das Handwerk zu legen. Vielleicht gelingt uns das — eines Tages . . ."

„Oder es wird die Vorsehung selbst sein, die sie zum Schweigen bringt", sann Sissy gläubig. „Gott wird sie strafen. Das Schicksal zahlt es jedem heim. Jedem! Auch —"

Fast hätte sie gesagt: auch uns . . . Doch sie unterbrach sich gerade noch rechtzeitig und schwieg bedrückt.

Dem Kaiser fiel es nicht allzu schwer zu erraten, was sie hatte sagen wollen. Allem zum Trotz blieb das Mißtrauen in ihr lebendig, es quälte sie, und ihm kam der Verdacht, daß sie mit all den Torturen, die sie auf sich nahm, nichts anderes vorhatte, als sich zu bestrafen und seine vermeintliche Schuld mit zu sühnen.

„Sissy", preßte er beschwörend hervor, „bei allem, was mir heilig ist, ich schwöre es dir: von dem, was in Mayerling geschah, habe ich nichts gewußt. Ich erfuhr es aus deinem eigenen Mund! Meine Hände sind rein, das mußt du mir glauben! Rudi war doch auch mein Sohn, unser Kind —!"

„Aber, du —"

„Nein, Sissy, nein, was immer du auch sagen willst! Ich setzte alle meine Hoffnungen für die Zukunft auf ihn. Ja, er war unsere Zukunft!"

„Aber du hast an diese Zukunft nicht mehr geglaubt. Krank, wie er war . . .! Und wann habt ihr beide euch je verstanden? Dabei beanspruchte er nichts als das Vorrecht seiner Jugend. Genau, wie das nun auch dein Neffe Franz Ferdinand tut. Sie wollen verbessern, verändern, Neues anstelle dessen setzen, was ihnen veraltet und schlecht erscheint."

„Gewiß, Sissy, und gerade deshalb wurde Rudi vielen gefährlich! Ich habe ihn immer wieder gewarnt."

„Aber zählten nicht deine engsten Anhänger zum Kreis jener, die ihn und seine Ideen am meisten zu fürchten hatten?!"

Draußen war es inzwischen taghell geworden, und die Glocken der Pfarrkirche begannen mit ihrem Geläut.

„Kaisers Geburtstag", sagte Franzl, und es klang nach bitterem Hohn.

6. Franz Joseph, hoch!

„Ich bin nicht dafür verantwortlich, was sie hinter meinem Rücken tun", knurrte der Kaiser.

„Damals", sagte Sissy, und ihre Stimme klang leise, doch eindringlich genug, um ihn erschauern zu lassen. „Damals, nach jener unglückseligen Jagd bei Petronell, als eine Kugel aus Rudis Gewehr knapp an deinem Kopf vorbeizischte und einen Treiber, der neben dir stand, verletzte — seit jener schlimmen Jagd, die du, Franzl, nur wie durch ein Wunder überlebt hast, war es wohl für gewisse Leute eine beschlossene Sache, daß —"

„Unsinn!" unterbrach er sie schroff, und es klang fast wie ein Aufschrei aus wunder Brust. „Unsinn, Sissy, was bildest du dir bloß ein! Was damals auf der Jagd geschah, war ein Mißgeschick. Ein Unfall! Es war Rudis Jagdeifer. Als das aufgescheuchte Wild vorbeirannte, verließ er unwillkürlich seinen Stand und schoß —"

Sie aber lachte nur, und es klang unheimlich.

„Franzl", sagte sie, und ihre Worte erschienen ihm wie Hohn, „er durfte seinen Stand nicht verlassen. Das war gegen jede Vorschrift und Regel. Und Rudi war, weiß Gott, ein erfahrener Jäger. Du selbst hast doch wie immer den Standort eines jeden Schützen bei jener Jagd bestimmt. Rudi hätte dich also logischerweise gar nie treffen können!"

„Hör auf damit", wandte er sich von ihr ab, „jetzt ist es genug! Rudi ist tot. Ich will nichts mehr von der ganzen Sache hören! Nichts vermag unseren Sohn wieder lebendig zu machen, und damit, daß du bis an dein Lebensende Trauer um ihn zeigst und schwarze Kleider trägst, machst du ihn auch nicht wieder lebendig. Du verdirbst uns nur die paar Jahre, die uns das Schicksal vielleicht noch gönnt."

Sie schwieg auf diesen Vorwurf hin verbissen und mit abgewandtem Gesicht.

Er trat hinter sie, legte seine Hände auf ihre Schultern. Ja, er liebte sie noch immer, in diesem Augenblick ganz besonders, da er mit ihr trauerte und litt, wenngleich er sie nicht ganz verstand. Doch — wann war dies je der Fall gewesen? Gleichviel. Seine Stimme war seltsam weich, als er seinen Gedankengang schloß.

„Das solltest du nicht, mein Engel! Du weißt, wie sehr ich dich liebe . . ."

Immer noch läuteten die Festtagsglocken, und die Sonne kämpfte auf den grünen Höhen mit den aufsteigenden Nebelschwaden. Die fruchtbare Erde dampfte unter ihren wärmenden Strahlen. Franzl trat zu einem der Fenster und riß es auf. Kalte, frische Morgenluft wehte herein ins Zimmer.

Sissy begriff, was er meinte.

„Du möchtest die Gespenster vertreiben", lächelte sie, trat nun selbst zu ihm und preßte ihren schmalen Kopf seufzend an seine Uniform.
„Wenn ich das bloß könnte", murmelte er sorgenvoll.
Er wandte sich ihr zu und zog sie fest an sich, damit sie sich ihm nie wieder entwinden, nie wieder von seiner Seite verschwinden könne — nicht in ihren Gedanken und nicht körperlich.
„Wenn ich das doch bloß könnte", wiederholte er. „Mein Engel, was gäbe ich dafür!"
Irgendwo krähte ein Hahn. Sein heiserer Schrei zerriß die feierliche Stille, die zwischen sie getreten war.
Sissy schob Franzl sacht von sich. Sie blickte hinab durch das Fenster und sah die Villa Felicitas. Ein bitterer Zug stahl sich um ihre schmal gewordenen Lippen.
„Die ‚Freundin' ist wohl schon auf — oder?" bemerkte sie mit unüberhörbarer Ironie. „Sie bereitet dir wohl schon dein Frühstück. Hast du nicht endlich genug von ihrem überzuckerten Guglhupf?"
„Du weißt sehr gut, daß ich heute nicht drüben frühstücke", brummte er verärgert. „Im übrigen, warum kommst du nicht einfach mit? Komm doch mit, Sissy!"
„Ich habe nicht vor, auszusehen wie deine Freundin", stichelte sie. „Das Volk will keine Kaiserin, die rund ist wie ein Faß. Die Bäckereien deiner Freundin wären Gift für mich."
„Du bist ja eifersüchtig", stellte er amüsiert fest, „und das nach so vielen Jahren Ehe!"
Jetzt konnte ihn nichts mehr halten. Er zog sie an sich und küßte sie. Widerstrebend, aber doch ließ es sich Sissy gefallen.

***

Kathi erwachte durch das Geläut der Ischler Pfarrkirche. Die Sonne stahl sich schon kräftig durch die Ritzen der Fensterläden und durch die Vorhänge und zeichnete ein sich bewegendes, lebendiges Strahlenmuster auf die weißgetünchte Decke ihres Schlafzimmers in der Villa Felicitas.

Die Welt der Baronin Katharina von Kiss — so hieß die einstmals Bürgerliche seit ihrer Verheiratung mit dem k.u.k. Diplomaten, den der Kaiser dienstlich nach Kairo versetzt hatte —, die Welt der „gnädigen Frau" Kathi also war an jenem Augustmorgen rundum in Ordnung. In das Sonnenlicht blinzelnd, vernahm die Freundin des Kaisers das Gackern der Hühner im Garten des Hauses, wo sie ihr Futter suchten. Irgendwo bellte laut ein Hund. Und tatsächlich — so früh schon hörte man aus weiter Ferne das Spiel einer Musikkapelle.

Heute war Kaisers Geburtstag! Das bedeutete soviel wie Feiertag in der Doppelmonarchie. Das bedeutete Fahnen, Ansprachen und weißgekleidete Mädchen, Umzüge und großes Schmausen allenthalben. Ein Fest vor allem für die Kinder, die heute schulfrei hatten.

Kathi räkelte sich noch einmal in den Federn und dachte an den grauhaarigen Mann in der nahen Kaiservilla, dem diese Huldigungen galten. Heute vollendete er sein sechsundsechzigstes Lebensjahr. Er sah immer noch gut aus und hielt sich kerzengerade.

Und auch das fünfzigjährige Regierungsjubiläum stand ihm schon bald ins Haus! Gab es überhaupt noch einen Monarchen, der so lang schon regierte wie er? Nur Königin Viktoria von England. Als sie selbst — am 11. September 1853 — zur Welt kam — sie war ganze dreiundzwanzig Jahre jünger als er —, saß er schon seit fast einem halben Jahrzehnt auf dem Thron.

Die Kaiserin hatte wohl gewußt, was sie tat, als sie Kathi vertraute, denn sie hatte das Interesse ihres Gatten an der „Neuen" im Ensemble seines Hofburg-Theaters bemerkt. So waren sie, die Schauspielerin und der Kaiser, Freunde ge-

43

worden — soweit man überhaupt mit einer so hochgestellten Persönlichkeit befreundet sein konnte, was schwierig genug war, wie Kathi erfahren mußte.

Der Kaiser hatte gleichfalls zu Kathi volles Vertrauen. Er wußte, daß sie es nicht mißbrauchen würde, und gerade darauf beruhte ein guter Teil ihres Einflusses auf ihn. Wer hatte auch nicht schon versucht, auf dem Umweg über die „Gnädige Frau", wie man sie manchmal titulierte, beim Kaiser etwas zu erwirken und zu erreichen! Aber selbst hochrangige auswärtige Diplomaten hatte Kathi abblitzen lassen. Die „gnädige Frau" protegierte nichts und niemanden. Was jedoch nicht ausschloß, daß der Kaiser manches, was ihm sonst wohl nie zu Ohren gekommen wäre, durch sie erfuhr . . .

Kathi erhob sich seufzend aus ihrem kuscheligen Bett, öffnete die Fensterläden und ließ nun die volle Morgensonne ein. Unten, in der Küche, hörte sie schon ihre Wirtschafterin mit Töpfen und Pfannen werken. An einem Feiertag wie diesem wurde sie immer besonders rührig; schließlich mußte auf den Tisch, was des festlichen Anlasses würdig war.

War die Kaiserin nicht in Ischl anwesend, dann kam der Kaiser — geradeso fast tagtäglich wie in Wien — in aller Herrgottsfrühe zum Frühstück. Ihm zuliebe war Kathi Frühaufsteherin geworden. In Wien bedeutete das ein Opfer, von dem der Kaiser nichts ahnte. Denn vor elf Uhr abends kam sie nie, wenn sie Vorstellung hatte, aus dem Theater, und manchmal fand sich dann sogar noch in der Gloriettegasse eine lustige Gesellschaft zusammen, die oft bis gegen zwei Uhr morgens blieb und aus Künstlern, Literaten und Leuten aus der Gesellschaft bestand, die sich in diesem Kreis wohlfühlten. Oft machten sie es sich in den Räumen bis hin zur Kellerstiege und während des Sommers im Garten auf der Terrasse bequem.

Gleichzeitig waren sie Kathis beste Informationsquelle. Nach so einer Nacht fand sie kaum drei Stunden Schlaf; doch der Kaiser erfuhr, was getratscht und getuschelt worden war. Manches davon machte ihm bloß Spaß, anderes stimmte ihn nachdenklich. Und ganz sicherlich half ihm manches, Entscheidungen zu treffen.

Kathi blickte hinüber zur Kaiservilla und sah trotz des herrschenden Sonnenscheins noch Licht im Arbeitszimmer des Kaisers brennen. Bei Franz Josephs Sinn für Sparsamkeit erschien ihr das sonderbar.

Kathi kleidete sich an, frisierte sich sorgfältig. Eine halbe Stunde später saß sie beim Frühstück; das Licht gegenüber brannte immer noch. Irgendwie war das beunruhigend.

In Ischl war es nun schon recht lebendig geworden. Des Kaisers Geburtstag war Anlaß für ein Familientreffen des weitläufigen Habsburger-Clans.

Kathi warf einen Blick auf die Zeitung, die mit dem Frühstück auf den Tisch gekommen war.

LILIENTHAL BEI PROBEFLUG IN BERLIN TÖDLICH VERUNGLÜCKT

Nicht der Geburtstag des Kaisers lieferte die Schlagzeile. Doch der Hiobsmeldung über den verunglückten Flug des Pioniers waren nur wenige Zeilen gewidmet. Darunter prangte in schmuckem Rahmen das Bild von Franzl, unter dem zahlreiche Glückwünsche in Reimen zu lesen waren.

Franz Joseph selbst riß eben drüben das Fenster seines Arbeitszimmers auf, und an seiner Seite erschien die Kaiserin. Kathi fühlte sich erleichtert. Also war doch alles in Ordnung, soweit man sehen konnte.

Die beiden schienen sich auf die Zeit zu besinnen, sie zogen sich vom Fenster zurück, das nun kaum mehr erkennbare Licht erlosch. Kathi beeilte sich mit dem Frühstück.

Drüben, vor der Villa, fuhr schon die Kutsche vor, welche das hohe Paar zur Pfarrkirche bringen sollte.

Als Kathi aus dem Haus trat, war der Platz vor der Kaiservilla bereits voll von Menschen, die in laute Hochrufe ausbrachen, als Sissy und Franz Joseph in der Kutsche Platz nahmen und eskortiert von berittener Garde zur Kirche fuhren.

Der Kutscher von Kathi hatte Mühe, sich auf der Straße Platz zu schaffen. Ein starkes Gendarmerieaufgebot mühte sich um Ordnung; doch die Menschenmenge in Ischl war ungeheuer, die Einwohnerschaft des Ortes schien sich verhundertfacht zu haben, und die von Militär gesäumte Straße war dichtgedrängt von Menschen in Sonntagskleidern. Frauen winkten oder hoben ihre Kinder empor, damit sie einen Blick auf das Kaiserpaar werfen konnten.

Der Platz vor der Kirche war erfüllt mit dröhnender Musik. Regiments- und bürgerliche Schützenkapellen wetteiferten an Lautstärke, und an der Hand des Bürgermeisters stand ein kleines, vor Furcht und Erwartung zitterndes Ischler Geschwisterpaar, das vielleicht gerade die Dritte-Klasse-Schulbank drücken mochte.

Schlagartig verstummte die Musik, es wurde mäuschenstill auf dem Platz vor der Kirche, und während das Mädchen dem Kaiser Blumen überreichte, begann der kleine Mann zu stammeln:

„Die Fahnen weh'n, Musik erschallt
Heut an des Kaisers Feste.
Zur Kirche eilen jung und alt,
Geschmückt aufs allerbeste.
Und dürfen alle treten ein,
So können wir Kleinen auch noch hinein,
Zu ehren Franz Joseph, den Kaiser.
Und alle singen, froh klingt's hinaus,

Dich, Herr und Gott, wir loben,
O segne den Kaiser und auch sein Haus,
Du Vater im Himmel droben!"

Das Gedichtlein ging offenbar noch weiter, doch dem wackeren Sprecher mangelte es plötzlich an Erinnerungsvermögen. Er wurde blaß und rot, suchte vergeblich, den Faden wieder zu finden.

Da lachte Franzl, streichelte ihn, und während Sissy dem Kleinen ein herzhaftes Busserl gab, meinte er:

„Das war aber sehr schön und hat mich wirklich g'freut."

Was noch weiter gesprochen wurde, ging im allgemeinen Hochrufen und Jubel unter; und gleich darauf verschwand das Kaiserpaar in der Kirche.

7. Begegnungen

Im September war Sissy noch immer in Ischl. So lange hatte sie es noch nie an einem Fleck ausgehalten. Sie war hiergeblieben, als Franzl längst wieder nach Wien, nach Schönbrunn und in die Hofburg, mußte.

„Ich werde eben langsam alt", kommentierte Sissy ihr Verhalten, froh, daß die Verwandtschaft, der sie keineswegs durchwegs zugetan war, nach Franzls Geburtstag der Reihe nach abreiste, und nach Franzl auch — mit Abstand von zwei Tagen — die Baronin Kiss.

„Damit er in der Gloriettegasse pünktlich seinen Kaffee mit Guglhupf kriegt", kommentierte Sissy weiter zu Frau von Sztaray, die nun wieder hier war, nachdem auch sie einen kurzen Urlaub vom Hofdienst genossen hatte.

Dafür kam endlich die geliebte Marie-Valerie. Sie hatte vor kurzem eine Tochter geboren.

„Prächtig, ein wirklich liebes und süßes Kind", zeigte sich Sissy entzückt. „Und was für hübsche Guckäuglein sie hat!" Die kleine Hedwig starrte denn auch die Großmutter unverwandt an, als wolle sie erforschen, was für ein geheimnisvolles Wesen ihr da gegenüberstand und sie liebevoll betrachtete. Endlich lächelte das Kind zu aller Entzücken.

„Die Liebe ist alles, was zählt", meinte Sissy. „Du, meine Tochter, schenkst mir die wenigen Freuden, die ich noch habe, und das letzte bißchen Zufriedenheit; die Hoffnung, daß ich doch nicht so ganz vergebens gelebt habe."

„Aber, Mama!" entsetzte sich Marie-Valerie. „Wie kannst du nur so sprechen? Du und vergebens gelebt?!"

„Nun, was bleibt denn schon von mir, wenn ich nicht mehr bin? Ein paar Gedichte vielleicht, die man nach meinem Tod drucken und lesen wird. Vielleicht werden mich die Menschen dann besser verstehen. Nein, außer dir und dem Bewußtsein deines Glücks und deinen Kindern, in denen ich weiterlebe, bleibt nichts."

„Da bist du sehr im Irrtum, Mama, und sehr ungerecht gegen Gott und gegen dich selbst. Denk an die Ungarn! Sie vergöttern dich und wissen, was sie dir zu verdanken haben. Ja selbst die Wiener, die so gern raunzen, werden ihre Kaiserin niemals vergessen."

Sissy strich ihrer Tochter sanft übers Haar.

„Du meinst es gut", fand sie, doch es tröstete sie keineswegs.

Der Herbst zog unverkennbar ins Land, die Blätter färbten sich, es kamen Regentage übers Salzburger Land, und die Sommergäste verließen Ischl.

„Auch ich möchte fort", gestand Sissy. „Zuerst nach Wien und dann vielleicht wieder an die Riviera. Oder nach Griechenland, nach Athen. Von dort liest man ja jetzt reichlich viel Interessantes. Man möchte die Olympischen Spiele wiederbeleben. Da möchte ich dabeisein! Es ist ein großartiger, völkerverbindender Gedanke, finde ich. Es wäre schön, wenn ich das noch erleben dürfte, daß diese Idee sich wieder durchsetzt."

Ihre antike Schwärmerei sprach aus diesen Worten. Sissy dachte an eine Wiederbelebung der Spiele in antiken Gewändern, an einen Kampf der Wagen und Gesänge, wie sie der Dichter beschrieb.

„Du kannst ja hinfahren", schlug Marie-Valerie vor, die für alles war, was Sissy aus ihren Depressionen reißen konnte. Und von denen zu befürchten war, daß sie mit Beginn der „melancholischen Jahreszeit" wiederkehren würden.

„Vielleicht tue ich das auch", überlegte Sissy angeregt. „Meine Pläne sind noch nicht fix."

Nach Marie-Valeries Abreise hielt es Sissy keinen Tag länger. Sie kündigte in Wien ihr Kommen an, wo die Hermesvilla sofort bereitgemacht wurde. Sissys Sekretariat nahm auch wieder Termine entgegen, die sie wahrnehmen würde. Ganz konnte sie sich ihren Pflichten ja doch nicht entziehen.

In Wien erfuhr sie, daß der greise Komponist Anton Bruckner in der ihm zugewiesenen Wohnung im Belvedere darniederläge. Der Tod stehe schon an seinem Lager und strecke die Hand aus, um das Lebenslicht dieses genialen Mannes, der zeit seines Lebens ein einfacher, ja linkischer Geselle geblieben war, zu löschen.

Sissy hatte ihn nur in seinen Konzerten gehört, die nicht unumstritten waren. Das musikalische Wien schien in zwei Lager gespalten und tendierte entweder für Bruckner oder für Brahms.

Bruckner wohnte in einem der Häuser des Bediententrakts im Oberen Belvedere, dem einstigen Sommersitz des Prinzen Eugen von Savoyen. Er hatte den freien Blick auf die Gartenanlagen und den großen Teich, in dem sich das traumhaft schöne Schloß, das Bauwerk Lukas von Hildebrandts, majestätisch spiegelte. Der alte Bruckner hatte viele Stunden auf einer Bank vor seinem Haus verbracht und diesen Anblick bewundert. Nah und doch für ihn unerreichbar empfand er die Schönheit dieses Bauwerks, nah und doch unerreichbar wie jene Frauen, die er, der unscheinbare Mann, platonisch verehrt hatte. Zu einer Erfüllung war es nie gekommen. Er, der Titan der Tonkunst, sah sich in puncto Frauen als Versager. Die Musik war seine einzige und wahre Geliebte gewesen.

Die Kaiserin hatte er nur von fern und auf Bildern gesehen. Auch für sie hegte er eine scheue Bewunderung. Fotos, die sie in ihrer Schönheit zeigten, inspirierten ihn. Bilder der alternden Sissy kannte er nicht.

Er hatte nur noch wenige Tage zu leben und spürte dies, als sie an seinem Lager stand, ergriffen von dem deprimierenden Anblick, den seine eingefallenen Wangen, sein trüber Blick, seine schmalen Künstlerhände boten, die bleich und abgezehrt wirkten, wie auch die Farbe seines Gesichts.

Er aber sah sie zum erstenmal, und er sah sie wie durch einen Schleier, der sie ihm verklärte.

„Meister", preßte Sissy hervor und unterdrückte ein Würgen in ihrer Kehle, „mein lieber, verehrter Meister . . . Ich bin gekommen, um Ihnen zu danken! Ganz Österreich dankt Ihnen. Mehr noch — die ganze Welt!"

„Wofür, Majestät?" stammelte er, während noch einmal ein Lächeln des Glücks seine vom Tode gezeichneten Züge erhellte. „Aus mir habe ich nichts geschaffen; alles, was da kam, kam nur durch mich von Gott!"

„Unser Vater im Himmel wußte wohl, weshalb er Sie dazu erwählte", sagte Sissy leise.

Sie unterdrückte nur mit Mühe ein Schluchzen und suchte nach ihrem Taschentuch.

„Majestät", bat die Sztaray, „Majestät, es ist Zeit — wir müssen weiter . . ."

Sie log. Doch sie fürchtete um die Kaiserin. Denn der Anblick des Sterbenden war gefährlich für Sissy. Dennoch konnte sie Sissy von diesem Besuch nicht abbringen.

Sissy nickte, berührte Bruckners Arm. Einen Herzschlag lang sahen sie einander in die Augen.

„Vielleicht, Meister", murmelte sie, „sehen wir einander früher wieder, als wir beide jetzt denken!"

„Majestät", zischte die Sztaray erschreckt.

Dann verließen sie rasch die kleine Behausung und betraten über die niedrigen Steinstufen den Park des Belvedere.

Die Sztaray atmete erleichtert auf. Die vom Geruch der Arzneien und dem Körperdunst des Sterbenden erfüllte Luft des Krankenzimmers hatte sich wie ein Alp auf ihre Brust gelegt, und sie sah, wie blaß die Kaiserin in den wenigen Minuten geworden war.

„Majestät sind angegriffen", stellte sie besorgt fest. „Der Besuch hat Majestät aufgeregt. Wir hätten nicht hierherkommen sollen."

„Es war wohl die letzte Gelegenheit", meinte Sissy. „Und ich fürchte den Tod nicht. Bruckner ist ein alter Mann; sein Leben — Triumph und Niederlagen — war auf eine gewisse Art meinem ähnlich. Auch er war zugleich umjubelt und einsam. Ein König und doch ein armer Teufel."

„Fahren wir zurück nach Lainz", schlug die Gräfin vor. „Oder wollen Majestät vielleicht Ihre kleine Meierei in Schönbrunn inspizieren? Die Kühe geben gute Milch, sagt man."

Sissy war gerührt über Irmas Versuche, sie aufzuheitern und abzulenken. Doch sie schüttelte den Kopf.

„Fahren wir zu meinem Sohn", verlangte sie ernst.

Die Sztaray durchfuhr eisiger Schrecken.

„Zur Kapuzinergruft?" fragte sie entsetzt.

„Zu meinem Sohn", nickte Sissy. „Sie haben es doch gehört."

Diese Art zu sprechen kannte die Gräfin. Die Kaiserin duldete dann keinen Widerspruch. Wieder haftet ihrem Tun etwas Selbstquälerisches an, fand die Sztaray. Nach dem Besuch bei dem sterbenden Bruckner nun auch noch dies! Sie hätte einiges dafür gegeben, wenn sie sich mit irgendeiner Ausrede hätte drücken können.

„Ob das den Nerven Eurer Majestät sehr zuträglich ist?" wagte sie ohne sehr große Hoffnung auf Erfolg einen Einwand.

Doch die Kaiserin antwortete darauf nicht einmal, sondern stieg in die am Rennweg wartende Hofkutsche und nahm schweigend Platz.

Bei der Kapuzinerkirche angekommen, schellte die Sztaray den Pater Guardian heraus und teilte ihm mit, daß die Kaiserin die Gruft zu betreten wünsche. Der Pater wollte die beiden Frauen hinabbegleiten, doch Sissy befahl ihm und der Gräfin:

„Sie bleiben beide hier. Ich gehe allein."

Wieder erblaßte die Sztaray, war aber halb erleichtert, nicht mit hinunter zu müssen und zu erleben, was sich da unten vielleicht abspielen würde.

„Wie Majestät befehlen", meinte der Pater desinteressiert und begab sich wieder in seine Pförtnerzelle.

Die Sztaray ging hinaus auf den Platz, setzte sich gottergeben in die Kutsche und betrachtete das Treiben um den Donnerbrunnen und vor dem Hotel Meissl und Schadn.

Sissy aber schritt über die steilen Stufen in die kalten und düsteren Gewölbe hinab, in denen die toten Habsburger in prunkvollen Särgen den ewigen Schlaf schliefen. Ihre Schritte hallten von den feuchten Wänden wider. Sie kam vorbei am Sarge ihres Schwagers Maximilian und blieb stehen.

Unwillkürlich stellte sie sich vor, wie er in seinen letzten Augenblicken in die Mündungen der auf ihn gerichteten Gewehrläufe geblickt haben mochte, vielleicht auch noch den Befehl zum Feuern vernahm, und dann —

„Armer Max", murmelte sie.

Dann erst fiel ihr zum erstenmal die Anordnung der Särge auf, an der sie sonst, auf dem Weg zu Rudi nicht rechts noch links blickend, achtlos vorbeigegangen war.

Der jüngere Bruder ihres Gattes lag keinesfalls zwischen seinen Eltern; er ruhte zwar an der Seite seiner Mutter, der Erzherzogin Sophie, doch der Sarg an seiner anderen Seite war der des Herzogs von Reichstadt, Napoleons Sohn. Wurde hier in der Stille der dunklen Kaisergruft ein Geheimnis offenbar? War, wie man am Hofe flüsterte, Franz Josephs Bruder das Kind einer unerlaubten Liebe gewesen? Und wußte Franzl davon? — Es hätte manches in bezug auf sein Verhalten dem armen Max gegenüber erklärt . . .

Aber Sissy dachte darüber weiter nicht nach. Sie wollte ja zu Rudi. Entschlossen wanderte sie an den stillen Schläfern vorbei; Staub lag auf den Särgen und flimmerte in der Luft unter den schmalen, kleinen Fenstern, durch die ein wenig Tageslicht aus dem Klosterhof in das Erbgrab der Habsburger drang.

Dann stand sie vor dem Eichensarg, der ihren Sohn umhüllte und auch das schreckliche Geheimnis seines Todes, das ihr Dasein seit jenem Unglücksmorgen nach der Nacht von Mayerling zerstört hatte.

Still stand sie vor ihm, faltete die Hände, betete jedoch nicht.

„Rudi", murmelte sie, als spräche sie zu einem Schläfer, den sie nicht wecken wollte. Zärtlich auch, wie zu einem Lebenden. „Rudi, mein Bub — ich bin da, deine Mutter . . .!"

Sie wartete. Wie immer kam keine Antwort. Das Geräusch, das eine Ratte irgendwo zwischen den Särgen verursachte, schreckte sie auf, und sekundenlang überlief es sie kalt und fröstelnd.

„Rudi ... Ich weiß, daß du mich rufst. Du willst, daß ich
— und das ist dein Recht, da ich es im Leben versäumte —
wenigstens im Tod bei dir bin. Du wirst nicht mehr lange
warten müssen, mein Bub. Ich spüre es. Vielleicht bist du
selbst es, der mir dies sagt. Eines ist jedenfalls sicher. Wir
werden uns bald wiedersehen, mein armer Bub!"

Es war totenstill in der Gruft, als sich die Kaiserin zum
Gehen wandte. Auch die Ratte blieb still. Eilig schritt Sissy
die Stufen empor, so rasch, wie es die Schmerzen in ihren
geschwollenen Beinen zuließen.

Als sich das Tor der Kapuziner hinter ihr schloß und sie
zu Irma Sztaray in den Wagen stieg, stellte diese zu ihrer
Verwunderung fest, daß Sissy beinahe einen gelösten Eindruck machte. Ja, sie war heiter, als sie verlangte, nach
Hause gefahren zu werden.

Aber die Hofdame hatte sich das Wundern längst abgewöhnt.

8. Bevor der Schnee fällt

Der greise Komponist Anton Bruckner starb am 11. Oktober. Die Welt trauerte um ihn; doch die Zeitungen jener
Tage beschäftigten sich auch mit Coubertins Projekt der
Neueinführung der Olympischen Spiele. Und auch die Wiener planten im Prater ein neues Wahrzeichen zu bauen, ein
riesiges, sechzig Meter hohes Rad mit richtigen Eisenbahnwaggons daran. Indem das Rad sich um seine gewaltige
Achse drehte, würden die Insassen der Waggons sacht und
geruhsam bis an den Scheitelpunkt des Raddurchmessers
emporgehoben werden, um von dort aus luftiger Höhe einen unvergleichlichen Anblick über den Prater und die Residenzstadt, bis hin zum Stephansturm, genießen zu können.

Die „Göttin Technik" würde also in Wien ein neues Wunder wirken. Doch sie forderte auch Opfer, wie zum Beispiel das Leben von Otto von Lilienthal. Doch auch dieser Unglücksfall bewies der fortschrittsgläubigen Generation jener Tage, daß der Tag nicht mehr fern war, an dem sich die Menschheit auch die Beherrschung der Luft sichern würde. Dann würde man nicht einmal mehr Riesenräder brauchen, um die Welt aus der Vogelperspektive bestaunen zu können. Auch Sissy glaubte daran, wenngleich sie zweifelte, daß sie es noch erleben würde.

Franzl hatte seit seiner Rückkehr in die Residenz andere Sorgen. Ihm bereiteten die Zustände im Wiener Gemeinderat arges Kopfzerbrechen. Die Christlichsoziale Partei Dr. Karl Luegers war im Vormarsch. Seit einem Jahr war Lueger Vizebürgermeister, und der Sturz der liberalen Mehrheit im Rathaus im September 1895 hätte ihm eigentlich bereits den Bürgermeistersessel einbringen müssen.

Doch Franzl konnte sich nicht entschließen, Lueger zu bestätigen. Seinen Beratern erweckte dieser Mann Unbehagen. Er war einer, der alles umkrempeln wollte, noch dazu, wie es schien, von heute auf morgen.

Franzl hatte nichts gegen Neuerungen. Als er auf den Thron kam, pflegte man noch mit der Postkutsche zu reisen, und heute war das Schienennetz der Bahn eines der dichtesten von ganz Europa. Auf Franzls Befehl waren auch die alten Bastionen um den Stadtkern von Wien geschleift und an ihrer Stelle die prächtige Ringstraße errichtet worden. Doch diesem Lueger ging alles noch nicht schnell genug.

Und da war auch der Großgrundbesitz und der Machtanspruch von Familien, mit deren Namen die Geschichte der Monarchie bis in die Gegenwart verknüpft war. Lueger war es bisher nicht gelungen, deren Skepsis zu widerlegen. Die Masse der Wiener aber wollte diesen Mann. Was sollte man tun?

Kathi bereitete eine Begegnung mit Franzl mit aller Vorsicht vor. Und das war nötig, denn eine Entscheidung mußte fallen.

Franzl empfing den Bürgermeister-Kandidaten zur Audienz und sah sich einem Mann von würdigem Äußeren gegenüber, der ohne Scheu, doch mit allem Respekt seine Meinung vertrat.

„Majestät — gerade der Mittelstand, die kleinen Kaufleute und Gewerbetreibenden, sind die Brotgeber für das arbeitende Volk. Sie beschäftigen mehr Leute als die Industriekapitäne mit ihren Fabriken, und sie sind auch die wirksamste Stütze des Throns!"

Die beiden Männer fanden einen Weg. Lueger stellte — mit Rücksicht auf Franzls schwierige Lage dem Adel gegenüber — einen Ersatzmann namens Josef Strobach und begnügte sich mit dem Vorsitz über seine Partei. Nach seinem Abgang zeigte sich Franzl von Lueger angenehm überrascht.

„Ein ehrenhafter Patriot", fand er.

„Wir könnten mehr von seiner Sorte gebrauchen", meinte auch Kathi.

Weit weniger angenehm verlief hingegen die Audienz des Prinzen Coburg. Der „Dicke", der einst zu Rudis engsten Freunden zählte, war wieder einmal wegen seiner schönen Louise in Nöten der Eifersucht.

Seufzend empfing ihn Franzl.

„Habt ihr denn keine anderen Sorgen", meinte er vorwurfsvoll.

Der „Dicke" antwortete bloß mit einem gefährlichen Augenrollen.

„Wer ist es denn diesmal?" schmunzelte Franzl. „Doch nicht etwa noch immer dieser Graf Mattachich?"

„Ärger, viel schlimmer", versicherte jedoch der Prinz und tupfte sich mit seinem parfumierten Taschentuch den Schweiß von der Stirn. „Ich wage es kaum auszusprechen

— nun hat sie's mit Euer Majestät jüngstem Bruder, dem Erzherzog Ludwig Victor!"

„Unmöglich", lief Franzl rot an.

„Meine Confidenten haben sie bis in ein Séparée im Hotel Sacher verfolgt", knurrte der Prinz zornbebend und ballte die Fäuste. „Diese Privatdetektive sind schlau; einer von ihnen hat sich sogar als Kellner verkleidet. Hätte ich dieses Weib doch nie geheiratet; sie macht sich geradezu einen Sport daraus, allen Männern den Kopf zu verdrehen!"

„Sie ist halt fesch, deine Louise", meinte Franzl resignierend. „Aber grad Ludwig Victor?"

„Er ist auch fesch", stellte Prinz Philipp grollend und vorwurfsvoll fest. „Ich komme persönlich, weil es sich um ein Mitglied des Erzhauses handelt, und bitte um Intervention. Einen Mattachich kann ich notfalls zum Duell fordern, aber doch nicht Euer Majestät Bruder . . .!"

„Jetzt muß ich mich auch noch mit solchen Liebesg'schichten befassen!" seufzte Franzl.

Doch der Prinz hatte sich bereits einen Plan ausgedacht.

„Mein Diener Leopold hat ein Billett abgefangen — eine heimliche Nachricht von Euer Majestät hochgeschätztem feschen Herrn Bruder —"

„Und?" knurrte Franzl zornig, „was steht da drin, in dem Billett?"

„Der Erzherzog schlägt ein Rendezvous vor, wieder im Sacher, für morgen abend um acht. Das Billett befindet sich in meinen Händen. Louise ist noch ahnungslos. Ich könnte es ihr zuspielen, ohne daß sie merkt, daß ich es inzwischen gelesen habe."

„Und wozu soll das gut sein?" fragte Franzl neugierig.

„Es wäre sicherlich ein heilsamer Schock für meine Louise, wenn Majestät gütigst verhindern würden, daß an diesem Abend Erzherzog Ludwig Victor ins Sacher geht, und vielmehr statt ihm —"

„Wie", unterbrach ihn Franzl entsetzt, „ich soll statt meinem Bruder zu Louise ins Séparée?!"
Der Prinz schwitzte und schnaufte fürchterlich.
„Nicht doch, Majestät", wehrte er ab, „ich dachte vielmehr an Ihre Majestät, die Kaiserin, die sich ja schon einmal ins Mittel gelegt hat!"
„Ach so", meinte Franzl erleichtert. „Ich versteh'!"
„Ich wäre unaussprechlich dankbar", versicherte der Prinz beschwörend. „Darf ich hoffen?"
„Da muß ich zuerst mit Sissy darüber reden", meinte Franzl bedenklich.
„Dann werde ich also", erklärte der Coburger, „das Billett in Louises Hände gelangen lassen."
Sissy war nicht gerade begeistert von dem Komplott.
„Warum wäscht er ihr nicht selbst gehörig den Kopf?" fragte sie.
„Das hat er schon oft genug versucht, aber es nützt nichts. Er ist halt kein Adonis. Da ist der Ludwig Victor ja wirklich passabler. Und außerdem ist er ein Schwerenöter und Junggesell', der sich mit allen Wassern gewaschen hat! Ich kann die Louise verstehen, und meinen Bruder auch. Philipp hat recht — die Louise ist fesch."
„Und wie komm' ich ins Sacher, ohne daß mich jemand sieht?" erkundigte sich Sissy. „Denn ich möcht' nicht auf diese Weise ins Gerede kommen."
Franzl schmunzelte: „Auf die gleiche Weis', wie's mein Neffe Otto immer g'macht hat. Und wie's vielleicht auch der Ludwig Victor gelegentlich praktiziert . . . Es gibt einen Gang, der von der Oper aus unter der Straße direkt in die Keller vom Sacher führt . . . Noch von den alten Zeiten her, wie an der Stell' vom Hotel noch das Theater am Kärtnertor gestanden hat. Den Gang wollt' ich schon längst zumauern lassen."
„Und weshalb ist es nicht geschehen?"

„Das hat der Otto hintertrieben — der hat sich doch die Ballettmäderln durch diesen Gang hinüber ins Sacher geholt!"

Sissy schüttelte nur den Kopf: „Schöne Geschichten sind das — und mein Mann hat das geduldet? Hast wohl am Ende selbst diesen Gang benutzt?"

Franzl legte die Hand aufs Herz: „Ich schwöre, Sissy — für mich gab's nur dich!"

„Ich will dir glauben", drohte sie scherzhaft mit dem Finger. „Und sehen, was ich für den Dicken tun kann. Schöne Geschichten sind das in uns'rer Familie!"

Die arme Marie Festetics wurde dazu auserwählt, Sissy durch den unterirdischen Gang in die Keller des Hotels zu begleiten; sie sollte aber nicht mit ins Séparée kommen, sondern im Schreibsalon auf Sissy warten.

Die beiden Damen betraten an jenem denkwürdigen Abend tief verschleiert die Hofoper durch den Bühneneingang. Im Theater spielte man „Die Entführung aus dem Serail", und man konnte Mozarts Musik und die Stimmen der Sänger von der Bühne her hören.

„Da hat uns ja mein Franzl etwas Schönes eingebrockt", klagte Sissy. „Und das alles, weil Prinz Philipp sich nicht durchsetzen kann!"

Beim Bühnenportier wartete bereits ein Mann, der Sissy und die Gräfin bis zu der steil in die Tiefe führenden Treppe brachte, an deren unterem Ende eine Eisentür den Gang zur jenseitigen Straßenseite schloß.

„Wir sind hier in der Unterbühne", erklärte der Mann. „Es gibt mehrere Abzweigungen und Treppen. Es brennt elektrisches Licht, aber nur wenige Lampen. Gehen Sie immer geradeaus, bis Sie zu einer zweiten, ebensolchen Türe gelangen. Dann sind Sie bereits im Hotel."

„Und Sie kommen nicht mit?" fragte die Gräfin.

„Ich habe dazu keinen Auftrag."

„O je", klagte die Festetics, „dann müssen wir ja allein durch den unterirdischen Gang!"

„Oh, es gibt hier nicht viele Ratten", tröstete der Mann beruhigend.

„Ratten, oh! Wenn uns welche begegnen, falle ich bestimmt in Ohnmacht!"

„Kommen Sie, Festetics, es wird nicht so schlimm werden", meinte Sissy abenteuerlustig, nahm die Gräfin beim Arm, und gleich darauf fiel hinter ihnen die Eisentür zu.

Es gab einen unheimlichen Nachhall in dem düsteren Gewölbe. Die Festetics fühlte, wie sich ihre Nackenhaare sträubten.

„Das ist wohl ein Teil der alten Katakomben", stellte Sissy fest. „Sie durchziehen, von St. Stephan ausgehend, wahrhaftig die ganze unterirdische Stadt. Früher konnte man durch so einen Gang ungesehen unter der Stadtmauer hindurch nach draußen gelangen. Das hat den Kundschaftern während der Türkenbelagerung genützt."

„Ich habe mir sagen lassen", stieß die Gräfin zitternd hervor, „daß man, als die Pest Wien heimsuchte, diese unterirdischen Gänge als Massengräber benutzte!"

Furchtsam trippelte sie an Sissys Seite.

„Hier gibt es bestimmt keine Toten", versicherte jedoch Sissy, strebte aber so schnell wie möglich dem zum Hotel führenden Aufgang zu. Die Tür öffnete sich in gut geölten Angeln. Erleichtert standen die beiden Frauen wenig später auf einem der teppichbelegten Korridore des Hotels Sacher und fragten nach dem von Erzherzog Ludwig Victor bestellten Séparée.

Der Boy machte große, runde Kulleraugen: „Da ist ja schon eine Dame drin!"

„Na und?" fragte die Festetics ärgerlich. „Sagen Sie mir lieber, wie ich in den Schreibsalon komme!"

Die Festetics ließ sich genau den Weg beschreiben und

trennte sich dann von Sissy, die von dem Hotelboy in den vom Erzherzog reservierten Salon geführt wurde.

Die Prinzessin fiel aus allen Wolken, als statt des Erwarteten die Kaiserin eintrat.

„Setzen Sie sich, Louise", sagte Sissy. „Wie ich sehe, haben Sie bereits Sekt bestellt. Davon kann ich auch einen Schluck gebrauchen. Mein Schwager wird, hoffe ich, bald kommen. Danach gibt es hier einen kleinen, gemütlichen Familienplausch. Wir hätten ihn aber auch genausogut in der Hofburg oder in der Hermesvilla abhalten können."

Louise fand keine Worte, und auch Franz Josephs Bruder stockte der Atem, als er den Salon betrat. Den großen Strauß roter Rosen, den er mitgebracht hatte, nahm ihm Sissy mit schelmischem Lächeln ab.

„Wie schön und wie galant, bester Schwager, daß du so an mich denkst", sagte sie.

„Aber —"

„Ich liebe Rosen und bin dir wirklich dankbar", schnitt ihm Sissy das Wort ab. „Und der Sekt hier ist gleichfalls vorzüglich. Und ein Souper hast du sicherlich auch bestellt — für zwei Personen? Wie schade, da wird für Louise nicht viel übrig bleiben, denn ich habe gerade heute einen mächtigen Appetit. Schließlich speist man ja nicht alle Tage mit seinem Schwager im Séparée. — Wie alt bist du nun eigentlich? Vierundfünfzig, wenn ich nicht irre?"

„Da nützt man eben noch die sich bietende Gelegenheit, ehe der Schnee fällt", erklärte Ludwig Victor sein Verhalten ärgerlich.

„Zu einem netten Plausch unter Verwandten, nicht wahr?" spöttelte Sissy. „Wie geht es eigentlich dem Grafen Mattachich?" wandte sie sich in gleichem Tonfall an Louise.

„Man hat ihn in den hintersten Winkel der Monarchie versetzt", antwortete Louise böse.

„Und darüber wollte Sie wohl mein verehrter Schwager trösten?" nickte Sissy scheinbar verständnisvoll. „Wie edel von ihm und wie zartfühlend! Ich bin sicher, daß das auch Louises Gatte zu schätzen weiß!"

„Majestät!" Die Prinzessin sprang erregt auf. Sich an die Stirne greifend, seufzte sie theatralisch: „Dieser Schwindel . . . Ich glaube, ich halte ihn nicht aus!"

„Genau wie Ihr Gatte", nickte Sissy, „dem geht es mit Ihrem Schwindel auch so, Louise. Schwindeln Sie also in Hinkunft nicht so viel. Und trinken Sie Ihren Sekt lieber zu Hause."

In diesem Augenblick kam der nichtsahnende Oberkellner und kündigte das Souper an. Louise und der Erzherzog wechselten einen verzweifelten Blick.

„Sieht ja prächtig aus", lobte Sissy, als der Pikkolo den Servierwagen hereinschob. „Wissen Sie was? Im Schreibsalon sitzt eine liebe, alte Dame, die Gräfin Festetics. Schicken Sie sie herauf, junger Mann. Ich glaube, es reicht für drei. Das war wirklich ein guter Einfall von dir, lieber Schwager! — Ach ja, gute Nacht, Prinzessin! Und grüßen Sie Ihren Gatten von mir. Es war wirklich reizend . . ."

Louise rauschte zornbebend ab. Als sie draußen war, begann der Erzherzog plötzlich zu lachen.

„Du bist köstlich, schöne Schwägerin", erklärte er. „Und ich fange an, mich zu gewöhnen — mich stört nur die alte Festetics, die du soeben hast heraufkommen lassen . . ."

„Ludwig Victor, du bist unverbesserlich", stellte Sissy strafend fest.

Und dann lachten sie beide. Sie lachten immer noch, als Marie Festetics das Séparée betrat.

„Die ‚Anstandsdame'!" prustete Ludwig Victor los. „Na, dann wollen wir's uns schmecken lassen!"

9. An der Biskaya

Etwa sieben Kilometer von Bayonne, in einem der Winkel der Bucht von Biskaya, im Departement Niederpyrenäen lag der rund dreitausend Einwohner zählende malerische Flecken Biarritz, ein Fischerdorf, das durch Kaiser Napoleon III. und seine Familie zu ungeahnten Ehren und Aufschwung gekommen war. Sein Vorteil für den Fremdenverkehr war seine Lage an der Südbahn. Sein romantischer, von Felsen umschlossener Fischerhafen hatte es Eugenie angetan. Dazu kam der malerische Leuchtturm, in den sich die Kaiserin ebenso verliebte wie in die alten Schloßruinen von Atalaya.

Kaiserin Eugenie wollte hier eine Bleibe, und Kaiser Napoleon baute. Danach entstand eine schöne, neue, im romanischen Stil erbaute Kirche, und zu beiden Seiten des Fischereihafens wuchs der Flecken. Die kaiserlichen Sommeraufenthalte wirkten wie ein Magnet, umsomehr als Eugenie mit ihrem Sohn, dem Kronprinzen, bald auch gern einen Teil des Winters an der Riviera verbrachte. Aristokratie und Geldadel bauten, Badestrände wurden angelegt. Biarritz war nicht länger das einsame, verträumte Fischerdorf. Zu den dreitausend „Ureinwohnern" kamen bald sechstausend Zuzügler und mehr. Der bislang unbekannte Ort entwickelte sich zum Nobelkurort, als auch noch Bismarck und Kaiserin Elisabeth aufgrund des milden Klimas, das dort jahraus, jahrein herrschte, regelmäßig hinfuhren. Und als dann auch noch rührige Geschäftsleute ein Casino errichteten, hatten es die Biarritzer nicht mehr nötig, Fische zu fangen. Sie taten's trotzdem — von wegen des Fremdenverkehrs . . .

Franzls Leibarzt Dr. Kerzl war im Gegensatz zum Kaiser der Meinung, Biarritz könne den Gesundheitszustand der Kaiserin tatsächlich bessern, wenn sie bloß nicht wieder anfinge, über den Genuß des Klimas und der wohltuenden Wirkung von Kurbädern hinaus auch noch Gewichtsreduktionen zu betreiben.

„Ihrer Majestät fehlt nichts als gesundes, zuträgliches Essen", erklärte er Franzl. „Dann verschwinden die Ödeme an den Beinen von selbst. Und sind die erst weg, kann sie auch wieder schmerzfrei gehen und sich bewegen. Das wiederum müßte anregend auf ihre gesamte seelische Verfassung wirken. Fühlt sie sich aber wieder halbwegs wohl, kehrt auch die Lebensfreude wieder."

„Wenn Sie das zustande brächten, wäre es ein Wunder", meinte Franzl. „In ihrem Eigensinn ist sie für vernünftige Vorschläge gar nicht zugänglich. Man redet sich die Seele aus dem Leib — vergeblich! Aber fahren Sie zu ihr nach Biarritz, Doktor. Meine besten Wünsche begleiten Sie, tun Sie Ihr Bestes."

„Zu Befehl, Majestät. Ich werde versuchen, auf Ihre Majestät einzuwirken."

„Tun Sie das; und reisen Sie mit Gott. Hoffnung habe ich allerdings kaum; doch man soll ja nichts unversucht lassen. Berichten Sie mir aus Biarritz!"

Die Ankunft der Kaiserin in Biarritz war — auch wenn sie möglichst unauffällig erfolgte — doch nicht verborgen geblieben. Das „Fremdenblatt" von Bayonne sorgte schon dafür. Schaulustige und Pressefotografen versuchten, einen Blick auf die Kaiserin zu werfen, und Irma Sztaray hatte alle Hände voll zu tun, um Journalisten abzuwimmeln.

Sissy zog sich indessen in ihre gemieteten vier Wände zurück. Wieder einmal mehr bemerkte sie zu ihrem Verdruß, daß sie vor sich selbst nicht flüchten konnte. Sie war nun einmal die, welche sie war, und wäre doch so gern nichts als ein einfacher Mensch gewesen.

„Ob sich Majestät dann aber auch Biarritz leisten könnten?" fragte Doktor Kerzl halb im Scherz nach seiner überraschenden Ankunft und begann mit einer gründlichen Durchuntersuchung. „Majestät müssen sich schon damit abfinden, daß ich hier bin. Majestät müssen Seine Majestät, den besorgten Gatten, verstehen."

„Ich verstehe ihn ja", seufzte Sissy. „Und was Ihre Frage betrifft, so möchte ich sagen: Wäre ich nichts weiter als eine gewöhnliche Frau, hätte ich Biarritz und Territet vermutlich nicht nötig."

Damit könnte sie vielleicht recht haben, dachte sich Dr. Kerzl. Aber er verkniff sich die Antwort. Behorchte die Lunge seiner unbequemen Patientin, die es nur mit Ungeduld über sich ergehen ließ.

„Nun — bin ich in Ordnung? Oder stimmt etwas nicht?" erkundigte sie sich.

„Die Lungen scheinen gesund zu sein", erklärte Doktor Kerzl wahrheitsgemäß. „Aber Majestät haben mit Sicherheit Untergewicht."

Sie verfolgte jetzt seine Untersuchungen mit wachsendem Interesse, und er merkte das.

„Wenn etwas nicht mit mir stimmt, sagen Sie es ruhig", forderte sie ihn auf. „Ich habe keine Angst."

„Das weiß ich", nickte der Leibarzt anerkennend. „Furchtsam sind Majestät nie gewesen, nicht beim Reiten und Jagen, und auch nicht in jenen schlimmen Tagen des Krieges von 1859. Ich glaube, es gab danach keinen Militärarzt, der nicht wußte, wie tapfer Eure Majestät sind."

„Sie meinen die Geschichte mit dem ungarischen Soldaten, dem der zerschossene Arm amputiert werden sollte?"

„So ist es, Majestät. Die Ärzte waren gerade dabei, ihm gut zuzureden, sich operieren zu lassen, was er heftigst verweigerte, als Majestät zufällig kamen, das Lazarett zu besuchen."

„Ihm war ja nicht anders zu helfen", lächelte Sissy in Erinnerung an den Vorfall, der damals durch die Presse ging. „Ich sagte einfach, ich bliebe während der Operation bei ihm."

„Es gab nur kein Narkosemittel, Majestät! Der Arm mußte bei vollem Bewußtsein abgetrennt werden, und Majestät haben die ganze Zeit über seine andere Hand gehalten..."

„Was blieb mir denn übrig?" lächelte Sissy. „Ich hatte es ihm ja versprochen!"

„Majestät haben ihm damit das Leben gerettet..."

„Ein einziges! Und so viele andere mußten in diesem Krieg sterben. Doktor, das ist sehr lange her, und ich bin sicher nicht mehr die Frau von damals. Heute fiele ich höchstwahrscheinlich in Ohnmacht. Mir ist auch damals übel gewesen."

„Aber das ist eine Episode, die ein Volk seiner Monarchin nicht vergißt."

„Haltung zu bewahren, lieber Doktor, wird uns gelehrt. Was glauben Sie, was es mich gekostet hat, meinem Mann mitzuteilen, daß unser Rudi tot ist..."

„An dieses Ereignis denken Majestät besser nicht zurück", wehrte der Arzt ab. „Majestät sollten nur an Positives denken."

„Nur an Positives?" spöttelte Sissy bitter. „Ich fürchte, dann müßte mein Hirn verkümmern."

Der Arzt hatte seine Untersuchung beendet.

„Ich kann noch nichts Genaues sagen, Majestät", äußerte er sich vorsichtig. „Auf jeden Fall werde ich Seiner Majestät nach Wien berichten."

„Na, mir dürfen Sie's schon auch sagen", meinte Sissy.

„Ganz gehorsamst, Majestät", entfernte sich Doktor Kerzl mit tiefem Bückling.

Was hat er entdeckt, fragte sich Sissy. Sie klingelte nach der Kammerzofe und ließ sich wieder ankleiden. Fuhr dann, begleitet von Irma Sztaray und Ida Festetics, in einem

Wagen den Strand entlang und ließ sich die kühle Brise schmecken, die vom offenen Meer dem Lande zu wehte.

„Was sagt der Leibarzt, Majestät?" fragte Ida.

„Er hüllt sich in Schweigen", lächelte Sissy spöttisch. „Ich möchte wetten, der Arme weiß überhaupt nichts und will das bloß verschleiern."

Als sie zurückkam, hatte der Postbote ein dickes, flaches Paket abgegeben. Der Absender war eine Frau Bertha von Suttner. Und die Sendung kam aus Stockholm, war an das Wiener Sekretariat der Kaiserin adressiert und von dort nach Biarritz nachgeschickt worden.

Sissy öffnete nicht ohne Neugierde. Sie fand ein Manuskript und einen Begleitbrief.

„Eine Schriftstellerin", stellte Sissy angeregt fest, „die mir ihr Werk schickt..."

Durch den Begleitbrief wurde ihr klar, daß Sissy die Schreiberin als junge Komtesse Kinsky gekannt hatte, die ihr seinerzeit vorgestellt worden war. Doch die junge Komtesse von einst war nun schon über vierzig und mit einem Herrn von Suttner verheiratet, an dessen Seite sie ein reichlich abenteuerliches Leben führte.

Nicht willens, auf eine standesgemäße „reiche Partie" zu warten, hatte die Komtesse bei der Familie eines Barons Suttner gearbeitet, wo sie als Anstandsdame der Töchter und Erzieherin der Söhne selbst ihren Lebensunterhalt verdienen konnte. Das war nötig, denn Mama Kinsky hatte damals fast das ganze Vermögen der gräflichen Familie in Baden-Baden verspielt.

Im Hause des Herrn von Suttner aber spann sich ein ungewöhnliches und unerhörtes Verhältnis zwischen der Erzieherin Bertha und dem um sieben Jahre jüngeren Sproß und Stammhalter der Suttners, Arthur, an. Wie es so kam — die Mutter kam dahinter und feuerte Bertha kurzerhand, die sich daraufhin aufgrund eines Zeitungsinserats bei dem

Dynamitfabrikanten Alfred Nobel um den Posten einer Sekretärin bewarb.

Sie ging mit ihrem neuen Chef nach Paris, wo sie erst feststellte, daß er der Erfinder des Dynamits war, das man, gefährlich genug, zu Kriegszwecken einsetzen konnte. Sie versetzte daraufhin, was sie noch an persönlichen Schmuckstücken besaß. Es reichte für eine Rückfahrkarte nach Wien. Dort heiratete sie Arthur Suttner ohne Wissen seiner Eltern, und die beiden schlugen sich auf ihrer Flucht auf abenteuerliche Weise bis in den Kaukasus durch, wo sie von der Fürstin Katharina von Mingrelien, einer Freundin der Kinskys, Hilfe erhofften — vergeblich.

Im Kaukasus lebten sie in arger Not und versuchten sich mit dem Schreiben von Erzählungen und Romanen über Wasser zu halten. Und auch eine Hoffnung auf Hilfe durch Arthurs Familie erfüllte sich nicht, denn im Zuge des Börsenkrachs von 1873 hatte der Baron das Stadtpalais nebst einem Gutteil seines Vermögens verloren. Übrig blieb ein Schlößchen im Waldviertel. Dort, nach Harmannsdorf, war Bertha von Suttner nun mit ihrem Mann gezogen, heimgekehrt aus dem Kaukasus. Sie sandte an Sissy eine Abschrift ihres neuen Manuskripts „Die Waffen nieder", weil sie sich bei der Suche nach einem Verleger und der Drucklegung Hilfe erhoffte.

Sissy begann, das Manuskript zu lesen, und war von jeder Seite mehr fasziniert und beeindruckt. Schon wollte sie ihr schreiben, daß sie gerne bereit wäre, die Drucklegung des Buches aus ihrer Privatschatulle zu finanzieren, als sie ein weiterer Brief Bertha von Suttners erreichte. Sie hatte schon einen Geldgeber gefunden — Herrn Nobel, den Dynamitkönig, dessen Sekretärin sie nur für wenige Tage gewesen war, weil sie gegen sein Dynamit etwas hatte.

„Das sieht ihr ähnlich", lächelte Sissy. „Erst läuft sie ihm davon, und dann soll er ihr Manuskript drucken lassen.

Erdreich zerrann ihr unter den Fingern in der Nässe des heftigen, windgepeitschten Regens, der mit dem harten Geräusch fallender Erbsen gegen die geschlossenen Fensterscheiben der Villa prasselte.

Sissy legte die Agave sachte auf eine geschützte Stelle hinter einer Mauersäule und wandte ihr Gesicht Wind und Wetter zu. So, wie sie es, den Naturgewalten trotzend und sich dennoch eins mit der Schöpfung fühlend, früher getan hatte. Es war kalt, sie begann zu frösteln, zu erschauern, und war bereits triefend naß. Das Haar klebte ihr an Kopf und Nacken. Wenn Franzl mich so sehen könnte, dachte Sissy, und plötzlich schämte sie sich.

Sie kehrte in das Zimmer zurück und schellte nach der Zofe. Diese war entsetzt über Sissys Verfassung.

„Majestät! Was ist passiert —?"

„Draußen, vor meinem Fenster, ist ein Blumentopf zerbrochen", erklärte sie.

11. Halb hier, halb drüben

Die Berichte, die Franzl jetzt aus Biarritz erhielt, waren beunruhigend. Nun sei Ihre Majestät ernstlich erkrankt, hieß es. Man wolle die Verantwortung für ihren Zustand nicht übernehmen, vielleicht wenn wieder Doktor Kerzl geschickt werden könne, der ja inzwischen nach Wien zurückgekehrt sei. Es handle sich um die Folgen eines Spaziergangs auf der Villenterrasse während eines stürmischen Regens bei eiskaltem Wetter, als Ihre Majestät nach einem umgefallenen Agaventopf sehen wollte. Majestät sei ohne Kenntnis des Personals auf die Terrasse gelaufen und habe sich durch und durch durchnäßt und schwer verkühlt. Husten, Fieber und Schnupfen seien die Folge gewesen, doch das Fieber habe das normale Maß solcher Fälle überstiegen.

„Ich bin ernstlich besorgt", eröffnete der Kaiser dem Leibarzt, „ich halte es für das Klügste, wenn Sie sich gleich wieder in den Zug setzen. Vielleicht ist es nicht so schlimm, wie es fürs erste aussieht, aber —"

„Majestät, die weite Reise — ich fahre natürlich, aber ich halte es für klüger, wenn ich einem französischen Kollegen telegrafiere, der sich sofort um Ihre Majestät kümmern kann. Bis ich in Biarritz einträfe, ginge kostbare Zeit verloren!"

„Ich überlasse das Ihnen, Doktor. Tun Sie, was Sie für richtig halten, und machen Sie Ihre Majestät wieder gesund!"

Der Doktor versprach es sorgenvoll. Mit dieser seiner Patientin hätte er graue Haare kriegen können, wenn dies nicht ohnedies schon die Natur besorgt hätte.

Als er wieder in Biarritz vor der Villa stand und die Klingel zog, welche das Öffnen der Gartenpforte veranlaßte, war er auf einiges gefaßt, doch die Kaiserin kam ihm selbst entgegen; sie war schon wieder auf den Beinen.

Sein erster Eindruck, daß er nun gleich wieder umkehren könne, wurde Lügen gestraft, als er die Untersuchung beendet hatte.

„Die Lungenflügel sind angegriffen", stellte er besorgt fest. „Ich schlage vor, Majestät brechen hier die Zelte ab. Der Aufenthalt in dieser feuchten Witterung ist jetzt nichts für Ihre Majestät. Mit dieser Sache ist nicht zu scherzen."

Sissy erblaßte.

„Aber ich fühle mich doch gut", wandte sie schuldbewußt ein. „Ich weiß, ich hätte nicht auf die Terrasse laufen sollen, aber —"

„Majestät sind doch kein kleines Kind", ärgerte er sich. „Wie konnten Sie nur! Sie fiebern ja noch immer. Sie haben eindeutig erhöhte Temperatur!"

Daher also kam die rosige Gesichtsfarbe, die ihm im ersten Augenblick als ein Zeichen guter Verfassung erschienen war. Das war trügerisch. Und gleich darauf, wie zur Bestätigung seiner Schlußfolgerungen, hörte er Sissys trockenen Husten, den sie trotz des Einnehmens von Säften, die ihr Kerzls französischer Kollege verordnet hatte, nicht losgeworden war.

„Was gibt es Neues in Wien?" erkundigte sie sich.

„Nichts Besonderes, Majestät. Seine Majestät hat Ärger mit den Deutschnationalen in Böhmen und den Christlichsozialen in Wien. Die geben ja doch keine Ruhe, bis der Lueger als Bürgermeister bestätigt ist. Und im Burgtheater gibt's jetzt eine rassige Schwarze zu sehen, eine gewisse Sandrock. Die macht der Frau Schratt alle Männer streitig — auf der Bühne, mein' ich."

„Na, vielleicht auch im Publikum."

„Majestät, ich rate Majestät dringend zu einem Ortswechsel!"

„Und wohin soll ich Ihrer Meinung nach, geschätzter Herr Doktor? Ich fahre überallhin, nur nicht nach Wien oder Gödöllö."

„Das zu empfehlen, lag auch nicht in meiner Absicht, Majestät. Ich meinte vielmehr die Schweizer Berge, die Majestät ohnedies so sehr lieben."

„In die Schweiz? Ach ja, damit bin ich einverstanden. Dorthin fahr' ich gern!"

„Sehr vernünftig, Majestät. Aber vorerst müssen Majestät, um die Reise gut zu überstehen, noch ein wenig zu Kräften kommen. Ein paar Tage müssen wir uns also noch gedulden. Ich bleibe solange hier; ich bin schließlich Seiner Majestät verantwortlich."

Der fiebrige Glanz in ihren Augen gefiel ihm nicht.

„Majestät sollten eigentlich gar nicht auf sein", setzte er deshalb hinzu. „Ich halte das nicht für gut. Majestät legen sich jetzt lieber zu Bett. Bleiben mir Majestät hübsch gehorsam; umso schneller werden wir in die Schweiz reisen können!"

Sissy gehorchte; sie ließ sich in einer Art ungewohnter Willenlosigkeit, die auf ihre körperliche Schwäche zurückzuführen war, zu Bett bringen und nahm ein Mittel zu sich, das ihr der Leibarzt verabreichte. Sie bekam bald darauf schwere Lider und schlief ein.

Es war wirres Zeug, das sie träumte. Sie fühlte sich um Jahrzehnte zurückversetzt, vernahm im Traum das dumpfe Geläut von Glocken, so daß sie schließlich glaubte, ihre Schläfen müßten zerspringen.

Es waren die Glocken der Augustinerkirche zu Wien. Sie wollte eben der prunkvollen Hochzeitskutsche entsteigen. Der Platz war gesäumt von Garden und einer unzählbaren Menschenmenge. Aus allen Fenstern der Häuser starrte man sie an. Das Brautgewand war erdrückend schwer, das Mieder so eng, daß sie kaum atmen konnte, und ihr Herz schlug wild vor Aufregung. Draußen vor der Kutsche warteten schon die Pagen, um die schwere, goldgestickte Schleppe aufzunehmen, und die Orangenblüten, die man ihr ins Haar geflochten hatte, dufteten betäubend.

Sissy bückte sich, um aus der überdachten Kutsche steigen zu können. Da spürte sie plötzlich Widerstand . . . Ihr Diadem hing fest, als würde es von unsichtbaren Fingern umklammert, die ihr das Verlassen der Brautkutsche verwehren wollten.

Natürlich hatte sie sich nicht tief genug gebückt. Sie beugte sich zurück und konnte nun endlich ins Freie. Dem Diadem war nichts passiert, keiner der kostbaren Steine fehlte, es saß nur nun ein wenig schief auf ihrer Stirn und mußte zurechtgerückt werden.

Doch eine Zigeunerin, von der sie sich wahrsagen ließ, sagte ihr später, dies habe Schlimmes zu bedeuten. Auch das Gesicht der runzeligen Alten erschien ihr jetzt im

Traum, und sie hörte ihre unheilsverkündende, brüchige Stimme: „Gram und Leid drücken auf die Krone Eurer Majestät. Majestät werden viel erdulden müssen . . ."

„Die Frau hat recht behalten", lispelte Sissy kaum hörbar im Schlaf. „Recht behalten . . . Viel Gram und Leid —"

Doktor Kerzl, der an ihrem Lager saß, ohne daß sie es wußte, beugte sich über sie, doch er verstand nicht, was sie sagte.

„Das Fieber steigt", stellte er sorgenvoll fest, „ich bin keinen Tag zu früh gekommen. Sie braucht kalte Umschläge auf die Stirn."

Sissys Zähne klapperten hörbar aufeinander. Ida von Ferenczy und Irma von Sztaray waren im Krankenzimmer und sorgten dafür, daß die Zofen alles brachten, was der Arzt für Sissy verlangte.

„Steht es denn wirklich schlimm um Ihre Majestät?" erkundigte sich Irma angstvoll.

„Sie hat sich, wie immer, zu viel zugemutet", erklärte Doktor Kerzl. „Aber es wäre alles halb so schlimm, wenn sie ordentlich bei Kräften wäre. Doch geschwächt, wie sie ist, kann man nur hoffen, daß das Fieber bald fällt und das Mittel wirkt, das ich ihr gegeben habe!"

In ihren Träumen aber war Sissy jetzt in Ischl, in der Kaiservilla. Sie saß an ihrem Schreibtisch und betrachtete, starr wie eine Puppe sitzend, ein altes Bild von Possenhofen, das sie in Ischl zur Erinnerung an den Ort ihrer Kindheit an die Wand gehängt hatte.

Nun saß sie davor und starrte es an. Starrte und starrte, bis es ihr gelang, durch das Bild hindurchzusehen und zu lesen, was sie vor so langer Zeit auf die Rückseite gekritzelt hatte.

„Halb hier, halb drüben."

Das war im geographischen Sinn gemeint. Und hatte doch jetzt eine ganz andere Bedeutung. Halb herüben, halb drüben ... Mit einem Fuß auf der Erde, mit dem anderen im Jenseits ... Großer Gott, werde ich dort Vater und Mutter antreffen? Und auch Rudi? Wird er mir, Aug' in Aug', endlich sagen, wie er ums Leben kam und was die Hintergründe seines Sterbens waren?

Sie sah plötzlich eine ganz andere Schrift vor sich. Nicht ihre eigene, sondern die ihrer Nichte Marie. Die Buchstaben formten sich zu grausamen Worten.

Was wußte Marie? Welches Geheimnis war Franzl so viel wert, daß er ohne Gegenwehr der Erpresserin zahlte?

„Bring sie zum Schweigen, Franzl, bring sie zum Schweigen!"

Das verstand Doktor Kerzl ziemlich deutlich, aber er konnte sich keinen Reim darauf machen. Die Kaiserin wurde offenbar von besonders schweren Fieberträumen heimgesucht.

Wie könnte sie doch glücklich sein, dachte er. Sie ist schön, reich, darf ihre Freiheit genießen und besitzt die Wertschätzung vieler Menschen, die sie kennen und ihr nahestehen. Doch das alles macht wohl überhaupt nicht glücklich.

In Gedanken konzipierte er bereits seinen Bericht an den Kaiser. Dieser Bericht mußte heute noch nach Wien. Sehr viel Erfreuliches würde er nicht enthalten.

Es war kurz vor dem Weihnachtsfest, als Franzl Kerzls Bericht erhielt. Er fand ihn auf seinem Schreibpult in Schönbrunn, nachdem er bei Kathi gefrühstückt hatte.

Sein Uniformmantel war durchnäßt vom großflockigen und feuchten Schnee, der über dem im morgendlichen Dämmer liegenden Schloßpark von Schönbrunn niederfiel. Im Schloß war es kalt. Die Heizer arbeiteten zwar in den Heizergängen und befeuerten die von außen zu bedienenden prächtigen alten Kachelöfen mit Heizmaterial, aber das weitläufige Gebäude mit seinen großen Zimmern und Sälen blieb trotzdem kalt, und Franzl erschauerte unter der hereinbrechenden Kälte eines eisigen Winters.

Er war übler Laune, und der Bericht aus Biarritz besserte sie auch nicht gerade. Es hatte — er konnte sich kaum erinnern, daß es zuvor jemals der Fall gewesen war — eine Auseinandersetzung mit der Freundin gegeben. Kathi hatte wieder einmal Geld im Casino verspielt, und diesmal hatte sich Franzl geweigert, für ihre Schulden aufzukommen. Einmal müsse sie ihre Spielleidenschaft bezwingen, hatte er rundheraus erklärt. Das fiel ihm umso leichter, da er eben erst zur Genüge von einem Frauenzimmer gerupft wurde — von der Larisch. Und nun kam auch noch dieses Schreiben aus Biarritz. Und Franzl fluchte in seinen Backenbart, die Frauenzimmer möge allesamt der Teufel holen.

Es war sein letzter Tag in Wien. Er hatte beschlossen, nach Gödöllö zu fahren — auch ohne Sissy. Marie-Valerie wollte mit ihrem Gatten und den Kindern hinkommen. Dann würde er nicht allein sein in dem ungarischen Schloß, in dem er und Sissy einst glückliche Stunden verbracht hatten und das — da hatte Sissy recht — voll von Erinnerungen war.

Doch während Sissy nur an jene zu denken schien, die sie traurig stimmten, wollte er sich zurückerinnern an eine Zeit, in der er glücklich gewesen war.

Er legte den Bericht Dr. Kerzls beiseite und setzte sich an seinen Schreibtisch. Der Leibkammerdiener Ketterl erschien und fragte, ob Seine Majestät noch irgendwelche Wünsche für das Packen der Koffer habe und ob auch wirklich nichts vergessen worden sei?

„Nein", sagte Franzl. „Wenn alles nach der Liste, die ich aufgeschrieben habe, eingepackt ist, dann ist alles in Ordnung. Schließlich habe ich ja auch noch Verschiedenes in

Gödöllö selbst und, wenn alle Stricke reißen, in Budapest."
Ketterl nickte und verschwand. Dann wanderten Franzls Gedanken wieder zu Kathi.

„Mag sie nur trutzen, ich trutze auch", brummte er. „Ich brauche sie nicht. Ich brauche niemanden. Niemanden außer meinen Herrgott! Der läßt mich nicht im Stich. Nein, ich bin nicht allein."

Seufzend begann er mit dem Pensum seiner Arbeit am letzten Tag seines Hierseins in Wien.

Kathi hatte heute in ihrer üblen Laune seinen nun schon etwas schäbig gewordenen Uniformrock bekrittelt, den er freilich schon jahraus, jahrein während seiner täglichen Arbeit trug. Mochte sie ruhig. Er würde ihn auch auf der Fahrt nach Gödöllö tragen. Dort aber freilich seinen gefütterten Hausrock anziehen, den ihm einst Sissy geschenkt hatte.

Der Rock, auf den er sich freute, war ein Weihnachtsgeschenk gewesen. Da hatte Rudi noch gelebt, und sie waren beisammen gewesen, in Gödöllö . . . Er würde ihn wie damals anziehen, sich an den Kamin setzen und ein Pfeifchen schmauchen. Und keine Menschenseele würde er zu sich lassen, außer Marie-Valerie, die Enkelkinder und deren Vater. Und — wenn sie käme — Sissy.

Wir werden dann alle zu Sissy fahren, überlegte er. Mochte die ganze Welt einstürzen, wir fahren hin . . . Ich werde Marie-Valerie und die Enkelkinder mitnehmen! Sie wird Augen machen, wenn wir kommen!

Das Weihnachtsgeschenk an Sissy war schon nach Biarritz unterwegs. Kurz überlegte er, ob er ihr noch zusätzlich von seinen Plänen schreiben sollte; doch dann unterließ er es. Diese Dinge mußten erst gründlich mit Marie-Valerie besprochen werden. Aber es wird schön werden, sagte er sich, und freute sich jetzt erst richtig auf Gödöllö.

Zweiter Teil

1. An der Jahresschwelle

Marie-Valerie und die Enkelkinder versuchten, Franzl über das einsame Weihnachtsfest auf Schloß Gödöllö hinwegzuhelfen. Einsam war und blieb es trotzdem, wenn sie sich auch Mühe gaben, ihn aufzuheitern. Sissy fehlte ihm, er fühlte sich von ihr im Stich gelassen. Den Christbaum, den Sissy einst mit eigener Hand aufgeputzt und behängt hatte, schmückte Marie-Valerie, seine Tochter.

Am Christtag, nach der Messe, saß er an seinem Schreibtisch und schrieb an Sissy nach Biarritz. Und zur selben Stunde schrieb auch sie an ihn. Ihre Gedanken trafen und begegneten einander. Auch sie fühlte sich einsam und zudem elend. Sie hatte sein Geschenk erhalten und er das ihre unterm Weihnachtsbaum gefunden — kleine Aufmerksamkeiten, die sie aneinander erinnern sollten. Doch das Zigarrenetui, das er nun neben sich liegen hatte und das viel zu kostbar war für die billigen Zigarren, die darin verstaut werden sollten, stimmte ihn nicht froh. Im Gegenteil, es würgte ihn in der Kehle, wenn er an seine ferne Sissy dachte.

Ähnlich erging es Sissy mit ihrer kostbaren Brosche, die sie zum Geschenk erhalten hatte. Die Brosche kam zwar von ihm — und Franzl schrieb, er habe einen Kuß darauf gedrückt, bevor sie in ihr Etui gelegt wurde. Doch sie spürte seinen Kuß nicht auf ihren Lippen. Und er erzählte ihr von Gödöllö, das in tiefem Schnee liege. Es wäre sehr schön hier, noch schöner aber wäre es, wenn sie Seite an Seite die weiße Pracht genießen könnten. Und in Biarritz müsse wohl ein ganz grausliches Wetter sein. Sissy wäre gut beraten, lieber nach Cap Martin abzureisen, wo es vermutlich besser wäre. Denn von Doktor Kerzl höre er gar nichts Gutes.

Sylvester war's, als Marie-Valeries Gatte, Erzherzog Franz Salvator, in Gödöllö eintraf und von Frau und Kindern stürmisch umhalst wurde. Er hatte sich jetzt erst von seinem Regiment freimachen können. Marie-Valerie war überglücklich, ihn nun bei sich zu haben; doch das Glück, das Franzl seiner Tochter und den ihren von Herzen gönnte, ließ ihn nur um so schmerzlicher seine eigene Einsamkeit spüren.

Sissy hatte recht, erkannte er, auch ich fahre wohl lieber nicht mehr zu den Feiertagen nach Gödöllö. Dann sogar lieber nach Biarritz . . .

Und wieder ging ein Brief ab in Richtung Riviera. Franzl schrieb, daß er kommen wolle, sobald sie in Cap Martin eingetroffen sei. Sie müßten einander wiedersehen. Beisammen müßten sie sein, nicht für sich allein und einsam.

Er mußte ihr nachreisen, nach Cap Martin . . . Es würde ihm nicht leichtfallen, die hierfür benötigte Zeit zu opfern.

„Ich möchte demnächst zur Mama fahren", eröffnete er Marie-Valerie. „Wie ist es, mein Kind — kommst du mit?"

„Und ob, Papa! Sobald Franz wieder im Dienst ist, stehe ich ganz zur Verfügung. Wie wird Mama sich freuen!"

„So ist es also abgemacht! Wir fahren, sobald Mama in Cap Martin eingetroffen ist. Das ist ja ihr nächstes Ziel; sie schreibt mir, daß sie uns wissen läßt, sobald sie dort ankommt."

In Budapest stiegen die Sylvesterraketen zum nächtlichen Himmel und spiegelten sich im eisigen Donaustrom. Sie begrüßten das Jahr 1897. Auch in Gödöllö stieß man an. Und auch in Biarritz erleuchtete ein prächtiges Feuerwerk den Himmel über dem Kasino. Sissy sah es vom Fenster der Villa aus. Sie und die Ihren begrüßten das neue Jahr mit Sekt. Und Sissy fragte sich — wie so viele andere auch —, was es wohl bringen würde?

Kurz vor Dreikönig las Frau von Ferenczy ein Plakat, daß im Saal des Kasinos am Feiertag-Abend die Darbietung eines Lumièreschen Kinematographen stattfinden würde.

„Dann können wir es also auch sehen", meinte sie animiert und berichtete Sissy von dem Ereignis. „Lebende Fotografien werden gezeigt, Majestät! Das sollten wir uns nicht entgehen lassen, Majestät! Die Erfindung, von der seit einem Jahr ganz Paris spricht! Wollen wir nicht hin? Man wird sicher eine Sonder-Darbietung für Majestät veranstalten können!"

„Das wäre eine interessante Abwechslung", zeigte sich Sissy angeregt. „Doch eine Extravorstellung möchte ich nicht. Ich bin inkognito in Biarritz, als Gräfin von Hohenembs. Und eine Gräfin hat doch wohl keinen Anspruch auf dergleichen. Lassen Sie für uns einfach die nötigen Sitzplätze reservieren."

Ihr Interesse war nicht übermäßig groß. Auch fühlte sie sich nicht sonderlich, aber sie wollte ihren Leuten den Spaß nicht verderben. Und vielleicht war es wirklich keine verlorene Zeit, wenn man diesen Kinematographen besichtigte. Die „Gräfin Hohenembs" ging also mit ihrer Suite „ins Kino".

Im Rauchsalon des Spielkasinos hatte man auf einem Holzgerüst die Leinwand aufgespannt. Davor standen Stühle und Fauteuils. Und dahinter gab es auf einem Tisch und einer dunkel gestrichenen Holzkiste ein merkwürdiges Ding mit einer Handkurbel daran. Davor noch einen simplen Wäschekorb, dessen Zweck vorerst unklar war.

Die Kasinoleitung war davon verständigt, daß die Kaiserin keinerlei Aufsehen wünsche und auf ihrem Inkognito beharre, auch wenn alle Welt längst wisse, wer die Gräfin Hohenembs in Wirklichkeit sei.

Bis zu Sissys Eintreffen galt das Interesse der Leute, die der Vorführung beiwohnen wollten, diesem Apparat und einem Mann aus Lyon, der ihn bedienen sollte. Er war eben unter den Blicken neugieriger, zigarrenpaffender Herren und einiger elegant gekleideter Damen bemüht, einen schmalen Streifen aus Zelluloid in den Apparat einzuspannen. Das obere Ende des Streifens lief von einer Spule herab, auf der das Zelluloidband aufgewickelt war. Das untere, aus dem Apparat herausragende Ende zielte auf den Wäschekorb, und der Mann war eben dabei zu erklären, daß der ganze Film in den Korb hineinlaufen würde, weil es leider noch keine automatische Vorrichtung gäbe, mit der man ihn während der Vorführung wieder aufwickeln könne.

Als die „Gräfin Hohenembs" mit ihrer Begleitung erschien, verstummte alles im Saal, und das Interesse an Filmprojektor und Vorführer schwand zumindest vorübergehend. Der Kasinodirektor geleitete Sissy und ihr kleines Gefolge dienstbeflissen zu Fauteuils, die unmittelbar vor der Leinwand standen, hielt sich aber an die ihm von Frau von Sztaray zugezischte Warnung, nur ja keine Begrüßungsrede zu halten. Ihre Majestät käme sonst garantiert nie wieder nach Biarritz!

Eine laute Stimme schallte dann aus dem Hintergrund durch den Saal. Man bitte, Platz zu nehmen, denn nun würden die Lichter erlöschen.

In der Tat wurde das Gaslicht im Raum abgedreht; dafür zischte es aus der Richtung des Projektionsapparats auf, ein Lichtstrahl richtete sich gegen die Leinwand, und nur das gleichmäßige Rattern der Handkurbel war zu hören.

Auf der Leinwand vor Sissy wurde es hell, und ruckende, zappelnde Bilder erschienen. In Schwarzweiß- und Grautönen gehalten, zuckelte ein Eisenbahnzug direkt auf die Zuschauer zu. Die dampfende Lokomotive, von der man fast glauben konnte, sie führe jetzt gleich die entsetzte Frau von Sennyay nieder — diese konnte einen leisen Aufschrei des Schreckens nicht unterdrücken —, gab einen Vorgeschmack dessen, was an diesem denkwürdigen Abend noch alles zu erwarten sei. Leider war der Film gleich darauf aus.

Man hörte den Herrn Vorführer im Hintergrund rascheln und einen neuen Film einlegen, während der Rauchsalon des Kasinos von erregtem, beifälligem Gemurmel erfüllt war.

„Diese Fotos bewegen sich ja wirklich", zischte die Sztaray Sissy zu. „Das gibt es schon eine ganze Weile, hab' ich mir sagen lassen, ich bin aber noch nicht dazugekommen, so etwas zu sehen!"

„Die Technik, die Technik", brummte Barker ehrfurchtsvoll. „Diese Erfindungen werden immer toller! Da, sehen Sie selbst!"

Die nun folgende Aufnahme war wirklich denkwürdig. Man sah den im Sommer verunglückten Flugpionier Otto Lilienthal bei einem seiner Versuche. Der Gleitflieger kam tatsächlich vom Boden ab, flog auch etliche Meter, verlor aber dann rapid an Höhe und zerschellte auf dem Rasen, worauf Herr Lilienthal — keineswegs entmutigt, wie es schien — aus den Trümmern kroch und winkte. Damit war auch diese „lebende Fotografie" zu Ende.

Doch keineswegs das Programm. Denn jetzt sah man fröhliche junge Mädchen, die in Scharen aus einem Fabriktor radelten; sie genossen es sichtlich, es war Feierabend.

Und dann kam etwas, worüber man herzlich lachen mußte. Ein Gärtner wollte den Rasen besprühen. Doch es kam kein Wasser aus dem Schlauch. Verdutzt guckte er deshalb in die Düse. Gerade in diesem Augenblick aber schoß ihm ein dicker Wasserstrahl direkt ins Gesicht, und der erschrokkene Mensch ließ entsetzt und pudelnaß den Schlauch zu Boden fallen!

„Sensationell, Majestät", fand die Sztaray. „Wirklich und wahrhaftig — das ist es, kaum zu glauben!"

Doch der Höhepunkt sollte noch kommen. Denn — Sissy sah ihren Franzl! Wirklich und wahrhaftig Franzl, wie er des Morgens in seiner Kutsche das Tor des Schönbrunner

Schlosses passierte. Passanten säumten die Straße und winkten ihm zu.

Danach wurde es hell im Rauchsalon. Das Ganze hatte nur eine Viertelstunde gedauert, die Debatte über das Gesehene währte wesentlich länger. Der Operateur war inzwischen heftigst damit beschäftigt, mit der Hand die einzelnen Filme aufzuwickeln, die sich in seinem Korb unter dem Vorführapparat angesammelt hatten. Er fluchte dabei gelegentlich halblaut, aber inbrünstig vor sich hin, weil sich die Bänder ineinander verwickelt hatten.

„Was sagen Sie dazu, Majestät?" meinte die Sztaray ergriffen.

„Ich werde darüber nach Wien schreiben", meinte Sissy. „Doch nun gehen wir lieber. Unterhalten können wir uns auch daheim. Hier starrt man mich unausgesetzt an, und das mag ich nicht!"

Draußen war ein böiger Wind aufgekommen, der Sissys Regenschirm umzudrehen drohte. Der Grieche Barker versuchte, Sissy vor den Unbilden der Witterung zu schützen, bis man nach wenigen Schritten schon in der Kutsche saß und es durch die abendlichen Straßen zurück zur Villa ging, die für die „Gräfin Hohenembs" gemietet war.

Diese seltsame Begegnung mit Franzl, seinem Schemen aus Schatten und Licht, beschäftigte Sissy noch, als sie bereits im Bett lag. Sie hatte einen Augenblick seines Lebens miterlebt, ohne tatsächlich dabeigewesen zu sein. In der gewohnt aufrechten Haltung saß er in die Polsterung der offenen Hofkutsche gelehnt. Was mochte ihn in jenem Augenblick innerlich bewegt haben?

Die politische Lage war verworren genug. Die Griechen hatten die Insel Kreta annektiert und die Türken deswegen zu den Waffen gegriffen. Der ewige Unruheherd Balkan war wieder einmal von Flammen umhüllt. In Abessinien tobten schwere Kämpfe; Italien wollte eine Kolonie auf afrikanischem Boden errichten und dem Negus das Land abgewinnen. Auf Kuba herrschte noch immer der blutige Aufstand. Und in den Vereinigten Staaten versuchte der Ku-Klux-Klan, die durch den Bürgerkrieg gewonnene Freiheit der Negersklaven wieder auszulöschen, und wendete blutigen Terror an.

Dies betraf zwar Österreich-Ungarn nicht unmittelbar, hatte aber doch seine politischen Auswirkungen, und sei es auch nur auf die Handels- und Wirtschaftspolitik. Die Lage auf dem Balkan hingegen konnte das europäische Gleichgewicht ins Wanken bringen. Der Balkan war schon immer für den Vielvölkerstaat Österreich-Ungarn eine Krisenregion . . .

Franzls Gesicht war ernst gewesen! Man hatte zwar das neue Jahr wie immer freudig gefeiert, aber die Situation war nicht allzu rosig. Jedoch, wann war sie das? Vernünftig wurde die Menschheit wohl nie . . .

Sissy hatte am Wiener Hof schon Versuche mit lebenden Bildern miterlebt, Freiherr von Uchatius hatte Simon Stampfers Lebensrad mit der Laterna magica kombiniert. Stampfer, Professor an der Technischen Hochschule in Wien, und der Niederösterreicher Uchatius vom Heeresarsenal hatten somit etwas geschaffen, was als Vorläufer dessen bezeichnet werden konnte, was der Apparat der Brüder Lumière darstellte.

Der Abend im Kasino war noch tagelang Gesprächsthema Nummer eins in Sissys Gefolge. Sissy selbst aber hatte sich längst wieder anderem zugewandt. Das Wetter in Biarritz war wirklich unleidlich. Und gesundheitlich fühlte sie sich trotz der von Dr. Kerzl verordneten Mastkur nicht besser. Dazu kamen die Briefe aus Gödöllö und danach aus Wien, die ihr dringend dazu rieten, den geplanten Ortswechsel nach Cap Martin vorzuverlegen.

„Wir reisen demnächst ab", entschied sie sich.

„Aber wir haben die Villa doch noch für längere Zeit gemietet", erinnerte Ida Ferenczy.

„Einerlei; wir verzichten darauf. Mein Mann schreibt, daß er mich treffen will. Und auch ich möchte das. Ja, es wird wirklich Zeit, daß wir wieder ein paar Tage gemeinsam verbringen. Deshalb möchte ich Biarritz bald verlassen."

Es wurde also nötig, den Hofzug der Kaiserin in den normalen Fahrplan der Züge wieder so einzuplanen, daß er die beabsichtigte Strecke ohne Schwierigkeiten und Verzögerungen befahren konnte. Herr von Berewiczy war schon gewohnt, diese knifflige Aufgabe zu lösen, und er machte sich auch diesmal wieder ohne langes Zögern an die Arbeit.

Das war nicht ganz einfach, weil die französischen Staatsbahnen nicht gewillt waren, wegen einer ausländischen Kaiserin gefälligkeitshalber irgendwelche Umstellungen vorzunehmen. Frankreich war — wieder einmal — Republik, das bekam Herr von Berewiczy zu spüren. Und es nützte auch nicht viel, daß er mit dem Inkognito der Gräfin von Hohenembs bei dieser Gelegenheit gar nicht so sorgsam umging, wie diese es eigentlich haben wollte.

2. Wohin die Kugel rollt

Am 19. Jänner kam Sissy in Cap Martin an. Im Gegensatz zum schlechten Wetter von Biarritz herrschten hier weit angenehmere Verhältnisse. Und Frederic Barker meinte, zudem sei nun auch Monte Carlo nicht weit, und man könne dort gelegentlich ein Spielchen wagen.

Sissy setzte sich bald nach ihrer Ankunft, die sie Franzl durch ein Telegramm ankündigte, an ihren Schreibtisch und schrieb ihm einen langen Brief.

„Du solltest für mindestens eine Woche hierherkommen, wo es so schön ist. Es würde nicht nur mir gut tun, sondern auch Dir. Andere Regenten bleiben oft lang von ihren Regierungsgeschäften fern; warum solltest Du Dir das nicht auch einmal leisten können? Schreibe mir bitte folgende Nummern, die Deine Freundin betreffen: die Hausnummer der Villa Felicitas in Bad Ischl, die Hausnummer von der Gloriettegasse und die ihrer Wohnung in der Nibelungengasse. Ich möchte sie im Kasino in Monte setzen."

Dabei war „die Freundin" gerade selbst nach Monte gefahren; sie hatte zwei Wochen am Burgtheater spielfrei, und der arme Franzl, für den Sparsamkeit — zumindest was seine eigene Person anlangte — eine Lebensregel war, mußte nun fürchten, sowohl für Sissys als auch für Kathis Verluste am Roulettetisch in seine Privatkasse greifen zu müssen.

Franzl schrieb ihr die gewünschten Nummern gleichzeitig mit der Ermahnung, das Kasino doch lieber zu meiden. Er selbst werde wohl erst nach der Reichsratswahl im März nach Cap Martin kommen können, freue sich aber schon auf den Frühling an der Riviera. In Sissys Gesellschaft werde der Frühling sicher doppelt schön. Als Vortrab gewissermaßen, und damit ihr die Zeit bis dahin nicht zu lang werde, kämen jedoch schon Marie-Valerie, ihr Mann und die Kleinen. Franzl werde sich freuen, mit ihnen allen dann eine oder gar zwei Wochen auszuspannen.

Er konnte tatsächlich nicht früher kommen, denn auch anderswo rollte die Kugel. Vor kurzem hatte es eine Wahlrechtsreform gegeben: Eine neue Wählerschicht, die bisher vom Wahlrecht ausgeschlossen gewesen war — die sogenannten „kleinen Leute" nämlich, die Arbeiterschaft, die kleinen Gewerbetreibenden, das Heer der kleinen Angestellten —, durfte zum erstenmal zur Urne gehen. Dabei war zu erwarten, daß dieser „fünfte Stand" die Zusammensetzung des Reichsrates verändern würde. Und damit würde sich die gesamte Innenpolitik neu gestalten. Wohl nicht, was die Frage der Rechte der vielen in der Monarchie beheimateten Nationalitäten betraf, aber es würden lange hinausgezögerte soziale Reformen durchgeführt werden müssen.

Die Zeit der sogenannten „Fünf-Guldenmänner" war abgelaufen. Früher war nur wahlberechtigt, wer eine Taxe von fünf Gulden erlegen konnte. Das konnten sich die Angehörigen der ärmsten Schichten nicht leisten; und so wurde über ihre Interessen hinwegverfügt. Oft war es nur der Kaiser selbst, der ihnen durch ein Veto Recht verschaffte. Zum Kaiser konnte freilich jeder kommen und ihm in einer persönlichen Audienz sein Leid klagen; davon machten auch viele Gebrauch, sie kamen aus allen Ecken und Enden der Monarchie. So kam es auch, daß ein Ausspruch Franzls durch die Weltpresse ging, den er im Zug eines Interviews einem amerikanischen Journalisten gegenüber machte. Er sei, so sagte er diesem, nicht zuletzt da, seine Untertanen vor ihren Regierungen zu beschützen . . .

Kurz vor der Reichsratswahl platzte auch im Wiener Gemeinderat eine Zeitbombe. Franzl war, um die Ultrakonservativen zu beschwichtigen, mit dem Aspiranten auf den Bürgermeisterstuhl, Dr. Karl Lueger, übereingekommen, daß dieser auf das Amt, zu dem er mit großer Mehrheit gewählt worden war, zugunsten seines Stellvertreters Josef Strobach verzichten und sich mit dem des Ersten Vizebürgermeisters begnügen werde.

Lueger war einsichtig genug, sich damit einverstanden zu erklären. Doch seine Wiener Wähler sahen sich durch dieses Arrangement in ihren Hoffnungen getäuscht; die Basis revoltierte, und Strobach trat zurück. Nun waren nicht nur Reichsrats-, sondern auch noch außerordentliche Gemeinderatswahlen fällig.

Wohl hatte Sissy recht, wenn sie meinte, andere Monarchen kümmerten sich nicht im geringsten darum, was in ihren Reichen vorginge, und fuhren auf Urlaub, wann immer ihnen danach zumute wäre. Franzl, der Pflichtmensch, dachte aber nicht so. Er sah sich als der verantwortliche Kapitän eines Schiffs und hätte es mit seinem Gewissen nicht vereinbaren können, die Dinge einfach treiben zu lassen, wohin sie wollten. Da mußten private Wünsche und Interessen eben zurückstehen.

Natürlich war Sissy wieder einmal darüber enttäuscht, daß Franzl sein Kommen hinausschob.

„Ich hätte es mir ja denken können, daß er mir so antworten würde", meinte sie zu Ida. „Aber wenigstens kommen Franz Salvator, Marie-Valerie und die Kinder!"

„Nun, es wird schon nicht langweilig werden in Cap Martin", tröstete die Ferenzcy. „Wie ist es, wollen Majestät ins Kasino?"

„Mein Mann schreibt, ich solle es lieber bleiben lassen", lächelte Sissy, erfuhr aber wenige Tage darauf von Herrn Barker, er habe die Schratt dort getroffen.

„Wie — sie darf und ich nicht?" empörte sich Sissy. Und ging nun erst recht hin; doch seltsamerweise kam es zu keiner Begegnung.

Franzl hielt vor dem versammelten Reichsrat, der zum erstenmal seine neue Zusammensetzung, in der auch die „fünfte Kurie" ihre Abgeordneten sitzen hatte, am 29. März 1897 eine Thronrede, die eben darum in die Geschichte einging.

„Meine Regierung", sagte er vor dem in andächtiger Stille verharrenden, vollbesetzten Hohen Haus, „wird unablässig bemüht sein, Hindernisse der Annäherung zu entfernen und innerhalb der geltenden Verfassung einen Ausgleich sich bekämpfender Ansprüche anzubahnen, um so den Boden zu schaffen, auf dem sich die Gegner in wechselseitiger Anerkennung ihres Rechtes und ihrer Kraft versöhnen können. Und mit Hilfe des Allmächtigen auch versöhnen werden!"

Denn er hoffte auf eine Verständigung der in ihren Interessen so verschiedenen Klassen und der ihre Ansprüche vertretenden Parteien, hinter denen oft mächtige Lobbies standen. Auch hoffte er auf einen Sieg der Vernunft, und den brauchte er für die Ruhe und den inneren Frieden in seinem Land. Die „fünfte Kurie" im Reichsrat war eine innenpolitische Sensation, die ihre Folgen zeitigen würde; und diese mußte das Reich — und an seiner Spitze der die Versöhnung der Gegensätze anstrebende Kaiser — verkraften.

Noch wußte man nicht genau, wohin die Kraft der neuen Wähler zielen würde. Im Reichsrat in Wien waren außer den Ungarn, die in Budapest ihr eigenes Parlament wählten, auch die Volksvertreter der Kronländer vertreten. Es zeigte sich ein starker Trend zur bürgerlichen Mitte, welcher die sogenannten „Liberalen" zu verdrängen drohte.

Bei der Wahl zum Wiener Gemeinderat gewannen die Christlichsozialen unter der Führung Dr. Luegers haushoch. Doch auch die neuen Sozialdemokraten bekamen viele Stimmen. Sie bewarben sich um die Wähler aus dem durch die rasche Industrialisierung sprunghaft anwachsenden Proletariat, der Arbeiterschaft in den Fabriken.

Diese Industrialisierung würde nicht ohne Gewitterwolken abgehen. Deshalb pochte ja Franzl in seiner wohlüberlegten Thronrede auf die Verfassung und mahnte zu Toleranz. Diese schicksalsschwere Wahl konnte der Ausgangspunkt sowohl für eine gedeihliche Entwicklung als auch für verhängnisvolle Klassenkämpfe werden. Sie waren vor allem seitens der Sozialdemokraten zu fürchten, die sich auf die Thesen von Karl Marx stützten.

Was den Posten des Wiener Bürgermeisters anlangte, so mußte diesmal dem Wunsch der Wiener Rechnung getragen werden. Franzl bestätigte also den Doktor Lueger in seinem

Amt. Das war für die Wiener ein Grund zum Feiern. Das neue Rathaus wurde beflaggt und illuminiert. Überall auf den Straßen sah man Leute mit weißen Nelken im Knopfloch — ein Zeichen dafür, daß sie christlichsoziale Wähler oder zumindest deren Sympathisanten waren. Das Foto des Siegers dieser Wahl blickte aus zahlreichen Schaufenstern die Passanten an. Auf dem Rathausplatz strömten sie zu Tausenden zusammen, und unter donnernden Hochrufen erschien der „fesche Karli" mit der schweren Kette des Bürgermeisteramtes über Brust und Schultern, für alle in seiner neuen Würde sichtbar, auf dem Rathausbalkon.

Franzl merkte in der Hofburg und in Schönbrunn die allgemeine Mißstimmung darüber in Kreisen seiner engsten Berater, auf welche die mißliebige Bezeichnung „Hofkamarilla" draußen auf den Straßen der Stadt geprägt worden war. Dieser Lobby, der es nicht zuletzt um die eigene Machtposition ging, war Doktor Lueger, der es vom Sohn eines Saaldieners am Polytechnischen Institut zu solcher Beliebtheit und Würde gebracht hatte, suspekt. Sie bezeichneten ihn offen als „Volkstribun", und Franzl bekam zu hören, es gelte zu verhindern, daß der Kaiser in der Gunst der Bewohner seiner eigenen Haupt- und Residenzstadt auf den zweiten Platz verdrängt werde. Dies umso mehr, als Luegers Partei nun auch in der Provinz in Erscheinung trete.

Franzl hingegen erkannte in Lueger einen Mann zwischen den Zeiten. Der Mann von morgen — und vielleicht auch noch von übermorgen — war der agile Doktor Victor Adler, den die Kamarilla nicht ernst nahm, weil bekannt geworden war, daß ihn Kathi am Spieltisch in Monte Carlo getroffen hatte. Offenbar, stichelten sie, folge er auch hierin dem Vorbild des Herrn Professor Marx, dessen Spielschulden sein Freund und Sponsor, der Papierfabrikant Engels, einst bezahlen mußte.

Doch außer den innenpolitischen Umwälzungen gab es

auch noch die viel größeren Probleme der Außenpolitik, die unter Umständen die Sicherheit des ganzen Reiches gefährden konnten. Franzl konnte wirklich nicht mehr als eine Woche für Cap Martin erübrigen, denn im April wurde er in Petersburg erwartet, um dem jungen Zarenpaar seinen Gegenbesuch abzustatten. Das Verhältnis der österreichisch- ungarischen Monarchie zu Rußland war der labilen Situation auf dem Balkan halber Franzls stetes Sorgenkind.

Der Zar war mit seiner jungen und von ihm angebeteten Alexandra nach Wien gekommen. Dem Protokoll und den allgemein üblichen Gepflogenheiten gemäß hätte nun Franzl deren Besuch gemeinsam mit Sissy erwidern müssen. Es konnte als ein Affront gegenüber der Zarin ausgelegt werden, wenn Sissy nicht kam, und das war es, was Franzl am allerwenigsten gebrauchen konnte.

Aber Doktor Kerzls Berichte ließen nicht darauf schließen, daß Sissy in der Lage sein werde, einen so anstrengenden Staatsbesuch zu absolvieren. Die von Kerzl verordnete Kräftigungskur schlug nicht an. Und Sissy, die sehr wohl wußte, daß es ihre Aufgabe wäre, Franzl nach Rußland zu begleiten, bat ihn brieflich eingehend, einen Weg zu finden, sie davon zu entbinden, ohne daß es die Russen übel auslegen konnten.

Franzl war also auch hier in einem Dilemma. Wurde bekannt, daß Sissy in Monte spielte, würden es ihm die Russen wohl kaum abnehmen, wenn er sie krankheitshalber entschuldigte . . .

In bezug auf das Gastrecht und die Sitten der Gastfreundschaft waren die Russen traditionell sensibel. Fühlten sich der Zarenhof und die russische Öffentlichkeit durch das nicht wirklich glaubhaft entschuldigte Fernbleiben der Kaiserin brüskiert, war damit zu rechnen, daß dies auf lange Sicht auch politische Konsequenzen nach sich ziehen würde.

Dieser Monarchenbesuch war politisch sehr bedeutsam und keine Privatangelegenheit!

Franzl wollte also bei seinem Besuch in Cap Martin einen Versuch machen, Sissy doch noch für eine Fahrt nach Petersburg zu gewinnen. Die Erfolgsaussichten schätzte er freilich gering ein. Sollte Sissy allerdings ja sagen, war die Verlegenheit nicht geringer. Dann mußten nämlich die Vorbereitungen für sie mit Windeseile getroffen werden. Doch vor dieser Reise wollte er sich wenigstens sechs oder sieben freie Tage gönnen. Die Telegramme flogen hin und her. Sissy versprach, das Kasino in Monte zu meiden, sie habe ohnehin keinen Spaß daran und freue sich sehr auf Franzls Kommen.

Inzwischen war auch schon Marie-Valerie mit ihrem Mann und ihren vier Kindern in Cap Martin eingetroffen. Sie hatte einige Mühe, unbefangen zu erscheinen, als sie Sissy gegenüberstand. Insgeheim erschrak sie über das Aussehen ihrer Mutter, und sie benutzte den ersten freien Moment, um einen Brief an Papa nach Wien zu schicken, der ihn darauf vorbereiten sollte.

„Es geht Mama offenbar wirklich gar nicht gut", las Franzl mit tiefer Besorgnis, als er den Brief in Händen hielt. „Sei nicht überrascht und laß es sie nicht merken, wenn Du ihr gegenübertrittst. Daß sie mit Dir nach Rußland fahren könnte, daran ist gar nicht zu denken."

Er wußte, so sehr ihn dieser Brief auch beunruhigte, nun wenigstens, wie schlecht es um Sissy stand und konnte die diesbezüglichen diplomatischen Kontakte zum Petersburger Hof aufnehmen lassen. Man würde sehr enttäuscht sein und bedauern. Und dabei ließ man es hoffentlich bewenden.

Die Leut' sehn mich ohnedies schon nur mehr als permanenten Strohwitwer und Mann einer kranken Frau, tröstete er sich. Nun, das ist eben Schicksal. Wer weiß schon im vorhinein, wohin die Kugel rollt. Wenn ich nur wirklich Sissy helfen könnte . . .

Als dann der Hofzug auf dem Südbahnhof unter Dampf stand, nahm er mit reichlich gemischten Gefühlen in seinem Salonwagen Platz.

3. Die Tage von Cap Martin

Franzl war wirklich betroffen. Auf den Brief von Marie-Valerie hin war er schon auf einiges gefaßt gewesen; doch die Wirklichkeit übertraf noch seine Vorstellungen, die ohnedies von Befürchtungen geprägt waren.

„Sissy!" rief er tief bewegt und schloß sie mit schmerzlichem Lächeln in seine Arme. „Ach, Franzl", lächelte sie ihn matt an, „du hast schon ein Kreuz mit deiner Frau, nicht wahr? Da siehst du nun, wie elend ich beinander bin. Ich getrau' mich kaum, dir in die Augen zu schauen. Ich habe alles getan, was Kerzl von mir verlangt hat, aber es hat nichts genützt."

Sie war wirklich nur ein Schatten jener Sissy, die einst als stolz dahinjagende Königin der Jagd von allen Kavalieren bewundert und von ihm, Franzl, vergöttert worden war. Tiefes Mitleid überkam ihn, als er ihre zitternden Lippen küßte.

„Komm, laß uns in dein Zimmer gehen", drängte er. „Wir wollen miteinander reden; und vor allem wollen wir endlich wieder einmal in Ruhe beisammen sein."

„Stell dir vor", erzählte sie ihm lachend, „in Biarritz habe ich ‚lebende Bilder' gesehen!"

„So? — Ich auch", erzählte er. „Anfang März gab es im Haus Ecke Krugerstraße — Kärntner Straße, im ersten Stock, eine Vorführung des neuen Lumière-Apparats. Ich bin dabeigewesen. Es war sehr interessant!"

„Wahrscheinlich schicken sie jetzt diese Apparate überall hin, damit man sie sieht und kauft."

„Graf Kolowrat hat schon einen. Er muß ja überhaupt immer der erste sein. Wahrscheinlich weiß er im Moment gar nicht, wofür er sich mehr interessiert — für Rennautos oder für seine ‚lebenden Bilder‘."

Es gab noch mehr Neuigkeiten aus Wien zu berichten. Sissy hörte aufmerksam zu, doch allmählich begann ihr Interesse zu erlahmen. Hof-Tratsch und Klatschgeschichten interessierten sie nicht sonderlich.

Daraufhin begann Franzl von seiner Reise nach Rußland zu reden, die er nun ohne Sissy antreten mußte.

„Du Armer", bedauerte sie ihn, „du tust mir leid . . . Nein, ich beneide dich nicht. Ich bin fast froh darüber, daß mir mein Zustand diese Strapaz erspart. Im übrigen —" und sie senkte dabei unwillkürlich ihre Stimme zum Flüsterton „hat ‚sie‘ sich wieder gerührt . . .?"

„Wen meinst du?" fragte er, begriff aber dann, worauf Sissy hinaus wollte.

„Nun, wen schon? Meine liebe Nichte Marie Larisch", erklärte Sissy. Er schüttelte den Kopf.

„Ich habe gezahlt, was sie verlangt hat. Und keine weitere Nachricht von ihr erhalten. Aber auch kein ‚Dankeschön‘."

„Sie wird sich melden, wenn sie wieder Geld braucht", bemerkte Sissy verächtlich.

„Hast du eine so üble Meinung von ihr?"

„Nach allem, was vorgefallen ist und worin sie sich verstrickt hat, kann ich wohl keine bessere haben", meinte Sissy streng.

„Die Sache mit Rudi", sagte er gedehnt, „sie wollte ihm ja wohl nur einen Gefallen tun, indem sie dieses unglückselige Beisammensein in Mayerling vermittelte."

„Es war schamlos, sowohl von ihr, als auch von der Baronesse. Marie war die Gelegenheitsmacherin für einen verheirateten Mann und Vater. Und noch dazu für keinen x-beliebigen!"

„Diese alte Wunde", klagte er, „kannst du sie nicht endlich verheilen lassen?!"

Sie fuhr auf: „Nie und nimmer! Franz, er war unser Kind, unser einziger Sohn, der Thronfolger!" — Und plötzlich fing sie schluchzend an, ihr Taschentuch gegen die Lippen zu pressen.

Er seufzte gottergeben tief auf. Das war die große Tragödie ihres Lebens, an der sie noch immer litt und wohl auch leiden würde, bis ihre Uhr abgelaufen war.

„Du haßt deine Nichte, nicht wahr?" stellte er fest.

„Ich hasse alle, die ‚damit' zu tun hatten", erklärte sie, und er erschauerte unter ihrem Blick.

„Ich war", berichtete er langsam, „Ende Jänner dort . . in dem Kloster, das es jetzt ist. Ich habe gebetet, für dich und mich. Und um Rudis Seelenheil habe ich gebetet."

„Du hättest auch um das unsere beten sollen", stieß sie hervor und schluchzte wieder auf.

Als er sie sanft berührte und streicheln wollte, zuckte sie zusammen und entzog sich ihm.

„Es ist jetzt still und friedlich dort", erzählte er trotzdem weiter, „nichts erinnert mehr an jene schreckliche Jännernacht vor acht Jahren. Die Nonnen leben zurückgezogen in ihren Zellen, die Welt hat keinen Zutritt —"

„— und den Karmelitinnen ist das Reden verboten", ergänzte sie voll böser Ironie. „Das hast du doch sagen wollen, oder?"

Ein Schatten fiel über seine alternden Züge.

„Ich habe mich so auf dieses Wiedersehen gefreut", erinnerte er düster und enttäuscht.

„Du hättest nicht kommen müssen", entgegnete sie hart. Das hatte er nicht erwartet. Doch er war zu sehr Kavalier, um hierauf mit Schärfe zu erwidern; daß er die lange Reise von Wien hierher gemacht, sich die Zeit abgerungen habe, und ihr Benehmen ihm nun nicht nur weh tat, sondern auch die paar Stunden vergällte, in denen er ein wenig Entspannung zu finden hoffte. Nein, er sagte es nicht, doch sie mochte ihm ansehen, was er dachte, denn impulsiv streckte sie ihm plötzlich die Hand hin und ergriff seine Rechte.

„Ich bin schrecklich, nicht wahr?" bekannte sie um Vergebung bittend. „Deine Mama hatte recht; du hättest mich nicht heiraten sollen."

„Was du nur redest", rief er kopfschüttelnd. „Du weißt doch: ich liebte und liebe nur dich!"

„Ach", seufzte Sissy, „das ist schrecklich dumm von dir, Franzl!"

„Und ich habe mich sehr nach dir gesehnt."

„Weißt du, wonach ich mich sehne?" erwiderte sie, „nach einem Plätzchen neben unserem Rudolf. Das ist der einzige Ort in Wien, an dem ich sein möchte. Ja, bei Rudi, dort, wo durch das schmale Oberlicht die Sonne sich hinunter zu den Särgen stiehlt . . . Wie eine Brücke aus Licht, hinauf in die Ewigkeit! Manchmal, Franzl, wenn ich so vor Rudis Sarg stand, konnte ich sogar die frechen Spatzen droben im Garten der Kapuziner hören. Und schaut man hinauf zum Fenster, sieht man ein bißchen vom Grün der Büsche. Manchmal riecht es nach frischen Blättern, es riecht nach Pfingstrosenduft, und er ist stärker als der Geruch von Moder und welker, verstaubter Trauerkränze!"

Franzls Augen waren schmal geworden. Er stellte sich Sissy am Sarg Rudolfs vor und fürchtete um ihren Verstand.

„Wie kannst du nur so etwas denken", stieß er hervor.

„Aber alles an diesem Platz ist Hoffnung und Ruhe", erklärte sie. „Und das ist ja das, was mir fehlt!"

Am nächsten Tag fand Franzl Gelegenheit zu einem Vieraugengespräch mit Marie-Valerie.

„Früher, als sie noch mit ihrem Achilleion beschäftigt war", erzählte die Tochter, „äußerte sie immer den Wunsch, im Meer bestattet zu werden. ‚Senkt meinen Leichnam ins Meer', sagte sie, ‚in dem schon so viele namenlose Helden ruhen. Senkt meinen Leichnam ins Meer, damit zu Lande nichts mehr von mir bleibt und nichts mehr an mich erinnert.'"

Franzl hörte es schweigend und kopfschüttelnd an.

„Nun aber", fuhr Marie-Valerie ernst fort, „richtet sich ihr ganzes Sinnen und Trachten nach einem Platz neben Rudi in der Kapuzinergruft. Es ist schon nachgerade eine Manie!"

„Glaubst du, daß Mama irgendwelche — Vorahnungen hat?" fragte er. Ganz plötzlich war ihm dieser Gedanke gekommen und wuchs beunruhigend in seinem Innern zu drohender Gebärde auf.

„Eine Vorahnung?" Marie-Valerie schüttelte verständnislos den Kopf. „Nein, Papa. Es sind ganz einfach ihre überreizten Nerven. Ihre Gesundheit ist ruiniert durch ihre abnormale Lebensführung. Nichts essen, immer auf den Beinen, dazu Schwitzbäder und kalte Duschen, das bringt einen doch um. Und sie turnt jeden Tag und nimmt noch immer Fechtstunden."

„Sie übertrieb und übertreibt", erkannte er, „und das sagt Doktor Kerzl — ihr Verhalten ist psychisch bedingt. Mama ist seelisch sehr, sehr krank, mein Kind! Und das eine bedingt das andere."

„Sie will von niemandem gesehen werden, Papa. Oft schleicht sie am Abend durch die Küche und den Hinterausgang in den Waldpark und läuft dort mit der armen Frau von Sennyay herum, bis es vollständig dunkel ist und die Baronin Angstzustände kriegt. Und wenn ich an der Reihe bin oder die Irma oder Ida Ferenczy, dann ist von nichts anderem als vom Jenseits die Rede. Wie ein schwarzes

Gespenst mit bleichem Gesicht läuft sie in ihren dunklen Gewändern und verschleiert durch den nächtlichen Park, daß einem wirklich das Grauen ankommen kann. Oft frage ich mich, ob ihr nicht wirklich noch eines Tages zustößt, was sie und Rudi in all den Jahren immer befürchtet haben, daß ihnen widerfahren könnte."

„Die Wittelsbacher-Krankheit", meinte Franzl düster.

„Der Wahnsinn", nannte Marie-Valerie das Kind nüchtern beim Namen.

„Daran darf man gar nicht denken", wehrte Franzl ab.

„Das läßt sich aber nicht vermeiden, Papa", erklärte Marie-Valerie. „Mama scheint mir oft schon an der Grenze des Wahnsinns. So, wie sie es auf die Rückseite des alten Bildes von Possenhofen gekritzelt hat, das in Ischl hängt: halb hier, halb drüben . . ."

„Nein", widersprach Franzl und schüttelte den Kopf, „sie ist durchaus klaren Sinnes. Aber man kann sie nicht mit jenem Maßstab messen, der für den Durchschnittsmenschen paßt. Ich selbst finde vieles von dem, was sie tut, für übertrieben, ich verstehe sie nicht. Aber trotzdem scheint mir das keine Verrücktheit zu sein. Nur, daß es mir den Aufenthalt in Cap Martin verleiden wird, ist offenbar sicher."

„Armer Papa", bemitleidete ihn Marie-Valerie aufrichtig.

Er schüttelte den Kopf und sagte statt dessen nur: „Arme Mama, das sollten wir wohl besser sagen, mein Kind!"

Es wurde tatsächlich kein frohes Beisammensein in dem Hotel am Rivierastrand, in dem die „Gräfin Hohenembs" die Fürstenetage gemietet hatte. Und nach seiner Rückkehr nach Wien sagte Franzl dies auch nicht nur Kathi, in deren gemütlicher Veranda wieder zu sitzen er herzlich froh war.

„Dieses Cap Martin", brummte er, „kann mir gestohlen bleiben. Und meine Frau war so nervös — einfach nicht auszuhalten! Ich schäme mich, beste Freundin; aber im

Grunde war ich froh, daß ich wieder den Zug besteigen konnte. Daß es so weit kommen würde mit Sissy und mir, habe ich mir nie träumen lassen!"

Er hatte die Tränen nicht sehen können, die sie nach ihrem Abschied geweint hatte. Ja, sie weinte, weinte um ein Glück, das sie zerstört und verloren glaubte.

Franzl hatte nichts tun, nichts ausrichten können. Doktor Kerzl war mit ihm zurück nach Wien gefahren; er mußte mit Franzl in dessen Gefolge nach Petersburg. Es war zu erwarten, daß die bevorstehenden anstrengenden Tage und die geänderten Temperaturen vielleicht seine Hilfe nötig machen würden. In Cap Martin hatte er resigniert.

„Wem nicht zu raten ist, ist nicht zu helfen", hatte der Arzt erklärt, als er erfuhr, daß Sissy schon wieder damit anfing, sich ihre mühsam aufgepäppelten Pfunde abzuhungern.

Und auch Franzl hatte nur noch mit der Schulter gezuckt: „Da kann man nur beten . . ."

Die Tage von Cap Martin waren demnach auch für Sissy ein ausgesprochenes Fiasko. Und dies hatte zur Folge, daß sie den Ort unleidlich fand und daran dachte, wieder die Koffer zu packen. Ein unruhiger Geist, der nirgends Ruhe finden konnte, das war sie geworden — als jagten unheilvolle Gespenster sie von Ort zu Ort. Phantome, denen sie zu entfliehen suchte, und die sie dennoch überallhin verfolgten.

„Ich halte es hier nicht mehr aus", rief sie, „dieses Haus, diese nichtssagenden, neugierigen Gesichter, die mich überall anstarren und unter dem Schleier zu erkennen suchen!"

Und Herr von Berewiczy schloß daraus, daß es wieder einmal notwendig war, den Hofzug der Kaiserin in die Fahrpläne Europas einzuplanen. „Zu welchem nächsten Ziel wünschen Majestät zu reisen?" fragte er untertänigst an.

Sissy wußte es nicht. Früher hatte sie ihre Reisepläne oft auf ein Jahr im vorhinein ausgetüftelt. Nun aber wußte sie von einem Tag zum anderen nicht mehr, was und wohin sie wollte. Sie gestand sich ein, daß es für die sie begleitende Suite nicht leicht sein mochte, mit ihr zu leben und auszukommen. Doch diesen Gedanken verdrängte sie.

Wohin sollte sie? Wo konnte sie Ruhe finden? Wo war die Heilung von ihren körperlichen und seelischen Leiden?!

Ihr Testament ... War es denn richtig abgefaßt; sollte sie es nicht noch einmal überdenken, verändern ...? Ja, sie glaubte, daß sie nun nicht mehr lange zu leben und zu leiden habe. Und sie betete jeden Abend nur um eins: um einen schnellen, schmerzlosen Tod. Die Qualen eines Siechtums, eines langen Leidens, ein hinfälliges Altern — sie sollten ihr erspart bleiben. Nur noch darum betete sie. Und sehnte sich, wenn sie nachts wach lag, nach jenem Plätzchen, das sie Franzl beschrieben hatte ...

Und dann kam unerwartet eine Nachricht, die ihr Interesse am Dasein und den verschlungenen Pfaden der Schicksale ihrer weitläufigen Verwandtschaft doch wieder weckte und ihr Freude machte. Einer ihrer Schützlinge schrieb ihr: der Thronfolger Erzherzog Franz Ferdinand. Er, der nun schon so lange und standhaft um seine Liebe zu Komtesse Sophie Chotek kämpfte.

„Allerhöchst verehrte Frau Tante,
Mein Doktor Eisenmenger schickt mich für einige Zeit in die schöne Schweiz, nach Territet, wo auch Du gerne, wie ich weiß, zu weilen pflegst. Es wäre eine wunderbare Fügung des Himmels, wenn wir einander in diesem Frühjahr dort träfen. Hast Du Deine Reisepläne schon gemacht? Wenn nicht, dann —"

Sie las nicht weiter, sondern entschied.

4. Am Genfer See

Franz Ferdinand war nach Rudolfs Tod nunmehr der offizielle nächste Anwärter auf die Krone der Monarchie geworden und das nach Überwindung vieler Widerstände. Zum einen galt er als unnahbar und schroff, als ein Dickschädel und noch dazu als enger Freund des auf mysteriöse Weise ums Leben gekommenen Kronprinzen Rudolf. Es wurde behauptet, Rudolf habe schon eine ganze Weile gewußt, daß er nicht mehr lange am Leben bleiben werde, und deshalb Franz Ferdinand geheime Aufzeichnungen übergeben, die seine Ideen und Pläne für eine zeitgemäße Umgestaltung der Monarchie in einen Bundesstaat enthielten. Und Franz Ferdinand habe ihm versprochen, falls nicht Rudolf, sondern er den Thron besteigen werde, diese Pläne zu verwirklichen.

Damit setzte er sich ebenso wie auch Rudolf in krassen Gegensatz zur konservativen Lobby um den Thron, die im Falle von Neuerungen ein Köpferollen und Machteinbußen, wenn nicht gar Macht- und damit Vermögensverluste befürchtete. Zum anderen aber war Franz Ferdinand mit einem ererbten Übel behaftet: Er hatte von seiner Mutter, die an Tuberkulose starb, die Lungenkrankheit geerbt. An der litt er seit seiner Kindheit. Man gab ihm daher keine großen Chancen. Vielmehr favorisierte man den Playboy der Familie, Erzherzog Otto, der es verstand, Sympathien quasi im Fluge zu gewinnen, im übrigen aber ein leicht lenkbarer Monarch gewesen wäre.

Sei es nun der Umstand, daß Franz Ferdinand das Rudolf gegebene Versprechen durchsetzen wollte, sei es auch ein plötzlich in ihm erwachter persönlicher Ehrgeiz — oder beides mitsammen —, Franz Ferdinand begann, auf seine Rechte zu pochen und zur Verwunderung seines Onkels um die Durchsetzung seines Thronanspruchs zu kämpfen.

Verwundert war Franz Joseph deswegen, weil er selbst froh gewesen wäre, nicht regieren zu müssen, und sich nicht vorstellen konnte, wie jemand aus freien Stücken sich nach der Last dieses Amtes drängen mochte, wenn er die Chance hatte, davon verschont zu bleiben.

Noch seltsamer aber erschien der Umstand, daß Franz Ferdinands Gesundheit erstaunliche Fortschritte machte. Sein Leibarzt, Professor Eisenmenger, stand vor einem Rätsel; die Tatsache, daß Franz Ferdinand offenbar drauf und dran war, vollständig zu genesen, war zwar höchst erfreulich, aber nicht ganz verständlich. Denn der Professor war ehrlich genug, sich selbst einzugestehen, daß der überraschende Heilungsprozeß wohl nur zu einem bescheidenen Teil auf seine Behandlungsmethode zurückgeführt werden konnte.

Das Rätsel löste sich auf eine höchst einfache Weise, was jedoch einen handfesten Skandal provozierte. Franz Ferdinand war schlicht und einfach verliebt, und die von ihm Erwählte seines Herzens stärkte seinen Lebensmut derart, daß er seine Krankheit überwand. Doch seine Liebe zu ihr war ein weiteres Problem für Erzherzog Franz Ferdinands Thronanwartschaft. Denn das Mädchen, mit dem er sich verlobte, gehörte nicht den „regierenden Familien" an. Obwohl aus angesehenem böhmischem Uradel, war Komtesse Sophie Chotek von Chotkowa doch nicht „standesgemäß". Regierende Häupter konnten nur innerhalb des Connubiums heiraten. Das war eine durch Vertrag begrenzte kleine Gruppe von Familien, welche die regierenden Häupter Europas und deren Nachkommen stellten. Die Choteks gehörten nicht dazu.

Franz Ferdinand war also vor die Wahl gestellt, entweder auf seine Liebe oder aber auf den Thron zu verzichten. Doch starrsinnig, wie er war, wollte er weder das eine noch das andere. In seinen Bemühungen um einen Ausweg aus dem Dilemma fand er nur einen einzigen Verbündeten: Tante Sissy.

Sei es, daß es das Nahverhältnis zwischen ihrem Sohn Rudolf und Franz Ferdinand war, sei es auch, daß sie die Pläne der Kamarilla durchkreuzen wollte und sich für das Vermächtnis Rudolfs mitverantwortlich fühlte — sie allein zeigte Verständnis, und nicht nur das. Und daß Franzl wohl oder übel sich schließlich breitschlagen ließ, seine Hofjuristen zu beauftragen, einen gangbaren Weg für Franz Ferdinand und seine Sophie ausfindig zu machen, war auch auf ihre Überredungskunst zurückzuführen.

Es war deshalb kein Wunder, daß Franz Ferdinand seine Tante Sissy nun nachgerade vergötterte. Und daß er jede sich bietende Gelegenheit ergriff, um sie zu treffen und mit ihr beisammen zu sein. Von ihr holte er sich Rat und Ermunterung, und beides hatte er bitter nötig, denn man machte es ihm und seiner Sophie wahrlich nicht leicht.

Die Folgen dieses zermürbenden Kampfes um Krone und Glück zeigten sich leider. Es trat wieder eine Verschlechterung im Befinden des Erzherzogs ein, und Professor Eisenmenger, der sehr viel von der heilsamen Wirkung der Schweizer Höhenluft hielt, riet zu einer Kur in Territet. Hier sollten nun einander die Wege Sissys und Franz Ferdinands kreuzen. Sissy weilte oft und gerne dort und freute sich gleichfalls auf ein Wiedersehen mit Franz Ferdinand.

Aus der Richtung Lausanne, über Montreux und Vevey kommend, fuhr der Hofzug in den kleinen Bahnhof von Territet ein, von wo aus sich ein herrlicher Blick über den See hinüber ins Savoyer Land bot. Am Ursprung der Rhone kreuzten Dampfboote mit Touristen auf dem Wasser des Sees, und von den Weinbergen um Territet herab klangen fröhliche Lieder.

Hier war kein Ort für Traurigkeit, und tatsächlich war

Sissy endlich wieder gutgelaunt, was von ihrer Begleitung erleichtert zur Kenntnis genommen wurde.

Franz Ferdinand stand schon am Bahnhof, und man begrüßte einander herzlich, froh, sich nach so langer Zeit wiederzusehen.

„Wie geht's dir?" fragte Sissy und warf einen forschenden Blick in sein braungebranntes Gesicht, das keineswegs nach Lungenkrankheit aussah. „Was macht deine Soph'? Und wie steht's mit deinen tausend Rosen rund um dein Schloß in Böhmen?"

Franz Ferdinand hatte ihr galant die Hand geküßt. Sissy fand, daß er eine recht gute Figur machte.

„Mir geht's prächtig", erklärte er optimistisch. „Keine Spur von Husten. Dabei bin ich erst seit wenigen Tagen hier; aber die Luft und das Klima wirken offenbar Wunder. Weißt du noch, Tante, wie du mich damals im Sanatorium auf der Mendel besucht hast? Wo ich in meiner Verzweiflung die Zapfen von den Tannen schoß?"

Sissy lachte: „Das ist eine Weile her, mein Neffe, und ich hoffe, das machst du jetzt nicht mehr. Daß du ein guter Schütze bist, brauchst du nicht auch noch in Territet zu beweisen."

„Das beabsichtige ich auch nicht", erklärte er, an ihrer Seite die Kutsche besteigend, die sie ins Hotel bringen sollte. „Und was Soph' angeht, so stehe ich mit ihr heftig in Briefkontakt. Sie ist meine Braut, und ich verlange, daß das allgemein respektiert wird."

„Aber sie wird schon ein wenig ungeduldig, nicht wahr? Ich meine, weil durch die mißlichen Umstände eure Heirat hinausgezögert wird."

„O nein, sie versteht alles. Sie ist mir treu und geduldig. Soph' ist ein Engel, liebste Tante! Ich würde keine bessere Frau finden können."

Auch das Thema Konopischt kam zur Sprache. Dort

blühten weit mehr als tausend Rosen rings um das alte Schloß, das Franz Ferdinand für sich und seine Sophie gekauft hatte. Er baute es zu einer Sehenswürdigkeit aus, und der Park suchte schon jetzt seinesgleichen. Hier wollte Franz Ferdinand mit seiner Familie leben, dorthin wollte er sich, wenn es die Umstände erlaubten, zurückziehen können, um sich ganz den Seinen widmen zu können und Privatmann zu sein.

„Es wird von Tag zu Tag schöner, verehrte Tante", berichtete er stolz. „Und ich hoffe sehr, daß du uns besuchen kommst! Freilich — das Schloß kostet eine Menge Geld, und ich stecke jeden Heller hinein, den ich erübrigen kann. Ich tue es für Soph', damit sie sich wirklich wohl fühlt."

Sissy fand seine Liebe rührend. Er hatte höchst bürgerliche Vorstellungen von seinem künftigen Familienleben. Er träumte von einem eigenen Herd, einer Frau und vielen Kindern. So malte er sich seine angenehme Zukunft aus. In seinem Tuskulum, in Konopischt, wollte er Kraft schöpfen zur Durchsetzung seiner Reformpläne. Diese Kraft würde er brauchen, denn es war mit erheblichem Widerstand zu rechnen.

„Ja, da kannst du recht haben", nickte Sissy ernst. „Doch wir sind da, mein Herr Neffe, und müssen aussteigen. Aber wir haben etliche Tage in Territet vor uns und können dann noch eine Menge plaudern."

Während Sissy Franz Ferdinands Aussehen höchst zufriedenstellend und beruhigend fand, war dies umgekehrt nicht der Fall. Franz Ferdinand war über Sissys bleiche, eingefallene Wangen erschrocken. Er ließ sich nichts anmerken, sprach aber noch am selben Tag mit seinem Leibarzt Doktor Eisenmenger.

„Können Sie sie nicht untersuchen, Doktor?" fragte er. „Vielleicht finden Sie, was ihr fehlt. Und könnten meiner armen Tante helfen."

„Natürlich kann ich Ihre Majestät untersuchen", meinte der Arzt. „Vorausgesetzt, sie ist damit einverstanden. Und Hoffnung ist immer vorhanden. Zwar wird mein Kollege Doktor Kerzl, der ist eine Kapazität, bereits alles versucht haben."

„Eine Kapazität sind Sie auch, Doktor! Ich werde meiner Tante beim nächsten Zusammentreffen den Vorschlag machen. Ich kann mir nicht vorstellen, daß sie etwas dagegen hat."

Noch am gleichen Abend, als sie gemeinsam dinierten, brachte Franz Ferdinand seinen Vorschlag zur Sprache.

Sissy zeigte sich wenig optimistisch.

„Eisenmenger wird nichts finden, was ich nicht ohnedies selbst weiß. Mich plagen Rheuma und Ischias; und wenn ich etwas zunehme, werden meine Beschwerden nur noch schlimmer. Er soll mir also ja nicht mit einer Mastkur kommen, wie sie Doktor Kerzl versucht hat. Was ich dabei ausgestanden habe, ist nicht zu beschreiben."

„Arme Tante Sissy! Aber keine Angst. Eisenmenger ist ein vorzüglicher Arzt, und ich bin mit ihm zufrieden. Ein noch besserer Doktor ist allerdings meine Soph'. Die ist aber leider nicht hier und kann dich nicht untersuchen!"

„Nun", ging Sissy auf den Scherz ein, „da ich nicht Franz Ferdinand bin, ist dein Eisenmenger vielleicht für mich der Geeignetere!"

Professor Eisenmenger rückte seine Brille zurecht, strich sich nachdenklich seinen Vollbart und untersuchte Sissy. Wie auch schon Kerzl stellte er an den Beinen der Kaiserin Hungerödeme fest, Schwellungen, wie sie sonst nur bei unterernährten Menschen der ärmsten Bevölkerungsschichten anzutreffen waren. Er konnte es nicht begreifen, daß eine der reichsten Frauen der Erde offenbar beschlossen hatte, lebendigen Leibes zu verhungern. Auch er führte ihren nervlich zerrütteten Zustand auf ihren Mangel an Nahrung zurück, verschrieb Bäder gegen Rheuma und Ischias und begann dann, mit Sissy ein ernstes Wort zu reden. Das Ergebnis war gleich Null. Sie war eigensinnig und redete sich aus auf ihre Schlankheitskuren. Eine Kaiserin, sagte sie, müsse schön sein.

„Und für wen, Majestät?" fragte der Arzt spitz. „Soviel ich weiß, sind Seine Majestät jetzt allein beim Zaren zu Gast. Wofür wollen Sie also schön sein? Für die Weinbauern von Territet?"

„Ach, Unsinn —"

„Was haben denn Majestät gestern zu sich genommen?" fragte Eisenmenger streng.

„Morgens und abends je eine Orange, zu Mittag deren zwei. Ebenso am Nachmittag."

„Und sonst?" forschte er ungläubig.

„Sonst nichts, Doktor! Sechs Orangen — ist das nicht genug?"

„Nein, das ist ganz und gar nicht genug!"

„Aber Sie sehen doch, daß ich wieder zunehme."

„Das ist Wasser, Majestät... Es sammelt sich im Gewebe an. Es ist ein Zeichen von Unterernährung. ‚Arme-Leute-Krankheit' nennt man das in Italien. Mein Gott, Majestät leiden doch nicht Not!"

„Und wenn ich mehr esse, geht das zurück?"

„Darauf wette ich meinen Kopf, Majestät. Anfangs würde ich es mit Schafmilch versuchen."

Seufzend erteilte er ihr noch mehrere Ratschläge, und sie versprach, sie zu befolgen. Als er gegangen war, klopfte es an der Tür, und Franz Ferdinand steckte neugierig den Kopf herein.

„Nun, wie ist es?" erkundigte er sich. „Was sagt Eisenmenger?"

„Ich soll Schafmilch zu mir nehmen!" berichtete sie und

verdrehte den Blick zur Zimmerdecke. „Brrr! Wer weiß, wie die schmeckt!"

Sie schmeckte Sissy gar nicht so übel. Ihr Befinden besserte sich. Und auch die Gesellschaft von Franz Ferdinand, an dessen Zustand Eisenmenger bald schon nichts mehr auszusetzen hatte, tat ihr wohl. Es bestand kein Zweifel: was Biarritz und Cap Martin nicht vermocht hatten, das gelang in Territet.

Aber Franzl war weit, weit fort. Er las zwar mit Freuden, daß sich ihr Befinden besserte, denn die Post aus Territet erreichte ihn auch in Petersburg, doch wann er Sissy wiedersehen würde, war ungewiß.

Es sollte aber früher der Fall sein, als er annahm, wenn auch unter dramatischen Begleitumständen. Ida von Ferenczy war die erste, die kurz nach Franz Ferdinands und seines Arztes Dr. Viktor Eisenmengers Abreise erfuhr, daß Sissy Franzl überraschen wollte.

„Sobald er aus Rußland zurückkehrt, soll er mich in der Hermesvilla finden", sagte sie weich gestimmt. Sie fand, daß Franzl sich dies sehr wohl verdient habe.

Die Nachricht von der baldigen, von allen ersehnten Heimkehr nach Wien sprach sich schnell herum, und Herr von Berewiczy begann schon seine Maßnahmen in die Wege zu leiten, noch ehe er überhaupt dazu beauftragt worden war. Alle konnten es kaum erwarten; sie hatten Angehörige, Freunde, Verwandte in Wien, und mochte das schöne Territet sie auch für manches Vorangegangene entschädigen — daheim war doch daheim, und man durfte auf einige freie Tage hoffen.

Noch aber streifte Sissy, endlich wieder frohgemut, auf Wiesen und durch Weingärten umher, fuhr im Dampfboot auf den herrlichen See hinaus und wollte noch ein paar Sonnentage auskosten.

„Wenn Majestät zeitgerecht zur Rückkunft Seiner Majestät in Wien sein wollen, bleibt uns aber nicht viel Zeit mehr", erinnerte die Gräfin.

„Ja, Sie haben recht, Gräfin. Gerade jetzt, wo es anfängt, hier schön zu werden und ich mich wohl fühle! Aber so ist es immer. Ein heimatloser Zugvogel bin und bleibe ich ja doch!"

Sissy gab Befehl, den Hofzug unter Dampf zu setzen, der inzwischen auf einem Nebengleis im Bahnhof von Montreux gestanden hatte, bis man ihn wieder nach Territet befehlen würde.

5. Petersburger Erinnerungen

Franzl befand sich erst wenige Stunden wieder in der Hofburg, als ihm gemeldet wurde, die Kaiserin sei in der Hermesvilla und erwarte ihn. Der Außenminister, der eben zum Vortrag bestellt war, staunte nicht schlecht, als Seine Majestät ganz gegen seine sonstige Gewohnheit die Fortsetzung der Unterredung auf morgen verschob. Danach ließ Franzl alles stehen und liegen und fuhr hinaus nach Lainz.

Er nahm gleich zwei Stufen auf einmal. Die Fenster des Gebäudes waren weit geöffnet. Durch die offenen Flügel drang der berauschende Duft des Frühlings in das Haus, und Sonnenschein fiel auf die teppichbelegten Fliesen.

Da hatten Trauergespenster keinen Platz. Franz ging das Herz auf, und er nahm es als ein gutes Vorzeichen.

Und dann stand er Sissy gegenüber.

„Franzl — zurück aus Petersburg?" begrüßte sie ihn lachend und ließ sich von seinen Armen umschlingen.

„Vor genau drei Stunden in Wien angekommen", erklärte er vergnügt. „Sissy, du hättest mir keine schönere Überraschung bereiten können! Und du siehst, ehrlich gesagt, großartig aus! Was bin ich doch stolz, eine so hübsche Frau zu haben!"

Sie machte in der Tat einen um vieles besseren Eindruck als in Cap Martin, wo er sie zuletzt gesehen hatte. Ihre Wangen hatten wieder Farbe, sie hatte an Gewicht zugenommen, und ihre Bewegungen waren nicht mehr fahrig und nervös. Obwohl keiner der Vorhänge zugezogen war und das volle Sonnenlicht in das Zimmer fiel, sah er kaum Fältchen auf ihrer Stirn und in ihren Augenwinkeln. Das Haar war nicht mehr so dunkel wie früher, aber immer noch voll und wunderschön; ihre feingeschwungenen Augenbrauen zeichneten sich ab über einem Augenpaar, das ihn erwartungsvoll und froh betrachtete.

„Gut schaust du aus, Franzl", stellte auch sie jetzt fest und zauste zärtlich seinen vollen Backenbart. „Mein Löwe! Warst du auch in Petersburg hübsch brav?"

„Ich hatte gar keine Zeit zu etwas anderem", lachte er. „Der Zar und die Zarin haben mich voll mit Beschlag belegt. Du hättest dabeisein sollen!"

„Dann hättest du vermutlich jetzt weniger Freude mit mir", meinte sie kopfschüttelnd. „Erzähl! Es kommt gleich der Tee. Und deine Zigarren stehen auch bereit. Komm, Franzl, wir wollen es uns gemütlich machen!"

Wie vorhin sein Außenminister, staunte nun auch er, wenn auch aus anderem Grund. In Sissy schien sich eine Wandlung vollzogen zu haben.

„Daran ist dein Neffe Franz Ferdinand schuld", erklärte sie. „Er hat mir so vorgeschwärmt von seinem Schloß Konopischt und seiner künftigen Schloßherrin, daß mir der Mund richtig wässrig geworden ist nach meinem eigenen Heim."

„Ach, Franz Ferdinand wäre ein ganz passabler Mensch, wenn er nur nicht einen so schrecklichen Dickschädel hätte, mit dem er sich alles immer wieder verdirbt."

„Aber ich komme doch fabelhaft mit ihm aus", meinte Sissy erstaunt.
„Du bist anscheinend die einzige, die ihn zu nehmen weiß. Du und diese Komtesse Chotkowa."
„Aber diese eine scheint ihm vollauf zu genügen", lachte Sissy. „Da bin ich, die verständnisvolle Frau Tante, schon fast zuviel. Komm, Franzl, erzähl mir von Petersburg! Wie war es am Zarenhof? Ich bin schon direkt neugierig."
„Nun, nicht anders. Das übliche bei solchen Kaisertreffen. Immerhin — sie haben sich nicht lumpen lassen. Gespart haben die wirklich nicht, das muß man ihnen lassen!"
„So erzähl doch schon", drängte sie ihn, „ich will Näheres wissen!"
Inzwischen kamen Tee, Gebäck und Franzls Zigarren, die an einer schimmernden Kerze entzündet wurden. Es wurde sein gemütlichster Nachmittag seit langem, und er fühlte sich beinahe im Himmel, weil sie ihm zuhörte, und er mit ihr reden durfte.
„Am 27. April kam ich an", erzählte er, „Nikolaus erwartete mich am Nikolai-Bahnhof. Roter Teppich, Blumen, die Hymnen, die Garden, alles ringsum abgesperrt. Draußen scharte sich die Menge. Auch meine Kexholmer standen in ihrer Paradeuniform vor dem Bahnhof. Danach ging's zum Winterpalais, wo mich Alexander willkommen hieß. Abends dann das übliche Galadiner und danach Cercle — alles, was in Petersburg Rang und Namen hat, war da. Ich weiß nicht, wie viele Namen ich gehört und wie viele Hände ich geschüttelt habe. Übrigens ein prächtiger Saal, dieser Nicolai-Saal. Nun dachte ich schon, es wäre zu Ende und ich dürfte verschnaufen und ins Bett — aber nein, es war noch eine Galavorstellung im Marientheater vorgesehen. ‚Schwanensee' natürlich."
„Mich überläuft es kalt, wenn ich mir vorstelle, daß ich

das nach der tagelangen Bahnfahrt auch noch hätte durchstehen müssen", gestand Sissy.

„Anderentags kam die unvermeidliche Parade auf dem Marsfeld. Da hatten meine Kexholmer ihren großen Tag. Für Nikolaus und mich hatte man ein Zelt aufgeschlagen. Gottlob, denn es fing an, erbärmlich zu regnen."

„Du Armer! Und dann?"

„Na, das dauerte ja Stunden, Sissy. Inzwischen hatten die Diplomaten Gelegenheit, ihre Süppchen zu kochen und Verträge auszuhandeln."

„Die du dann unterschrieben hast."

„Ich und Nikolaus. Wie ich schon sagte, das Übliche", lächelte er und sah noch immer mitgenommen aus.

„Und denkst du, daß sich dadurch die gespannte Lage zwischen Wien und Petersburg etwas entschärft hat?"

„Für Niki ist die Lage gar nicht gespannt; er und Alexandra möchten am liebsten von alldem ihre Ruhe und möglichst viele Kinder haben. In letzterem Punkt kommt er mir vor wie Franz Ferdinand — aber nur in diesem. Die gespannte Lage machen die Politiker, nicht wir. Nikolaus und ich, wir beide bemühen uns, den Schwelbrand zu löschen oder zumindest unter Kontrolle zu halten. In dem Sinne habe ich dann auch bei dem abschließenden Empfang in unserer Botschaft gesprochen, und ich glaube, daß es auch Niki richtig verstanden hat."

„Und was hast du gesagt?"

„Die russischen Zeitungen haben es angeblich abgedruckt."

„Und du meinst, ich soll jetzt auch noch Russisch lernen, wie? Da müßte ich erst Barker fragen, ob er das überhaupt kann!"

Er lachte: „Ich glaube, es steht auch in einigen von unseren Zeitungen drin. Und ich will hoffen, auch in denen von England, Frankreich und Amerika."

Tatsächlich konnte Sissy noch am gleichen Abend den Trinkspruch lesen:

„Tief gerührt von dem liebevollen und herzlichen Empfang, welchen Eure Majestät mir zu bereiten so gütig waren, ebenso wie von den vielen Aufmerksamkeiten, die mir zuteil wurden, seit ich die Grenzen dieses Reiches überschritten habe, liegt mir besonders am Herzen, Eurer Majestät meine lebhafteste und aufrichtige Dankbarkeit auszusprechen. Ich freue mich, hierin ein neues Unterpfand der engen Freundschaft zu erkennen, die uns vereint und die — auf den Gefühlen der gegenseitigen Achtung und Loyalität gegründet — für unsere Völker eine dauerhafte Bürgschaft des Friedens und des Wohlergehens bildet.
In unverbrüchlicher Hingabe an den Sieg dieser Tendenz werde ich mich jederzeit glücklich schätzen, zu diesem Zweck auf die wertvolle Unterstützung Eurer Majestät rechnen zu können, und, überzeugt von dem unseren gemeinsamen Bestrebungen vorbehaltenen Erfolg, trinke ich auf das Wohl Eurer Majestät, auf das Wohl Ihrer Majestät der Kaiserin und das der Kaiserlichen Familie!"

„Gut gebrüllt, Löwe", fand Sissy nach der Lektüre dieses Trinkspruchs; denn sie verstand sehr wohl, zwischen den Zeilen zu lesen.

***

Aber nicht nur in Petersburg, auch in Wien hatte sich einiges ereignet, was für die Politik nicht ohne Bedeutung war. Und das erfuhr Sissy von Kathi, die am nächsten Nachmittag bei der Hermesvilla vorfuhr.

„Dieses Frühlingsfest hätten Majestät mitmachen sollen. Es hätte sich ausgezahlt", plauderte die Schauspielerin.

„Das ging nicht", schüttelte Sissy den Kopf. „Wir waren alle mit Auspacken beschäftigt."

„Hätten Sie's bleiben lassen und auf den nächsten Tag verschoben! Nicht nur, daß ein Prachtwetter war und die Kastanien in der Hauptallee blühten, daß einem das Herz lacht — so viele Leut' hab ich beim Korso überhaupt noch nie erlebt. Ein Zeugl schöner dekoriert als das andere, und alles dabei, was Rang und Namen hat, natürlich besonders die Fürstin Metternich."

„Nun ja, sie kümmert sich um den Korso, sitzt im Komitee, vergibt die Preise für den schönsten dekorierten Wagen —"

„Der Korso ist auch ihre Idee gewesen, Majestät! Aber davon wollt' ich gar nicht reden, auch nicht von den vielen Firmlingen, die den Wurstelprater unsicher g'macht haben. Nein, vom Bürgermeister Doktor Lueger wollt' ich erzählen. Der ist hängengeblieben mit seinem Wagen, wo er nur hinkam. Die Leut' wollten ihn gar net fahren lassen!"

„Ja, um Himmels willen! Warum sind s' denn auf einmal bös' auf ihn, die Wiener?"

„Bös?! Majestät — gefeiert haben s' ihn, umjubelt, hochleben haben s' ihn lassen, die Pferd' haben s' ihm ausg'spannt von seinem Wagen und den Wagen selber 'zogen! Na, Majestät können sich denken, was es da bei manchen Herrschaften in der Hofburg für lange G'sichter 'geben hat, wie das bekanntgeworden ist."

„Na, wenn die Wiener ihren Bürgermeister mögen, dann soll uns das doch nur recht sein! Er ist ja wohl ein tüchtiger Mann, hab' ich mir sagen lassen."

„Das sagt auch Seine Majestät. Aber er war ja in Petersburg und hat's nicht sehen können. Ich bin sicher, jetzt setzt man ihm wieder einen Floh ins Ohr. Denen ist nicht einmal recht, daß jetzt die Straßenbahn elektrisch fahrt — wenn auch noch nicht überall. Aber das wird der Lueger schon noch durchsetzen."

„Sehen Sie, Baronin, das ist's, was mich immer wieder von Wien forttreibt: die Politik. Dieses üble, gefährliche Intrigenspiel. Dieses ewige Zündeln!"

„Majestät", meinte Kathi, „das ist wahrscheinlich anderswo auch nicht viel anders."

„Schon — aber wenn ich in der Schweiz bin, geht's mich nichts an..."

„Ich glaub', da denken Seine Majestät doch ein bißchen anders darüber", meinte Kathi reserviert.

„Ich weiß", nickte Sissy. „Und das muß er wohl auch. Ich hingegen nehme mir die Freiheit —"

„Was sind Majestät doch für ein glücklicher Mensch, daß Sie sich so eine Freiheit nehmen dürfen!"

Das kam ihr aus tiefster Seele. Doch Sissy lächelte nur.

„Glücklich?" fragte sie gedehnt. „Halten Sie mich denn für glücklich?"

„Glücklich ist, wer mit dem zufrieden ist, was er hat", meinte Kathi resolut. „Ich hab' schon Bettler gesehen, die glücklich waren, und Majestäten, die es nicht waren."

„Sie sind eine gescheite Frau, Baronin", konnte sich Sissy nicht verhehlen. „Und ich freue mich, daß wir nun wieder mitsammen plauschen können."

„Ja, das wurd' aber auch höchste Zeit. Und Majestät müssen sich auch wieder einmal in der Öffentlichkeit zeigen. Das können S' doch jetzt, so fabelhaft, wie Majestät jetzt wieder ausschau'n. Mich frißt glatt der Neid, wenn ich an meine Rundungen denk'. Aber Seine Majestät sagt, wenn ich jetzt auch noch anfang' mit einer Abmagerungskur, sucht er sich ein anderes Frühstücksplatzerl."

Sissy lachte hellauf.

„Der Arme", meinte sie. „Nun, ich werd' mir zwar nicht Ihre Figur zulegen, Baronin, aber — im übrigen: Sie sehen doch auch gut aus!"

„Dank' schön, Majestät. Die Leut' im Theater sehen's offenbar so gern. Sie klatschen noch immer, wenn ich rauskomm'. Allmählich fängt's mich an zu wundern. Mit der Sandrock kann ich nicht mithalten, so fesch war' ich nie, und ihre Rollen spielen könnt' ich auch nicht. Das ist nicht mein Fach. Und außerdem — auf die Art möcht' ich auch nicht in der Zeitung stehen. Sie hat was mit dem Stück'lschreiber, dem Schnitzler. Und nicht nur mit dem, hab' ich mir sagen lassen."

„Nein, sowas! Und das an unserm Burgtheater!" entrüstete sich Sissy spöttisch.

„Das Burgtheater, Majestät, ist leider auch nicht mehr das, was es war", seufzte die ‚Gnädige Frau'. „So wie vieles andere in Wien ..."

Mit dieser philosophischen Betrachtung beendete sie ihr Gastspiel in der Hermesvilla, denn, sagte sie, sie müsse noch Rollen lernen.

Sissy sah ihrem Wagen nach. Und nahm sich vor, mit Ida und Irma einen kleinen Bummel durch die Innenstadt zu machen. Inkognito natürlich. Verschleiert, so daß sie niemand erkennen konnte. Sie fragte sich selbst, wie sie noch vor wenigen Wochen so krank, deprimiert und unleidlich hatte sein können. Ob das der Wiener Frühling machte, daß sie nun plötzlich endlich wieder guter Laune war?

Sie ließ Irma Sztaray kommen und eröffnete ihr frohgemut ihr Vorhaben. Die gute Irma hatte in ihrem Leben schon so viele Fußwanderungen durch alle möglichen fremden Städte mit Sissy unternehmen müssen, daß sie sich sagte, sie würde einen Wiener Spaziergang sicher auch noch durchstehen.

„Und im Wiener Wald", spann Sissy ihre Pläne weiter, „müßte es jetzt auch ganz herrlich zum Wandern sein!"
Irma Sztarays Befürchtungen wuchsen. Sie hoffte auf den einsichtigen Wettergott, aber nirgendwo war auch nur ein winziges Wölklein in Sicht. So kam es, daß die arme Irma und mit ihr natürlich auch Ida Ferenczy wieder einmal Blasen an den Füßen bekamen. Denn Sissys „kleiner Frühlingsspaziergang" nahm seinen Ausgang in Nußdorf und endete bei der Hermesvilla. Sie marschierten — über Stock und Stein, versteht sich — an die fünfzehn Kilometer.

„O, du gütiger Himmel", stöhnte die Sztaray, nachdem sie endlich angelangt waren, „womit haben wir das verdient?"

„Aber", sagte die Ferenczy, „Irma — sehen Sie doch: sie ist wieder glücklich!"

6. Die Spaziergängerin

Auf der Liste der Audienzwerber, noch dazu mit dem Vermerk „DRINGEND" versehen, las Franzl an diesem Tage stirnrunzelnd den Namen des Herrn Oberamtsrats Franz Joseph Wewerka. Daß jemand, so wie er, „Franz Joseph" hieß, damit hatte er sich im Laufe der Jahrzehnte seiner Tätigkeit schon hinlänglich vertraut gemacht; die halbe männliche Bevölkerung innerhalb der Monarchie schien während seiner Regierungszeit auf den Namen „Franz Joseph" getauft worden zu sein. Doch ausgerechnet „Wewerka", das schien ihm nicht recht zusammenzupassen. Neben „DRINGEND" stand außerdem noch ein weiterer Vermerk: „DIENSTLICH". Es handelte sich also um eine offizielle Vorsprache, und das Datum des Ansuchens war von gestern. Da es vorkam, daß andere Audienzwerber oft, weil so viele Leute den Kaiser sprechen wollten, drei bis vier Wochen auf ihren Termin warten mußten, war dieser

Herr Wewerka offensichtlich ein besonderer Ausnahmefall.

Franzl las den beigefügten Bericht, der ihn über den Grund der Vorsprache informieren sollte, und bemerkte zu seinem Erstaunen, daß es sich um seine Frau handelte. Herr Wewerka war einer Gruppe von Confidenten zugeteilt, die für Sissys Sicherheit verantwortlich waren, und er hatte sich zu deren Wortführer gemacht. Offenbar lief das Ganze auf eine Beschwerde hinaus — auf eine Beschwerde über die Kaiserin!

Mit Unmutsfalten auf der Stirn, aber dennoch neugierig, ließ Franzl, als die Reihe an Herrn Wewerka war, diesen ins Audienzzimmer eintreten. Jetzt glaubte er, das Gesicht des Mannes zu erkennen. Wewerka war ein kleiner, stämmig gewachsener Mann mittleren Alters in dunklem, aber offenbar abgetragenem Anzug und mit einem Kneifer, der auf abenteuerliche Weise auf seiner Knollennase balancierte. Bei der devoten Verbeugung, welche er beim Eintritt in das Audienzzimmer vollführte, rutschte er ihm denn auch prompt herab; doch da der vorsichtige Herr Wewerka ihn an einer langen Kette an seinem linken Knopfloch befestigt hatte, wurde ein Unglück vermieden. Schließlich setzte er den Zwicker wieder auf, erblickte sein verwundert dreinschauendes allerhöchstes Gegenüber und verbeugte sich prompt noch einmal — diesmal allerdings, ohne den Zwikker loszulassen.

„Majestät —"

„Ja, ja, schon gut, Herr Wewerka. Kommen S' doch näher, ich beiß' Sie nicht", meinte Franzl gutmütig lächelnd. „Sie kommen wegen meiner Frau, wie ich da les' . . . Sie sind beauftragt, mit noch vier anderen Herren aufzupassen, daß nichts passiert, wenn sie in Wien unterwegs ist."

„Allerdings, Majestät, und es ist uns eine hohe Ehre, ganz untertänigst es auszusprechen. Allerdings — gestern nachmittag — haben wir nicht nur Ihre allergnädigste Majestät, sondern auch uns selbst nicht mehr wiedergefunden . . .!"

„Was Sie nicht sagen", staunte Franzl und zog seine Brauen hoch. „Ja, wie gibt's denn sowas? Sie haben sie aus den Augen verloren, das wollen Sie sagen."

„So ist es, Majestät. Und nicht nur das. Deshalb erschien es mir notwendig, über den schriftlichen Bericht hinaus — im Hinblick auf die Schwere der Verantwortung — eine persönliche Vorsprache, um womöglich Schlimmes zu verhindern, unter ausdrücklicher Betonung des Umstandes, daß, wenn es etwa gestern passiert wäre, wir daran absolut schuldlos —"

„Könnten S' nicht ein bißchen weniger g'schwollen reden?" fragte Franzl. „Was ist denn überhaupt passiert? Wissen S', ich pfleg' Ihren Confidentenbericht nicht zu lesen. Das geht mich nichts an. Dafür ist der Oberamtsrat von Hebenstreit zuständig. Und der hat sich bis jetzt noch nicht gerührt . . ."

„Wenn Majestät gestatten zu erklären —"

„Ich wart' schon die ganze Zeit darauf, daß Sie endlich anfangen", animierte Franzl den Herrn Wewerka, der vor Verlegenheit nun auch noch zu schwitzen begann. Herr Wewerka nahm ernstlich einen Anlauf, denn es wollte und wollte ihm nicht über die Zunge.

„Ihre Majestät haben die ganze Gruppe gewissermaßen ausgetrickst. Die Dame, die wir beobachteten, war, wie sich herausstellte, gar nicht Ihre Majestät, sondern die Zofe Wibiral; das Fräulein Wibiral hatte bloß die Kleider von Ihrer Majestät an und verließ in Begleitung der Frau von Sennyay in der Hofkutsche die Villa, so daß der Confident Weißhappl, welcher die Ausfahrt im Auge behielt, irregeführt wurde. Während er auf einem Fahrrad der Kutsche folgte, bemerkte der Confident Vanek Ihre Majestät, wie sie gerade in Begleitung der Frau von Ferenzcy den Seitenausgang der Villa verließ. Viel zu spät stellte er fest, daß Ihre Majestät gar nicht Ihre Majestät, sondern die Schneidermamsell Korout war, welche eines der Kostüme von Ihrer Majestät anhatte und noch dazu mit dem Sonnenschirm ihr Gesicht verdeckte. Er folgte gewohnt unauffällig, wie sie in den Park hineinspazierten, und als besagte Person Korout den Schirm zuklappte, mußte er feststellen, daß er genauso irregeführt worden war!"

„Unerhört", lachte Franzl.

„Das hätte ich nicht zu sagen gewagt, bloß zu denken, mit allerhöchster Erlaubnis, Majestät!" stieß Herr Wewerka zornbebend hervor. „Insofern nämlich, als zu gleicher Zeit der Confident Straßlmeier Ihre Majestät an einem Fenster der Villa beobachtete, wie sie in einem Buch blätterte.

Es war aber, wie sich später herausstellte, gar nicht Ihre Majestät sondern —"

„— die Köchin, oder etwa gar der Sprachlehrer, mit einer Perücke auf dem Kopf?" lachte Franzl fast Tränen.

„Halten zu Gnaden, Majestät", stotterte Herr Wewerka, „uns war gar nicht zum Lachen zumut'! Denn als Ihre Majestät wirklich herauskam, und zwar in Begleitung der Frau von Sztaray, war ich ganz allein und hab' geglaubt, sie wär's gar nicht ... Aber dann hab' ich gesehen, sie ist's doch — und sie haben sich in eine ganz gewöhnliche Kutsche gesetzt und sind losgefahren in den Prater, und dort hab' ich sie, hab' ich sie —"

„— aus den Augen verloren", ergänzte Franzl.

„So ist es, Majestät. Und zwar im Lachkabinett."

„Wo, bitte?"

„Na, in der Bude mit den vielen Spiegel, falls Majestät schon einmal da drin waren. Schaut man hinein, ist man entweder ganz dick oder ganz dünn, und außerdem find' man vor lauter Spiegeln den Ausgang nicht. Ihre Majestät muß längst draußen gewesen sein, oder vielleicht war sie auch gar nicht mehr drin, wie ich reingangen bin, weil mich die Alte bei der Kassa gar net hat mit mein' Ausweis hineinlassen wollen. Partout hat die blöde Gans — entschuldigen schon, Majestät — von mir fünf Kreuzer Eintritt haben wollen. Na, da ist sie aber an den Rechten gekommen!"

„Der langen Rede kurzer Sinn — "

„Ich möcht' um meine Versetzung bitten, Majestät, und meine drei anderen Kollegen auch, denn wenn Ihre Majestät sich sowas öfter einfallen lassen möcht', sind wir eines Tages reif fürs Irrenhaus . . ."

„Da müssen S' den Dienstweg einhalten, Herr Wewerka. Schreiben S' ein Gesuch an Ihren Vorgesetzten. Aber es ist trotzdem gut, daß Sie zu mir gekommen sind. Ich werde mit meiner Frau reden. Daß ihre braven Sicherheitsbeamten ihretwegen nach Steinhof kommen, wird sie sicher nicht wollen."

Der arme Herr Wewerka dienerte im Rückwärtsgang aus dem Audienzzimmer.

Kopfschüttelnd stellte Franzl fest, daß sich seine Sissy wieder einmal unmöglich benahm. Doch er ärgerte sich merkwürdigerweise ganz und gar nicht, nein, keineswegs. Im Gegenteil. Er fühlte sich unendlich erleichtert. In dem Bericht des armen Herrn Wewerka erkannte er nämlich seine alte Sissy wieder, die Sissy, die er einmal geliebt, die seine Mutter um ihrer Eskapaden willen auf die Palme gebracht hatte. Jenes unbändige Mädel aus Possenhofen, in das er sich unsterblich verliebt hatte. Damals — es war schon lange her. Jahrhunderte schienen dazwischenzuliegen. Das Bild war fast im Schatten der Dämmerung versunken — eine ferne Erinnerung nur noch, ungreifbar gleich einem Phantom. Er und alle anderen hatten geglaubt, diese Sissy von einst sei tot. Alle Versuche, sie wieder zum Leben zu erwecken, waren fehlgeschlagen. Und jetzt — war ein Wunder geschehen?!

„Mein Herrgott, wie würd' ich dir danken", stammelte er und preßte seine Hände gegeneinander, in einer Gebärde innigsten Gebets. „Wie würd' ich dir danken, wenn alles wieder so werden könnte, wie es früher war, bevor — "

Bevor mit Rudis Tod alles ein Ende nahm, hatte er sagen wollen, aber er sprach es nicht aus, nicht einmal seinem Herrgott gegenüber. Sei es, daß er's nicht wollte, nicht über sich brachte, oder weil der Adjutant den nächsten Audienzwerber anmeldete, der mit seinen Sorgen und Problemen beim Kaiser vorsprechen wollte.

Wie, dachte er dabei, werde ich wohl diesen Tag zu Ende bringen? Denn es ist wohl ein gesegneter Tag. Heute wurde ihm diese Arbeit zur Last. Heute hätte auch er am liebsten alles liegen und stehen gelassen und wäre hinausgefahren zu Sissy, um endlich wieder einmal ein Gesicht zu sehen, das nicht von Gram zerfurcht war und das auch lächelte.

Von nun an war er nicht mehr ganz bei der Sache und sehnte den Abend herbei. Er gab sich Mühe, riß sich zusammen, doch seine Gedanken wanderten immer wieder zu ihr. Wo mochte sie jetzt sein? Ob sie wieder etwas anstellte? Was für eine seltsame, wunderbare Frau sie doch war! Sie steckte immer noch voll Überraschungen.

Und das tat sie auch. Unerkannt wanderte sie, begleitet von Irma Sztaray — zwei verschleierte Damen — über die Mariahilfer Straße, und sie verschwanden in der alten Wallfahrtskirche Mariahilf. Die beiden nicht minder unauffälligen Herren Vitouch und Mühlhauser, die sich auf ihre Fährte gesetzt hatten und, assistiert von dem Confidenten Brezina, in einigem Abstand die beiden im Auge behielten, blieben respektvoll draußen und machten sich an den „Standln" zu schaffen, an denen Blumen und Süßigkeiten feilgeboten wurden.

Die Kirche hatte allerdings einen Seitenausgang, der hinab zur Gumpendorfer Straße führte, und dort hätten sie jetzt Sissy und ihre Begleiterin eiligen Schrittes dahintrippeln sehen können. Nachdem sie vor dem Bild der Muttergottes ein kurzes Gebet verrichtet hatten, verließen sie die Kirche auf diesem Weg, um den Argusaugen der Confidenten zu entrinnen.

„Sind Sie sicher, daß uns niemand folgt, Irma?"

„Wir sind völlig unbeobachtet, Majestät", vergewisserte sich die Sztaray nach einem kurzen Blick nach hinten.

„Gut", sagte Sissy, „dann haben wir es wieder einmal geschafft. Was meinen Sie, ob wir über die Bettlerstiege wieder zur Mariahilfer Straße zurückkehren, um unseren Schaufensterbummel fortzusetzen?"

„Wie Majestät wünschen", meinte Irma. „Aber es könnte sein, daß wir dann den Confidenten wieder begegnen."

„Die Gesichter dieser Männer zu sehen, wenn wir plötzlich auftauchten, wäre allein schon den Umweg wert", schmunzelte Sissy.

Auch die Gräfin kannte Sissy nicht wieder. Seit Monaten war sie nicht mehr so gelöst und guter Laune gewesen. Es war, als wolle sie jetzt nachholen, was sie in all den selbstquälerisch verbrachten Monaten und Jahren versäumt hatte. Zwar trug sie, ihrem Schwur gemäß, immer noch Schwarz und ging — um nicht von Passanten erkannt zu werden — verschleiert. Doch in dem schwarzen Gewand schien eine andere Frau zu stecken. Eine, die mit jener aus den trüben Tagen von Biarritz nicht identisch war.

Irma Sztaray fiel das Erklettern der steilen Bettlerstiege, die sich durch die Höfe des Geburtshauses von Ferdinand Raimund fortsetzte, bis man wieder auf die Mariahilfer Straße gelangte, schwer. Doch Sissy schwebte leichtfüßig dahin, als hätten ihr die Jahre nichts anhaben können.

„Oh, wie lange bin ich hier schon nicht mehr gewesen", sagte sie, auf einer der unzähligen Stufen stehenbleibend, um Irma etwas Zeit zum Verschnaufen zu lassen. „Ich glau-

be, ich komme jetzt erst dahinter, daß es auch in Wien eine Menge zu sehen und zu entdecken gibt!"
„Dazu ist es nie zu spät, Majestät", keuchte Irma.
„Ja, das will ich jetzt nachholen", erklärte Sissy, „bevor es wieder nach Ischl geht."
Endlich waren sie oben und traten durch das grüngestrichene breite Tor in das Gewühl der Mariahilfer Straße. Dort verkehrte die Pferdetramway viergleisig, und die Menschen drängten sich vor den Schaufenstern der Geschäfte.
„Durch dieses Tor ist der Knabe Ferdinand Raimund immer zu seiner Bäckerlehre gelaufen. Zu diesen Zeiten hat's hier noch anders ausgesehen", meinte die Sztaray. „Man erzählt, daß er seine Brezeln und Zuckerstangen im Theater an der Wien auf der Galerie verkauft hat und zwischen den Pausen auf den Stufen zu den Ausgängen saß, um sich auf diese Weise jedes Stück anzuschauen."
Sie kehrten in einer Konditorei neben dem Miederhaus ein und nahmen einen kleinen Imbiß zu sich. Während Sissy ihr Eis löffelte, mußte sie natürlich ihren Schleier zurückschlagen. Das war der Moment, in dem der verzweifelte Mühlhauser sie durch die Scheiben erspähte.
„Da ist sie, hierher, ich hab' sie g'funden!" winkte er seine Kollegen Vitouch und Brezina herbei, die sich schon auf der Mariahilfer Straße auf der Suche nach den beiden Verschwundenen die Sohlen abgelaufen hatten.
„Da haben wir's Majestät", seufzte Irma, „sehen Sie die drei ‚Unauffälligen'. Daß man uns immer solche Tölpel zuteilen muß!"
„Um Himmels willen, Irma, nur keine G'scheiteren", lachte Sissy. „Die könnt' ich jetzt wirklich nicht gebrauchen. Wo ich doch noch so viel vorhabe in Wien!"

Als der letzte Audienzwerber seine Wünsche vorgetragen hatte, klappte Franzl erleichtert auf seinem Stehpult den

Aktendeckel zusammen, blickte auf seine Zwiebeluhr und stellte fest, daß es Zeit sei, hinaus nach Lainz in die Hermesvilla zu fahren.

„Feierabend", brummte er zufrieden und freute sich auf Sissy. Er ließ anspannen und eilte über die Kaiserstiege hinab, schwang sich mit einem Seufzer der Erleichterung in seinen Wagen und gab das Zeichen zur Abfahrt. Es konnte ihm gar nicht schnell genug gehen. Endlich traten die Häuser zurück, das Grün der Vororte gab ihm einen Vorgeschmack auf die naturbelassene Pracht des Lainzer Tiergartens. Man fuhr durchs Tor ein und hielt endlich vor der Hermesvilla.

Schon im Vorraum fiel ihm auf, daß der Diener, der ihm Mütze und Mantel abnahm, einen verstörten Eindruck machte. Doch er verdrängte diesen Eindruck. Dann aber hörte er Sissy wild und verzweifelt schluchzen. Es war ihm, als schnüre ihm eine eiskalte Schlinge die Kehle zu.

„Sissy", stieß er hervor, „was ist denn passiert?!"

Sie saß, in sich zusammengesunken und aufgelöst, an einem Tisch und deutete nur wortlos auf das dort liegende Telegramm aus Paris.

7. Ein Drama an der Seine

Sophie Charlotte, Herzogin in Bayern, war einst die erwählte Braut des seltsamen Bayernkönigs Ludwig gewesen. Er hatte sie aber dann auf skandalöse Weise sitzengelassen. Lange Jahre danach gestand er Sissy unter vier Augen, wie es zum Bruch seines Eheversprechens mit ihrer Schwester Sophie gekommen war. Er habe, sagte er, in Sophie nur die Ähnlichkeit mit ihr, Sissy, geliebt. Als er erkannte, daß er mit einer Lüge in diese Ehe gegangen wäre, hätte er die schon unter viel Aufwand vorbereitete Hochzeit ohne Angabe von Gründen noch in letzter Minute abgesagt.

Sophie hatte unter diesem Skandal natürlich zu leiden. Aber Mama Ludovica fand für das unglückliche Kind dennoch eine „passende Partie". Sissys Schwester wurde die Frau des Prinzen Ferdinand von Orleans, Herzogs von Alençon.

Sie heirateten nach nur siebenwöchiger Verlobungszeit am 26. September 1868 in der Schloßkapelle von Possenhofen. Sissys Schwester Sophie lebte — von kurzen Besuchen in der Heimat abgesehen — fortan bei ihrer Familie in ihrer neuen Heimat Frankreich. König Ludwig, ihr erster Bräutigam, fand ein geheimnisvolles Ende im Starnberger See.

Sophie war fast neunzehn Jahre verheiratet, als an jenem schrecklichen 5. Mai des Jahres 1897 das Ereignis eintrat, welches Sissy mit einem Schlag um ihren wiedergewonnenen inneren Frieden brachte, der somit nur von kurzer Dauer gewesen war.

Die Damen der Pariser Gesellschaft hatten in einer Halle der Pariser Weltausstellung einen Wohltätigkeitsbasar organisiert. Schon Wochen vorher hatte man im eigenen Haushalt nach Entbehrlichem gesucht und auch anderwärts, bei Freunden und Bekannten, alles mögliche erschnorrt, was man auf dem Basar verkaufen wollte. Der Erlös sollte Bedürftigen zugute kommen.

Da gab es Bücher, Hausrat, Bilder, Grammophonplatten, Lampen, auch Bäckereien, die eigens für diesen Zweck in den Küchen hochfeiner Häuser gebacken worden waren — hübsch verpackt und appetitlich hergerichtet. Verkauft wurde an Ständen, die aus Holz, Stoff und Pappe zusammengebaut waren. Der ganze, über neunzig Meter lange, glasüberdachte Saal war zudem hübsch dekoriert mit blühenden Bäumchen in Töpfen, Fahnen und einem riesigen

Segel aus Leinwand, das über der Halle hing. Dadurch wurde diesem Raum die Illusion eines Segelschiffes verliehen, an dessen „Deck" so etwas wie ein Flohmarkt abgehalten wurde — freilich zu exklusiven Preisen und für ein exklusives Publikum. Waren doch auch die Verkäuferinnen dementsprechend hochherrschaftliche Damen, die hier um der guten Sache willen allerhand Mühen auf sich nahmen.

Hauptattraktion aber war ein Lumiere'scher Kinematograph, für dessen Vorführungen man in der glasüberdachten Halle ein eigenes Zelt errichtet hatte, in dem es stockdunkel war. Nur der Lichtstrahl des Handkurbelprojektors durchschnitt diese Finsternis, in der die Schaulustigen auf hölzernen Bänken dichtgedrängt nebeneinander saßen, um zum Geklimper eines von einer adeligen Dame gespielten Pianinos die „Lebenden Photographien" zu bestaunen, wie Sissy und Franzl sie schon gesehen hatten.

Sophie hatte ihren Stand in der Nähe dieses Zeltes. Die Halle war vom Lärm der Besucher erfüllt; es ging lebhaft zu, und der Basar schien ein voller Erfolg zu werden. Aus dem Kinematographenzelt klang ununterbrochen das Klaviergeklimper. Und die Basarbesucher kamen zu den Ständen, plauderten mit den freiwilligen Verkäuferinnen, von denen sie viele kannten. Man fragte nach Preisen, erkundigte sich nach Freunden, Verwandten, begutachtete dies und jenes und war bester Laune.

Die Leute, die hier kauften, taten es meist aus Gefälligkeit. Oder um irgendein Stück zu erstehen, das ihnen im Hause eines Bekannten heimlich ins Auge stach und das sie nun, noch dazu zu wohltätigem Zweck, in ihr eigenes Heim transferieren konnten.

Sophie Charlotte war eben dabei, einem Abgeordneten ein vergoldetes Schreibzeug in Seidenpapier zu wickeln, und der Käufer zog gerade seine Brieftasche, als es geschah.

Aus dem Kinematographen-Zelt tönte ein seltsames

Zischen, und während das Pianino noch sekundenlang weiterklimperte, züngelte eine helle Flamme auf, schoß jäh hoch empor und setzte einen Teil des Zeltes in lichterlohen Brand.

„Nein", stieß der Abgeordnete hervor, ließ das Schreibzeug liegen und starrte erschrocken zu dem Zelt, in dem das Klavierspiel jäh verstummte und vom Schreien der entsetzten, in Panik geratenen Besucher abgelöst worden war. Sophie war starr vor Schreck. Sie sah, wie das ganze Zelt zu einer lodernden Fackel wurde. Noch begriff sie nicht die ganze Tragweite der Gefahr, als auch schon das Feuer das herabhängende mächtige Leinensegel erfaßte und dieses in Flammen aufging.

Aus dem Zelt quoll Rauch, taumelten Menschen, die husteten und schrien und mit brennenden Kleidern wild gestikulierten. Die Lichtquelle des Filmapparates hatte den Nitrofilm, der noch ohne flammenhemmende Zusätze hochexplosiv war, in Brand gesetzt und explodieren lassen.

In der Ausstellungshalle brach Panik aus, als brennende Stoffteile des Segels herab auf die flüchtenden Menschen fielen, die zu den Ausgängen drängten. Und nun begannen auch noch einzelne Verkaufsstände zu brennen. Eine Katastrophe zeichnete sich ab.

Ein Stück brennenden Leinens fiel auf den Stand von Sophie, und schon brannten die kostbaren Alençon-Spitzen, die sie hier ebenfalls anbot. Das brachte sie zur Besinnung.

An die tausend Personen drängten, stießen, quälten sich unter Jammern, Schreien und Fluchen zu den Ausgängen der Ausstellungshalle, an denen ein fürchterlicher Tumult entstand, da ein allzu bequemes Personal viele Tore entgegen den Vorschriften gar nicht aufgesperrt hatte. Nur die beiden längsseitigen Tore waren passierbar. Während der Großteil des Basars schon in Flammen stand und dichter Qualm und Rauch die Sicht und das Atmen behinderten, stolperte und stieß man sich gegenseitig noch nach der Suche nach einem Fluchtweg im Kreise, während sich ein Knäuel kämpfender und schreiender Menschen vor den Ausgängen drängte.

Alle guten Sitten, alles angelernte Benehmen fielen von diesen Leuten maskengleich ab. Es ging um ihr Leben. Da droschen Männer rücksichtslos mit Schirm und Spazierstöcken auf Frauen ein, kämpften sich mit Ellenbogen und Knien durch die Menschen, schrien andere vor Schmerz auf, und Bewußtlose fielen zu Boden und wurden zertrampelt.

Die Halle brannte. Auch Sophie suchte sich zu retten. Sie war noch weit von einem der beiden Ausgänge entfernt, als das Kinozelt hinter ihr krachend zusammenstürzte und Funken nach allen Seiten stoben und neue Brandherde verursachten.

Ein vielstimmiger Schrei folgte diesem Einsturz, gellte zu dem von dichten Rauchschwaden verhüllten Glasdach der Ausstellungshalle empor. Der Rauch verdunkelte bereits das eindringende Sonnenlicht. Der zuckende Schein der Brände zeichnete sich immer deutlicher auf den schrekkensbleichen, verzerrten Gesichtern der Flüchtenden ab.

„Hilfe! Hilfe! Hilft denn niemand?!"

Eine Frau, die sich vergebens bemühte, die aus ihrer kostbaren Garderobe züngelnden Flammen zu löschen, wand sich vor Schmerz und Entsetzen, und bald darauf stand auch ihr Haar in Flammen.

Sophie drängte sich zu ihr, riß einen Schal von ihren Schultern, schlug wie wild auf die sich wahnsinnig Gebärdende ein, ohne ihr helfen und das Feuer ersticken zu können.

Als sie das erkannte, dachte sie wieder an ihre eigene Sicherheit und ließ von ihr ab, denn es war hoffnungslos. Schon war sie selbst in Gefahr, löschte sie Funken auf ihren

Kleidern und schrie vor Schmerz auf, wenn Glut mit der Haut ihrer nackten Arme in Berührung kam.

Sie kämpfte sich zu einem der Ausgänge durch, stak fest, schob und wurde geschoben. Je näher sie dem Ausgang kam, um so erdrückender wurde die immer qualvoller werdende Enge. Sophie schrie. Inmitten der vor Angst rasenden Menge war sie allein; ihr Mann in Alençon, niemand da, der ihr hätte helfen können.

Als sie schon glaubte, die Besinnung zu verlieren, merkte sie plötzlich, daß sie außerhalb der Halle war und brach zusammen. Sie übergab sich, hustete, kroch am Boden hin, sich an einer Bank aufraffend und wieder aufrichtend.

„Feuer! Die Feuerwehr! Wo bleibt die Feuerwehr?!" rief sie. „Hat sie denn noch niemand verständigt?!"

An den Scheiben der Halle zeichneten sich von innen schemenhaft die Gesichter und Leiber der noch Eingeschlossenen ab, die um ihr Leben kämpften.

„Die Schlüssel! Wo sind denn die Schlüssel zu den Ausgängen — öffnet denn niemand?!"

Das Ausstellungspersonal, das für die Halle verantwortlich war, hatte selbst in Panik die Flucht ergriffen. Offenbar hatte aber doch jemand die Feuerwehr verständigt, denn aus der Ferne hörte man jetzt ein Signal. Doch bis sich der von Pferden gezogene erste Spritzwagen durch das Ausstellungsgelände und die sich ansammelnden Neugierigen einen Weg bahnte, verging kostbare Zeit, starben drinnen in dem Flammeninferno schon Menschen.

Sophie saß eine Weile fast teilnahmslos auf der Bank, bis sie wieder so weit handlungsfähig war, daß sie klare Gedanken fassen und etwas unternehmen konnte.

Zu diesem Zeitpunkt entrollte die Feuerwehr — es waren noch zwei Löschwagen am Brandplatz erschienen — ihre Schläuche, fanden aber offenbar keinen Hydranten, aus dem Wasser entnommen werden konnte. Über dem in der

Hitze geborstenen Glasdach hob sich ein dichter Rauchpilz, der die Abendsonne verdunkelte. Unzählige Schaulustige umstanden das Gelände.

Der Ausgang, durch den Sissys Schwester geflüchtet war, bot jetzt den Anblick gähnender Leere. Dahinter lagen Rauch und zuckender Feuerschein. Anscheinend hatten alle, die es noch konnten, die Halle verlassen. Doch plötzlich taumelte ein Mädchen von etwa sechzehn oder siebzehn Jahren aus den Schwaden ins Freie. Ihre Haare brannten. Die Menge schrie auf, als sie das Mädchen sah, das wimmernd zusammenbrach, während sich einige Leute seiner annahmen, die Flammen erstickten und sie auf eine Tragbahre legten, denn nun waren endlich auch Ärzte und Sanitäter da.

Sophie stand neben dem Mädchen, als dieses halbverständliche Laute zu stammeln begann, aus denen hervorging, es wären noch Menschen da drin, die lebten und Hilfe brauchten.

„So gehen Sie doch rein, tun Sie doch was!" schrie Sophie den Feuerwehrleuten zu, die nun endlich einen jämmerlichen Wasserstrahl auf die Brandstätte richteten.

Man glotzte sie nur verständnislos an.

Als sie sah, daß ihre Aufforderung ergebnislos blieb, entschloß sie sich, selbst etwas zu unternehmen. Sie, eine Frau, wollte nach ihrem Gewissen handeln, und nicht so wie diese feigen Männer . . .

„Halt — was tun Sie? Wo wollen Sie hin?! Sind Sie wahnsinnig?!"

Man wollte Sophie zurückhalten, sie von ihrem Vorhaben abbringen. Vergeblich!

„Lassen Sie mich los! Gehen Sie zur Seite, lassen Sie mich hinein! Da drin sind noch Menschen!"

Jemand erkannte sie.

„Das ist die Herzogin! Die Herzogin von Alençon! —

Hoheit, tun Sie das nicht, bleiben Sie hier! Das dürfen Sie nicht tun!"

Aber sie war schon drinnen. Man beobachtete noch, wie sie, ein Taschentuch vor den Mund haltend, im Qualm verschwand.

Man fand sie erst am anderen Morgen wieder. Bis in die späten Nachtstunden kämpften die Feuerwehren mit dem um sich greifenden, verheerenden Brand, der vielfach mit dem Brand des Wiener Ringtheaters verglichen wurde. Hätte nicht Schlamperei und Leichtsinn, die in Wien so viele Opfer forderten, nunmehr in Paris unterlassen werden können? — Man hatte nichts aus der Wiener Katastrophe gelernt, keinerlei Konsequenzen gezogen.

Am Morgen des sechsten Mai stand man vor einem qualmenden Trümmerhaufen. Das unglückselige Ende dieses Wohltätigkeitsbasars versetzte die Stadt an der Seine in Trauer, doch diese Trauer konnte die Toten nicht mehr lebendig machen.

Der Herzog von Alençon war telegraphisch nach Paris gerufen worden und hatte sich noch in derselben Stunde in den Zug gesetzt. Nun stand er vor den verkohlten in Reihen nebeneinandergelegten Leichen und suchte die seiner Frau, die so tapfer hatte Leben retten wollen und dabei selbst um das ihre gekommen war.

„Nebenan, im Palais der Industrie, liegen noch mehr — man hat sie dorthin gebracht. Sie liegen in der Vorhalle", sagte man ihm.

Eine Identifizierung war oft nur möglich anhand von feuerunverletzlichen Merkmalen — Siegelringen, besonderen Schmuckstücken etwa. Oder auch Zähnen.

Der Herzog von Alençon hatte den Einfall, den Zahnarzt seiner Frau rufen zu lassen. Der kam und brachte aus seiner Praxis die Gebißkarte seiner langjährigen Patientin mit. Mit ihrer Hilfe untersuchte er die Mundhöhlen von dreiundfünfzig verkohlten weiblichen Leichen, bis er endlich auf die Gesuchte stieß.

Von der Herzogin von Alençon, der Schwester der Kaiserin Elisabeth, blieb nur ein Torso. Der rechte Arm und das linke Bein waren vollständig verbrannt, nicht mehr vorhanden.

Sophie, die gleich schönes Haar besaß wie Elisabeth, hatte in ihrem Testament verfügt, es nicht aufzubewahren, sondern nach ihrem Tode zu verbrennen. Das war nun nicht mehr nötig — ein schrecklich entstellter, versengter Knochenschädel starrte den bleichen Herzog und den Doktor an.

Damit war die letzte von Sissys Schwestern nicht mehr am Leben. Sissy hatte keine Geschwister mehr. Die schrecklichen Einzelheiten von Sophie Charlottes Ende erfuhren Sissy und Franzl erst später. Das Telegramm kündete nur in dürren Worten von dem Drama in Paris.

Sissy war aschfahl. Franzl, der eben noch so voller Hoffnung hierher nach Lainz gekommen war, erkannte: Alles, was er erhofft, wovon er geträumt hatte, war mit einem Schlag wieder zunichte gemacht.

„Nein", stöhnte sie, „das ist die Strafe des Himmels, weil ich gewagt habe, mich wieder zu freuen! Aber warum, warum läßt Gott es meine Schwester büßen? Ach, Franzl, wir sind verflucht!"

„Sissy — um Himmels willen!" rief er entsetzt, trat zu ihr, doch sie wich vor ihm zurück.

„Ich will niemanden sehen!" rief sie gequält. „Niemand! Hörst du, verstehst du mich? Niemand!"

Sie schluchzte wild auf, wandte sich von ihm ab. Und er erkannte, daß alles verloren war. In seinem Innersten aufgewühlt und traurig wie nie zuvor verließ er die Villa.

8. Die Kurpromenade

Die Kaiserin war in den nächsten Tagen völlig unansprechbar. In Paris wurden die sterblichen Überreste ihrer Schwester gemäß ihrer letztwilligen Verfügung in der Krypta der Kirche der Dominikanerinnen bestattet. Sissy war außerstande hinzufahren. Das österreichische Kaiserhaus kondolierte mit düsteren Kränzen, und die Trauer war aufrichtig, so wie das Mitgefühl, das dem Herzog von Alençon für den unter so schrecklichen Umständen erfolgten Verlust seiner Gattin dargebracht wurde.

Sissy flüchtete wieder in die Kapuzinergruft, zu dem Platz, den sie ersehnte: neben Rudis Sarg, unter dem schmalen Fenster, durch das sich aus dem Garten der Kapuziner das Sonnenlicht stahl, man ein wenig vom Grün der Büsche sehen und ein paar Vogelstimmen hören konnte.

Wieder nährte sie unentwegt Todessehnsucht und Todesgedanken, sprach vom Sterben und der jenseitigen Welt. So, als wäre die schmale Brücke, auf der sie wieder festen Boden erreichen wollte, unter ihren Füßen zusammengebrochen.

Franzl, der versuchte, ihr in dieser schweren Not beizustehen, wurde von ihr abgewiesen. Und wer auch sonst immer bei ihr vorgelassen werden wollte — sie wies ihn ab. Sie lebte in Lainz hinter herabgelassenen Jalousien, als wollte sie mit jenen, die ihr vorangegangen waren, das Dunkel, das auch sie erwartete, bereits jetzt teilen.

Ida Ferenczy und Irma Sztaray litten mit ihr. Sie waren die einzigen, die in die Düsternis, die Sissy umgab, eindringen durften — und auch das nur für wenige Minuten. Wie Schatten huschten sie in das dunkle Zimmer der Kaiserin, und wie Schatten gingen sie wieder.

Franzl litt nicht minder. Nicht nur, weil ihm seine Schwägerin Sophie unendlich leid tat und er Sissys Kummer um die Verstorbene teilte. Nein, er hatte auch Angst. Angst um Sissy empfand er, und er sagte dies auch.

Auch Kathi versuchte, Sissy zu sprechen, doch auch sie wurde nicht vorgelassen, und ebensowenig Ärzte, die Franzl zu ihr schickte. Sie brauche nichts, wolle niemanden sehen, sie sei unpäßlich und bitte, entschuldigt zu werden. So konnte es aber auf die Dauer nicht weitergehen. Die Herzogin von Alençon war tot und bestattet. Sie hatte ein schreckliches, unerwartetes Ende genommen, gewiß. Doch die Zeit blieb ungeachtet dessen nicht stehen; die Erde drehte sich weiter. Ein Kaiser konnte davor die Augen nicht verschließen, und eine Kaiserin sollte dies auch nicht tun.

Die Wiener hatten davon in den Zeitungen erfahren. In mehr oder weniger großer Aufmachung war über das Unglück in Paris berichtet worden. Es gab also auch anderswo schlampiges, nachlässiges Personal, hieß es, fast war man darüber befriedigt. Und hatte naturgemäß auch noch andere Sorgen.

Durch Indiskretionen des Lainzer Personals war die Nachricht vom Verhalten Sissys an die Öffentlichkeit gelangt. Hinter vorgehaltener Hand erzählte man sich, man wisse jetzt aus sicherer Quelle, sie sei endgültig verrückt geworden. Aber das hatte man kommen sehen. Und man bedauerte den Kaiser.

Sogar die Botschafter auswärtiger Mächte griffen die Gerüchte auf und schrieben darüber in ihren Lageberichten aus Wien an ihre Regierungen und Souveräne. Das blieb natürlich Franzl nicht verborgen. Nun mußte er eingreifen.

Gegen jeden Widerstand mußte er Sissy dazu bringen, sich wieder in der Öffentlichkeit zu zeigen. Dementis allein hätten da wenig geholfen; die Leute mußten sich durch ihren Augenschein davon überzeugen, daß an dem verlogenen Gerede, die Kaiserin sei übergeschnappt oder habe — wie es auch noch hieß — in einem Anfall von Wahnsinn

Selbstmord verübt, was jetzt wie so manches andere vertuscht würde — daß an dem Gerede also kein wahres Wort sei. Vielmehr sollte man sehen können: sie lebe, sei da und führe sich wie ein vernünftiger Mensch auf. Das mußte er von ihr verlangen. Und sie mußte tun, was von ihr verlangt wurde. Das Ansehen des Kaiserhauses, ja, das der Monarchie stand auf dem Spiel. Private Sentiments hatten dagegen zurückzutreten und zu schweigen.

Um ein Machtwort zu sprechen, fuhr er nach Lainz. Wie immer wollte sie ihn nicht vorlassen und bat ihn, sich wieder zu entfernen. Doch diesmal durfte er sich nicht abspeisen lassen.

„Melden Sie Ihrer Majestät, daß ich sie sprechen muß — es ist ein Befehl, sagen Sie ihr das. Ein Befehl vom Kaiser."

Er hatte nie gedacht, seiner Frau je in seinem Leben einen Befehl erteilen zu müssen . . .

Es dauerte fast eine Viertelstunde, bis sie ihn in ihrem dunklen Zimmer empfing. Daß sie ihn warten ließ, erfüllte ihn mit Zorn. Aber Kavalier, der er war, suchte er sich zu bezwingen.

„Ich mußte dich sprechen", erklärte er. „Ich weiß nicht, ob dir zu Ohren gekommen ist —"

„Mir ist seit Tagen gar nichts mehr zu Ohren gekommen, Franz", schnitt sie ihm das Wort ab, „und ich will auch nichts hören! Mich interessiert nichts mehr, ich habe mit allem abgeschlossen."

Er wehrte heftig ab: „Das ist ganz und gar unmöglich. Ich weiß nicht, wofür du dich hältst. Falls du dich aber gnädigst daran erinnern solltest, daß du nicht nur eine Frau, sondern meine Frau und mithin die Kaiserin von Österreich bist, dann —"

„Höre", unterbrach sie ihn neuerlich und preßte die Hände an ihre Schläfen, „wenn du gekommen bist, mir eine Szene zu machen, dann muß ich dich bitten, schnell wieder zu gehen. Ich hielte das nicht auch noch aus. Ich bin am Ende."

„Ich bin nicht gekommen, dir eine Szene zu machen, Sissy, sondern um dich an deine Pflichten zu erinnern."

„Pflichten, Pflichten! Immer nur Pflichten! Weißt du nichts anderes, hast du mir sonst nichts zu sagen?"

„Nein. Du bist Kaiserin. Das bist du nun einmal. Du kannst es nicht negieren! — Man redet über dich, man schreibt über dich. Die Herren Attachés in den Botschaften schreiben Geheimberichte über deinen Geisteszustand, und mancherorts fragt man sich, ob du überhaupt noch lebst! Begreifst du, was das bedeutet? Für dich selbst, für mich, für das Reich!"

Sie ließ einen aus ihrem tiefsten Inneren kommenden Seufzer hören und sank in ein Fauteuil, nahm die Hände vom Kopf und starrte ihn aus müden Augen an. Mit gebrochener Stimme fragte sie: „Was verlangst du?"

„Himmel, kannst du dir das nicht denken? Wir müssen beweisen, daß es nicht stimmt! Du mußt es ihnen beweisen. Du mußt dich sehen lassen!"

„Soll ich vielleicht auf einem Ball tanzen . . .?" fragte sie mit bitterer Ironie.

„Das verlangt kein Mensch von dir! Es genügt eine plausible Gelegenheit. Ich möchte haben, daß man uns beide zusammen sieht. Es ist schlimm genug, daß so etwas notwendig wurde!"

„Seine Majestät befiehlt also", stellte sie fest. „Und was befiehlt Seine Majestät?"

„Ich stelle mir vor, daß wir gemeinsam zur Kur fahren. Und vor der Presse und den Neugierigen einmal nicht davonlaufen. Man soll uns sehen, fotografieren, ich will, daß wir in die Zeitungen kommen. Damit wird allem unsinnigen Tratsch die Stirn geboten. Da ist von Selbstmord die Rede, den du angeblich begangen hast, und von Verrücktheit.

Barker, dein Sprachlehrer, ist angeblich nie ein solcher gewesen, sondern ein Nervenarzt, den ich dir mitgeben mußte und der dich ständig zu beobachten und zu kontrollieren hat. Und deine Hofdamen sind in Wirklichkeit stämmige Krankenschwestern. Sie haben stets eine Zwangsjacke bereit..."

„So eine Frechheit", stieß Sissy hervor.

„Daran bist du selbst, ist dein Verhalten schuld. Es ist kein Wunder, wenn böswillige Intriganten dergleichen in Umlauf setzen. Du gibst ihnen ja selbst die Gelegenheit, lieferst ihnen plausible Gründe. Ich habe das alles gelesen, man hat es mir vorgelegt! Solche Berichte finden täglich aus Wien den Weg in die ausländische Presse. Ich finde, daß dagegen etwas getan werden muß. Wir können uns das nicht länger bieten lassen."

„Aber du kannst doch dementieren!"

„Das tun wir seit Wochen, Tag für Tag. Man druckt es auch, aber man glaubt es nicht. Versieht vielmehr die Dementis mit Glossen!"

„Was für eine Frechheit", wiederholte sie. „Es ist ja zum Wirklich-verrückt-Werden!"

„Du siehst also, daß ich nicht ohne Grund hierhergekommen bin, um deine Ruhe zu stören. Es war notwendig, es war allerhöchste Zeit! Eine Kaiserin kann sich nicht so gehenlassen, wie du es tust. Damit machst du auch Sophie nicht wieder lebendig."

„Also schön", seufzte sie matt. „Und wohin sollen wir fahren?"

„Ich finde", sagte er, „das läßt sich mit Nützlichem verbinden. Du wirst noch heute oder morgen Doktor Widerhofer konsultieren. Nach seinen Vorschlägen richte ich mich. Aber es darf kein abgelegener Ort in den Karpaten oder sonstwo sein, wo uns niemand findet. Ich denke, er wird das Richtige treffen. Du kannst also auch wieder etwas für deine Gesundheit tun", lächelte er, „das hast du jetzt allem Anschein nach bitter nötig."

Doktor Widerhofer schlug anderentags eine Kur in Bad Kissingen vor. Das könne, so meinte er treuherzig, auch Seiner Majestät nicht schaden, der nervlich gleichfalls etwas angegriffen sei. In Bad Kissingen gebe es noble Hotels, allen Komfort, und ein vornehmes Publikum verkehre dort ebenfalls.

Bad Kissingen liegt im bayrischen Unterfranken, im Tal der fränkischen Saale, umgeben von Wiesen und Wald in einer anmutigen, erholsam wirkenden Landschaft. Die Leute dort lebten vom Obst- und Weinbau, auch gab es dort Sandsteinbrüche. Aber die Haupteinnahmequelle der kaum über viertausend Einwohner, welche das Städtchen zu Sissys Zeiten zählte, bildeten die Heilquellen, die zwar schon im neunten Jahrhundert bekannt, aber erst im sechzehnten von den Ärzten entdeckt und für ihre Heilzwecke reklamiert wurden. Seitdem hatte sich Kissingen nicht nur die Bezeichnung „Bad" zulegen dürfen, sondern es hatte sich tatsächlich zu einem mondänen Kurort entwickelt, der über exquisite Hotels, hübsche Parkanlagen und sogar über ein eigenes Theater verfügte.

In Kissingen trafen sich die feinen Herrschaften, die dort mit Hilfe der Quellen ihre Wehwehchen auskurieren oder auch bloß gesehen werden wollten. Denn es gehörte fast zum guten Ton, dort, wo Prinzen und Prinzessinnen, Kaiser und Könige auf den schattigen Parkwegen promenierten oder der Musik der Kurkapelle lauschten, zu verkehren. Auf den Fürsten Bismarck allerdings war in Bad Kissingen ein — glücklicherweise mißglücktes — Attentat verübt worden. Der Aufenthalt mußte also nicht immer unbedingt gesundheitsfördernd sein.

In und um Bad Kissingen sprudelten und perlten etliche Solquellen, wie der Rakoczy-, der Pandur-, der Max- und ernst war's nicht gemeint, aber lachen müssen hab' ich doch!"

„Dann erzählen S' es mir doch", bat Sissy. „Zu lachen hab' ich ohnedies so wenig."

Kathi, die Sissy ein wenig aufheitern wollte, ließ sich nicht zweimal bitten.

„Eines Tages bin ich" — so redete der Xandl — „durch den Schönbrunnerpark spaziert und treff' Seine Majestät, den Kaiser, in Zivil. Na, Seine Majestät und ich plaudern ein paar Wort' miteinander übers Theater, und dann is' er 'gangen, weil er g'sagt hat, daß er keine Zeit hat. Gleich d'rauf halt' mich ein Autogrammschnorrer auf, bittet mich um ein Autogramm und fragt: ‚Herr Girardi, Ihnen hab' ich gleich erkannt, aber wer war denn der Herr neben Ihnen? Ein Kolleg' vielleicht? Ich hab' ihn in noch keinem Stück spielen g'sehn!"

Wieder mußte Kathi über Girardis Scherz herzlich lachen. Mit dieser erfundenen Anekdote wollte er natürlich herausstreichen, daß sein Bekanntheitsgrad noch größer als der des Kaisers sei. Der Herr Girardi war eben eitel. Vergebens wartete Kathi darauf, daß Sissy in ihr Lachen einstimmen würde. Sie verzog nur ein wenig den Mund.

„Erzähln S' das lieber nicht meinem Franzl", riet sie, „der könnt' sonst bös' auf den Girardi werden."

Kathi machte eine wegwerfende Handbewegung.

„Seine Majestät kennt die G'schicht ja schon", erklärte sie, „ich hab' sie ihm längst erzählt."

„Und?" fragte Sissy. „Er hat sich geärgert, nicht wahr?"

„Geärgert? Keine Spur! Genauso g'lacht hat er wie ich und g'meint, der Xandl wär' doch ein rechter Hallodri."

Sissy schüttelte verwundert den Kopf. Insgeheim mußte sie feststellen, daß die „Freundin" ihren Gatten offenbar besser einzuschätzen wußte als sie selbst.

„Ich hätt's für ein bisserl riskant gehalten", meinte sie.

„Oh", sagte Kathi bloß, „da war gar nichts dabei. Seine Majestät versteh'n Spaß. Und was die Traubenkur angeht, so kann ich nur dazu raten! Die schlagt ganz bestimmt an. Die reifen Südtiroler Trauben, die großen, saftigen, wissen Majestät, das ist grad so, als ob da drin die Sonne vom vergangenen Sommer eing'fangt wär'."

„Das ist ein hübscher Vergleich", fand Sissy. „Und ich glaube, ich werde den Rat des Doktors befolgen und wirklich hinfahren. Aber vielleicht nicht in Meran wohnen, denn auf die vielen Leut', die man kennt, lege ich gar keinen Wert. Ich fahr' wegen der Trauben hin, wegen meiner Gesundheit und nicht, um mich angaffen zu lassen, wie's mir leider immer wieder so oft passiert."

„Na ja, ich bin halt eine Schauspielerin", meinte Kathi begütigend. „Und klappern gehört zum Handwerk, so ist das eben bei unsereins. Da kann es gar nichts schaden, wenn man gesehen wird, Leute trifft und das Fremdenblattl über einen schreibt, daß man wo abgestiegen ist. Und nachher kommt ein Zeitungsschreiber und macht mit einem ein Interview!"

„Haben Sie denn das nötig?" wunderte sich Sissy. „Sie brauchen sich doch um kein Engagement zu sorgen."

„Das nicht, das ist richtig. Aber wie g'sagt, ich bin Schauspielerin. Da braucht man sowas — als eine Art Bestätigung, daß man wer ist und was kann."

„Tja", sagte Sissy, „wenn das so ist ... Ich für meine Person wäre herzlich froh, wenn man mich einfach vergessen würde."

„Vergessen? Majestät, das wird man wohl niemals. Nein, man wird Majestät nicht vergessen, auch in ferner Zukunft nicht. Und immer haben Majestät wohl auch nicht so gedacht."

„Nun, als Kind hatte ich so meine Träume ... Als Mädchen hatte ich andere, aber sie haben sich nicht erfüllt. Ich wurde plötzlich vor die Aussicht gestellt, Kaiserin und Königin eines mächtigen Reiches zu werden. Das habe ich mir anders vorgestellt, als es später in Wirklichkeit wurde. Ich habe einsehen lernen müssen, daß eine Kaiserin manchmal weniger Freiheit hat als ihre eigene Kammerzofe. Diese darf wenigstens in ihrer Freizeit tun und lassen, was sie will. Bei einer Kaiserin ist das anders. Ihr wird selbst ein Reglement für die Nacht vorgeschrieben. Dann habe ich mir gewaltsam Freiheit verschafft — ich wollte das alles nicht akzeptieren, diesen verzopften Kram der Etikette, der mich wie ein Hauch von Moder und wie eine Zwangsjacke überall umgab und beengte."

„Das kann ich durchaus verstehen, Majestät."

„Sie können es — die meisten hier am Hof konnten es nicht. Sie fanden das unerhört, verstehen Sie? Unerhört und im höchsten Maße ungehörig für eine Kaiserin und Königin."

„Sie sind zu bedauern, Majestät."

„Das sagen Sie, weil Sie mich kennen. Die meisten aber halten mich für beneidenswert", bemerkte Sissy bitter. „Und vor allem in den Jahren, als ich noch gesundheitlich auf der Höhe war, mit den besten Reitern Englands um die Wette ritt und siegte, als ich auf unseren Jachten auf den Meeren kreuzte und den Stürmen Trotz bot. Damals wurde ich beneidet! Daß es nicht nur der Wunsch nach Freiheit und Unabhängigkeit war, sondern auch die Flucht vor einer goldenen Fessel, begriff niemand."

„Auch nicht Seine Majestät?"

„Oh, mein Mann stand doch stark unter dem Einfluß seiner Mutter. Heute weiß ich, daß sie es gut meinte — gut vor allem mit ihrem Sohn und dem Reich, in gewissem Sinn sicherlich auch mit mir. Sie wollte eben aus mir eine perfekte Frau auf dem Thron machen. Das ist ihr aber niemals gelungen. Es mag sein, daß mein Mann darunter gelitten hat, vor allem unter dem Zwiespalt zwischen seiner Mutter und mir. O ja, er war sicherlich auch zu bedauern; er tat mir leid, und er tut es heute noch. Doch ich dachte eben, als junges Mädel, das ich damals war, als er mich aus Possenhofen nach Wien holte, ich dachte, ich hätte einen Mann geheiratet, der zu der Frau steht, die er erwählt hat, weil er sie liebt. Statt dessen gab es ein ständiges Hin und Her zwischen mir und seiner Mutter."

„Aber das müssen Majestät doch verstehen. Er liebte auch seine Mutter, die Erzherzogin Sophie!"

„Ja, natürlich. Und das verstand ich auch. Ich hatte aber die Illusion, daß er mich mehr lieben würde als alles andere auf der Welt — das hat er zumindest behauptet, und ich glaubte es ihm."

Kathi lächelte weise.

„Majestät, was verliebte Männer behaupten, soll man niemals glauben. Zwar glauben sie in dem Moment, in dem sie so reden in ihrem blinden Überschwang, es meist wirlich. Das bewirkt auch, daß es so überzeugend klingt. Doch das hält nicht ewig an. Und dann kommt die große Ernüchterung — fast in jeder Ehe, Majestät, auch in einer kaiserlichen."

„Oh, mein Mann und ich lieben uns noch immer . . . Das macht ja gerade die Situation so schwierig. Ach, beste Baronin, manchmal scheint mir eben alles trist und ausweglos!"

„Aber wenn man liebt, Majestät — nach so vielen Jahren Ehe immer noch lieben kann und sich geliebt weiß —, dann ist man doch begnadet; ja, eine Gnade ist das, Majestät!"

10. Wilhelm kommt

Es stand also fest, daß Sissy den Herbst in Südtirol verbringen würde. Das Gefühl eines neuen, nahen Abschieds von Franzl versetzte sie in eine weiche und wehmütige Stimmung. Franzls Geburtstagsfest nahte heran; wieder würden Verwandte kommen und natürlich auch Marie-Valerie mit Mann und Kindern. Auch dies stimmte sie nachdenklich.

Warum konnte sie nicht so sein wie Kathi, die das Leben von der praktischen und angenehmen Seite zu nehmen verstand? Die war nun schon seit einer Ewigkeit von ihrem Mann getrennt. Der war nun in den Rang eines k.u.k. Generalkonsuls aufgerückt und lebte und wirkte jetzt als solcher auf Befehl des Kaisers in Algier. Er war ein geschickter Diplomat, hatte aber in Algier wenig Chancen, dies auch zu nutzen. Er kam fast nie nach Wien, und Kathi ebensowenig nach Algier — es war eine permanente Strohwitwenschaft, die Franzl nicht unangenehm war.

Denn Kathi war ihm nicht gleichgültig. Sissy wußte dies. Sie selbst hatte diese Freundschaft begünstigt, ja mitgeholfen, die Barrieren zu beseitigen, die Stellung und Moralbegriffe zwischen der Baronin von Kiss-Itebe und dem Kaiser Franz Joseph von Habsburg aufgetürmt hatten. Dadurch beggegnete sie dem Tratsch und schaffte sich selbst zugleich Freiräume.

Oft suchte sie in diesen Tagen das Gespräch mit Kathi. Ida von Ferenczy war, obwohl beurlaubt, doch für ein paar Tage aus echter Anhänglichkeit zu Sissy nach Ischl gekommen. Diese freute sich offen darüber, denn Ida gehörte zu den wenigen Menschen in der Hofburg und in Schönbrunn, die Kathi offen Sympathie und Wohlwollen bezeugten.

Denn die Tochter eines Geschäftsmannes aus Baden und Berufs-Komödiantin, die in den niederen Adel eingeheiratet hatte, war unleugbar eine Dame von Welt. Und ihre hohe Intelligenz, gepaart mit den bürgerlichen Ansichten ihres Elternhauses hatten in ihr ein Weltbild entstehen lassen, in dem das meiste im Sinne einer göttlichen Ordnung wohlgeordnet und überschaubar war. Es ähnelte sehr den Anschauungen Franzls. Sissys Welt sah hingegen anders aus;

doch sie achtete Franzls und Kathis zum Teil auch religiös verwurzelten Standpunkt, wenn sie ihn auch nicht teilen konnte.

So heil, wie die Welt von Kathi bei oberflächlicher Beurteilung aussah, war sie aber auch nicht. Schon gar nicht seit ihrer Heirat mit dem Baron Nikolaus. Denn da wurde ihr aus der Vergangenheit der Kiss-Itebe eine Last auf die Schultern gedrückt, die es ihr eigentlich ganz unmöglich hätte machen sollen, eine Vertraute und Freundin des Kaisers zu sein. Denn derselbe Kaiser hatte — erst neunzehn Jahre jung und ein Jahr auf dem Thron — seine rechte Hand mit dem Blut eines Kiss-Itebe befleckt; es war jene Hand, mit der er dessen Todesurteil unterschrieb. Ein Urteil, das am 6. Oktober 1849 auf der Festung Arad vollstreckt wurde.

Jahre später sagte Franzl mehr als einmal, er würde ihn mit eigenen Händen wieder ausgraben, könne er ihn damit wieder lebendig machen. Denn dieses Urteil war ein solcher folgenschwerer Irrtum gewesen.

Dieses Unglücksurteil erwähnte Franzl Kathi gegenüber nie; er fühlte sich schuldlos schuldig und trug schweigend daran. Er bemühte sich, das Wissen um dieses Vorkommnis, das nun schon so viele Jahre zurücklag, zu verdrängen, was ihm freilich nicht gelang, war es doch eines der deprimierendsten seiner Jugend und seiner eben begonnenen Regentschaft gewesen. Kathi wußte um seinen inneren Zustand. Doch sie war zu nobel, jemals auch nur ein Wort zu erwähnen. Es genügte ihr zu wissen, daß er bereute. Daß er dies tat, wußte sie aus Sissys Mund. Denn er hatte mit Sissy, vor allem in den jungen Jahren ihrer Ehe, oft genug darüber gesprochen. Und wenn sie der Baronin gegenübersaß, erinnerte sie sich manchmal an einen Spaziergang im Park von Laxenburg, bei dem das Thema jäh zur Sprache gekommen war.

Damals war es noch nicht lange her, die Wunde brannte und schmerzte noch in Franzls Seele. Manchmal flammte es hell auf, und dann brauchte er jemand, der ihm half, sich zu beruhigen. Nun hatte er ja seine Sissy.

Es war ein wunderschöner Sommertag, und der Park in all seiner Pracht umfing sie mit tausenden Düften und Vogelstimmen. Sissy schritt leichtfüßig an seiner Seite dahin, sie hatte den Sonnenschirm aufgeklappt, und ihre Augen konnten sich nicht sattsehen, denn hier war gepflegte, gezähmte Natur in einer Schönheit, die einfach überwältigend war. Das Herz ging ihr auf, und sie ahnte nicht, wie düster es im selben Moment in der Seele des geliebten Mannes aussah, der neben ihr über die Kieswege schritt. Sie schwieg in innerer Andacht und glaubte, sein Schweigen beruhe auf demselben Grund. Umso mehr erschrak sie, als er zu sprechen begann. Es war eine Art Beichte.

„Sissy", sagte er leise und blieb plötzlich stehen, „Sissy . . .!"

„Ja, was ist?" fragte sie ihn arglos. Doch als sie zu ihm aufsah, bemerkte sie das bleiche Gesicht des jungen Mannes und erschrak.

„Ist dir nicht gut?" fragte sie. „Wollen wir lieber umkehren, ins Schloß zurückkehren? Franzl, was hast du?"

„Nein, nicht ins Schloß", wehrte er ab. „Ich — ich möchte mit dir allein sprechen."

„Aber Franzl", rief sie aus übervollem, liebendem Herzen, „Franzl, was ist denn? Kann ich etwas tun?"

„Zuhören", antwortete er nur kurz. „Du mußt mir zuhören! Denn wenn ich mit meiner Mutter darüber rede, bekomme ich immer wieder die gleichen Antworten, die ich schon auswendig weiß."

„Was denn, mein lieber Mann?" drängte ihn Sissy zu reden. „Sprich dich aus — was quält dich denn so?"

„Was zum Ende des Ungarn-Aufstandes geschah", erklärte er bedrückt. „Der Tod der Offiziere, die in der Festung Arad gehenkt wurden; ich wollte das Todesurteil nicht unterschreiben. Aber man verlangte es von mir. Meine Berater, meine eigene Mutter — sie haben mich überredet; es sei notwendig, hieß es, der Kaiser müsse den Herren zeigen, er müsse seine Macht erkennen lassen. Es sei eine gerechte Strafe für das viele vergossene Blut der kaiserlichen Soldaten und der verbündeten Russen, in deren Gefangenschaft die dreizehn Aufrührer geraten seien. Nur so werde der Aufstand endlich erstickt! Die Rebellen, sagte man mir, müßten sterben, um weiteres Blutvergießen zu vermeiden."

Und er schilderte ihr, was damals geschehen war. Und später erfuhr Sissy noch weitere Zusammenhänge zum Schicksal der Familie Kiss, in die Katharina Schratt eingeheiratet hatte.

Franzls „Beichte" in Laxenburg bezog sich auf den Hinrichtungstod der dreizehn, die am Strang hatten sterben müssen. Ernö von Kiss war einer von ihnen. Er war der Onkel jenes Nikolaus, den Kathi heiratete.

Man schrieb das Jahr 1838, als Ernö von Kiss als Kommandeur eines königlichen Husarenregiments in Pension ging. Er war ein verdienter und schneidiger Offizier, darüber bestand kein Zweifel. Und ein Ungar, der seine Heimat über alles liebte.

Ernö von Kiss hatte auf seinem Gut schon zehn Jahre den verdienten Ruhestand genossen, als im Jahre 1849 die große Ungarnrevolution ausbrach.

Ein Jahr zuvor war die Revolution von Wien ausgegangen; hier hatte man gegen den Polizeistaat des Fürsten Metternich den Aufstand ausgerufen. Zwar wurde die Revolte niedergeschlagen, und die Rebellen wurden bestraft. Doch die Ungarn nutzten die schwierige Lage, um ihrerseits die Fesseln abstreifen zu wollen.

Politisch hatte diese schlimme Situation die Abdankung

Kaiser Ferdinands zur Folge; sein Neffe, der erst achtzehnjährige Franz Joseph, kam auf den Thron und trug dem Namen nach die volle Verantwortung für das, was nun geschehen sollte. Nämlich die Wiederherstellung der Machtverhältnisse und damit Ruhe und Ordnung im ganzen Land, sowohl in Österreich wie auch vor allem in Ungarn, wo die Lage am schlimmsten war. Der junge Kaiser sah sich vor einer schwierigen Aufgabe. Der Revolutionär Kossuth hatte es zuwege gebracht, daß der Reichstag in Budapest den König für abgesetzt erklärte und die Republik ausrufen ließ. Wer Patriot und in der Lage war, einen Säbel zu führen, griff zu den Waffen. Ernö von Kiss war unvorsichtig genug, es auch zu tun, obwohl er als alter Hase hätte ahnen können, wie sich die Lage entwickeln würde.

In der Hofburg regierte damals im Grunde Franz Josephs Mutter Sophie, sie hatte in Wahrheit das Sagen. Ihr zur Seite stand Fürst Schwarzenberg, der Feldmarschall Radetzky den Befehl gab, in Ungarn einzurücken und die Rebellion niederzuwerfen. Radetzky marschierte, und mit ihm der treue Kosakenbanus Jellacic. Doch es zeigte sich, daß die Ungarn gesonnen waren, jeden Fußbreit ihres Bodens mit ihrem Blut zu verteidigen.

Der in militärischen Dingen erfahrene, weil durch die k.u.k. Armeeschule gegangene, Ernö von Kiss wurde gehängt. Seine Güter wurden eingezogen. Dadurch kam die gesamte Familie Kiss nicht nur um einen Gutteil ihres Vermögens an Grund und Boden, sondern auch um die Erträge daraus, und es ging ihnen nicht eben blendend, als Kathi Schratt durch Heirat Baronin — und damit zugleich eine Verwandte des hingerichteten Rebellen — wurde.

Für Franzl waren es damals die ersten Todesurteile seines Lebens; von christlicher Denkart, wie er war, wollte er sie in Festungshaft umwandeln, zumal er sich an das Amnestieversprechen gebunden fühlte. Er wußte: man würde ihn

163

später einen Lügner heißen, und er würde von vornherein das Vertrauen einer Nation verlieren, die er nun regieren sollte.

Doch der bittere Kelch ging an ihm nicht vorüber. Man zwang ihm die Unterschriften ab. Jeder einzelne Schriftzug unter diesen unheilvollen Dokumenten wurde zu einem schmerzenden Brandmal in seiner Seele.

„Glaubst du, daß ich wirklich an deren Tod schuldig bin?" fragte er Sissy damals in Laxenburg, an jenem hellen, lichten Sommertag, an dem es doch in seiner Seele so dunkel war.

Sissy wußte hierauf keine Antwort. Sie meinte nur, da er so aufrichtig Reue zeige, würde ihm Gott wohl vergeben.

„Aber die Ungarn?" fragte er. „Können sie es jemals vergessen?"

Nein, das konnten sie nicht. Der auf ihn verübte Versuch eines Messerattentats im Jahre 1853 in Wien war der Beweis; das Attentat schlug fehl, Franzl wurde nur am Hals leicht verletzt und der Attentäter verhaftet. Janos Libenyi war ein junger ungarischer Schneidergeselle; tags zuvor hatte er sich auf dem Markt das Messer gekauft.

Und wieder unterschrieb Franzl gegen seinen Willen ein Todesurteil. Besuchte noch den Todeskandidaten, Reue im Herzen, in seiner Zelle. Verfluchte die Ohnmacht der Mächtigen. Und fand nächtelang keinen Schlaf . . .

Ernö von Kiss wußte genau, wie Radetzky operieren würde; schließlich hatte er ja die Strategie der Kaiserlichen auf deren eigenen Militärschulen erlernt. Er wurde für die Rebellenarmee bald ein äußerst wichtiger Mann. Daß sie fast ein Jahr lang gegen die anstürmenden Truppen des jungen Franz Joseph standhalten konnte, verdankte sie nicht nur dem Mut der Verteidiger, sondern zu einem Teil auch den Kenntnissen und der Tapferkeit des Ernö Kiss.

Er hatte schon neunundsechzig Lenze auf seinem grauen

Haupt, als man ihm den Generalshut darüberdrückte. Als General kommandierte er nun die revolutionäre Südarmee. Kossuth erkannte bald, was er an Herrn von Kiss hatte, und übertrug ihm im Jänner des blutigen Jahres 1849 den Oberbefehl über seine gesamten Streitkräfte.

Erst als Zar Nikolaus I. mit seinen wilden Kosakenreitern dem bedrängten jungen Franz Joseph zu Hilfe kam, gelang es der Übermacht, den Aufstand der ungarischen Rebellen niederzuwerfen. Die Kosaken errichteten auf den rauchenden Trümmern niedergebrannter Dörfer ein grausames Schreckensregiment — nicht in ihrem Namen, sondern in dem des Königs Franz Joseph.

Feldmarschall Radetzky, der in der Burg von Buda Einzug gehalten hatte, erließ ein königliches, Amnestie verheißendes Rundschreiben an die noch kämpfenden restlichen gegnerischen Truppen. Darin wurde im Namen Franz Josephs versprochen, mit jenen glimpflich zu verfahren, welche den aussichtslosen Kampf aufgäben und freiwillig die Waffen strecken würden.

Auf diese Zusage verließ sich auch Ernö von Kiss. Doch er mußte erfahren, daß er mit zwölf anderen als Haupträdelsführer der Rebellion von der Amnestie ausgenommen wurde. Nachdem sie sich ergeben hatten, wurden sie vor Gericht gestellt und zum Tode verurteilt.

Ein Schrei der Empörung ging durch ganz Ungarn. Und wie zu erwarten war, protestierte in Wien der Geschäftsträger der Vereinigten Staaten, denen an einer großen zentraleuropäischen Macht nichts lag und die — wie später in Mexiko — die Errichtung einer Republik unterstützten.

11. Seltsame Beziehungen

Ja, er hatte schlaflose Nächte verbracht, damals, als ganz Wien die Errettung seines jungen Kaisers feierte und Franzls jüngerer Bruder Maximilian für den Bau einer Gedenkkirche an der jungen Ringstraße zu sammeln begann, wobei er selbst als erster tief in seine eigene Kasse griff.

Die Votivkirche stand längst, von Janos Libenyi redete kein Mensch mehr, doch sein Tod lastete noch immer auf Franzls Gewissen, wie der der dreizehn anderen.

Hätte er — wäre er an Stelle dieser Ungarn gewesen — nicht genauso wie sie gehandelt?

Eines Tages fand Sissy auf seinem Schreibtisch einen aufgeschlagenen Schiller-Band; es kam kaum je vor, daß Franzl während seiner Arbeit etwas anderes tat, als eben zu arbeiten. Der Umstand, daß der Band dort lag, erstaunte sie deshalb, und sie las die aufgeschlagene Stelle. Franzl hatte sie angestrichen, jene Sätze, die ihn bewegten:

> Wenn rohe Kräfte feindlich sich entzweien,
> Und blinde Wut des Krieges Flamme schürt,
> Wenn sich im Kampfe tobender Parteien
> Die Stimme der Gerechtigkeit verliert,
> Wenn alle Laster schamlos sich befreien,
> Wenn freche Willkür an das Heil'ge rührt,
> Den Anker löst, an dem die Staaten hängen —
> Da ist kein Stoff zu freudigen Gesängen.

Das traf wohl zu. Und nun, da die angeheiratete Verwandte eines ungarischen Hochverräters die Freundin des Königs der Ungarn geworden war . . .?

Ach, Sissy erinnerte sich an ihre Freundschaft zu Julius Andrassy . . . war das nicht eine ebenso merkwürdige, seltsame Beziehung gewesen . . .?! — Freilich, dieser Beziehung verdankten die Ungarn den „Ausgleich".

Franzl aber war und blieb korrekt. Als Kathi bat, man möge doch den Kiss-Itebe nach der endlich erfolgten Rückgabe der nunmehr völlig desolaten Güter auch die Mittel für die notwendigen Investitionen bewilligen, indem man ganz oder wenigstens teilweise die aus diesen Gütern herausgewirtschafteten Erträge der letzten Jahre der Familie gleichfalls refundiere, hatte sie Franzl mit starrer Miene angehört und ihr erklärt, das sei keine Angelegenheit, in der er eine Entscheidung zu treffen habe. Da möge sich Baron Kiss doch an die ungarische Reichsregierung in Budapest wenden!

Nun war inzwischen viel Wasser die Donau hinuntergeflossen, die Frau Baronin ging beim Kaiser aus und ein, ebenso wie er bei ihr in der Gloriettegasse oder der Villa Felicitas; doch die Angelegenheit war noch immer ungarischerseits anhängig, Franzl rührte keinen Finger, um da etwas zu beschleunigen oder zu erwirken. Das hätte er als völlig unstatthaft empfunden, als eine private Protektion, die in seinen Augen ganz und gar unmöglich war.

Schließlich bekam ihr Gatte tatsächlich einen Bescheid aus Budapest. Nach Jahr und Tag wurde das Gesuch — abgelehnt...

Kathi trug es mit Fassung. Die Kiss-Itebe mußten auf dieses Geld verzichten. Was sie selbst betraf, so zahlte der Kaiser gelegentlich sogar Kathis Spielschulden in Monte; doch das stand auf einem ganz anderen Blatt.

Daß er sich dies heuer würde kaum leisten können, erfuhren Kathi und Sissy kurz vor seinem Geburtstag. Doch nur Sissy wußte den Grund. Er lag in einem neuerlichen Gratulationsschreiben aus München; und es kam von Marie, der Nichte der Kaiserin.

Es verdarb Franzl die Festesfreude ganz gründlich. Sissy vermochte kaum, ihn zu beruhigen. Er verhielt sich, als sei sie schuldig an der Existenz dieser schamlosen Verwandten.

Sie hieß mit vollem Namen Marie Louise Elisabeth, Freiin von Wallersee. Ihre Mutter war Schauspielerin, und sie war ein uneheliches Kind dieser Henriette Mendel, die sehr klug und gebildet war — aber eben nur die Geliebte des Herzogs Ludwig in Bayern, Sissys Bruder. Erst nach der Geburt der kleinen Marie ging der Herzog eine morganatische Ehe ein; die ganze Familie war sauer auf ihn, und es vergingen eineinhalb Jahre, bis die kleine Tochter endlich legitimiert und als „Freiin von Wallersee" ins Adelsregister eingetragen wurde. Eine ganz gewöhnliche Freiin — Tochter eines Herzogs und Nichte der Kaiserin Elisabeth von Österreich.

Es war nicht verwunderlich, daß sich die gutherzige Sissy dem beiseitegeschobenen Sprößling ihres Bruders verpflichtet fühlte. Sie selbst war es, welche die Heirat mit dem Grafen Georg Larisch zustande brachte und Marie eine anständige Aussteuer mit in die Ehe gab. Sie wurde schließlich beinahe eine Vertraute der Kaiserin, ihrer Tante. Doch nur beinahe — denn da bahnte sich etwas zwischen Marie und Sissys Sohn Rudi an, etwas, was nicht gutgehen konnte, umso weniger, als Sissy auch ihren Rudi „unter die Haube" gebracht hatte. Mit Stephanie, der belgischen Königstochter.

Marie befand sich eigentlich ständig in einer schwierigen Lage. Sie war sich ihrer Stellung durchaus bewußt, sah sich immer als eine Geduldete und vom Wohlwollen der kaiserlichen Familie Abhängige an. Doch was auch immer geschah — für die adeligen Familien blieb sie ein „Bastard", und sie erkannte, daß auch ihr Mann sie letztlich nur geheiratet hatte, weil er sich durch einen solchen Akt der „Herablassung" kaiserliche Gunstbeweise erhoffte.

Nach Maries damaliger Auffassung war also das Wohlwollen ihrer kaiserlichen Verwandten alles, worauf sich ihre Stellung und ihr persönliches Wohlergehen gründeten.

Wenn der Kronprinz damals diesen Wunsch geäußert hätte, wäre sie seine Geliebte geworden, vorausgesetzt, daß man es vor seinen Eltern und seiner Frau hätte geheimhalten können. Doch damals stand sein Sinn nach einer anderen jungen Frau, bei deren Mutter Rudis Cousine Marie aus und ein ging: der Baronesse Vetsera.

Sie konnte nicht wissen, wie die Sache enden würde, als sie einen abenteuerlichen Plan entwarf, um ihrem Cousin dieses Mädchen zuzuführen. Sie tat zwei Leuten damit einen Gefallen: Rudi und Mary, die ihrerseits — wie viele Mädchen in Wien — für den Kronprinzen schwärmte und sich ausgezeichnet fühlte, als er sich für sie interessiert zeigte. Für Mary gab es keine Bedenken, obwohl sie kurz vor einer sehr passablen Verlobung stand.

So hinterging die Gräfin Larisch quasi aus Gefälligkeit für ihren Cousin und die Tochter einer Freundin nicht nur diese, sondern auch die kaiserliche Tante, den Onkel und die Gattin ihres Cousins, mithin gleichzeitig die höchstgestellten Persönlichkeiten des Reiches. Und sie durfte sich danach nicht wundern, wenn sie des Landes verwiesen wurde und zudem auch noch ihr Mann, Graf Larisch, die Scheidung einreichte.

Marie aber sah sich als Opfer ihrer Bereitwilligkeit, es allen recht zu tun. Und dies schlug in Haß um. Sie fühlte sich zu Unrecht gedemütigt und verfolgt. Sie hatte nur Rudi zu einem Schäferstündchen verhelfen wollen und konnte nicht wissen, daß ausgerechnet in jener Nacht etwas so Schreckliches passieren würde.

Nun war sie verfemt und ausgestoßen. Und bereit auszupacken, was sie wußte. Und sie wußte eine Menge vom Wiener Hof und seinen Geheimnissen. Dieses Wissen zu Geld zu machen, lag nahe! Sie wollte es tun — so oder so. Und es stellte sich heraus, daß der Kaiser von Österreich erpreßbar war! Wäre er es gewesen, hätte er in allem und jedem ein reines Gewissen gehabt? Nicht die Nichte war es, die sich das fragte, sondern die Tante.

Die Rechnung der vormaligen Gräfin Larisch, jetziger verehelichter Bruck, ging auf. Der Kaiser zahlte wiederum.

Und konnte sich hernach keine teuren Ausgaben für seine Freundin leisten.

Ja, es gab seltsame Beziehungen innerhalb dieser Familie. Das zeigte sich so recht, als Kronprinz Franz Ferdinand in Ischl zur Gratulation eintraf, und während er diese aussprach, einem personifizierten Fragezeichen glich. Das Fragezeichen betraf die Komtesse Chotek. Die Zeit verging, er selbst wie seine erklärte Braut wurden nicht jünger und waren des Wartens müde. Franzl wußte wohl, was sein Neffe wissen wollte, aber nicht zu fragen wagte; und Sissy wußte es auch, wurde sie doch Zeugin dieser Szene.

„Tante", nahm sie Franz Ferdinand hilfesuchend nachher beiseite und sagte sonst gar nichts weiter; es klang traurig und bedrückt.

„Du siehst ja wieder gesund und prächtig aus", fand Sissy.

„Ja, es geht mir anscheinend gut — trotzdem", brummte der Thronfolger. „Wie ist es, Tante — weißt du etwas Näheres, wegen mir und Soph'?"

„Ich fürchte, ich werde den Tag nicht mehr erleben", gestand Sissy, „bis es mit euch beiden zum guten Ende kommt."

„Aber er weiß doch", stieß er hervor, „daß mich nichts in meinem Entschluß beirren kann! Ich habe sogar bereits die Möglichkeit einer heimlichen Eheschließung im Ausland erwogen."

„Damit würdest du dir nur alles verderben", warnte ihn Sissy. „Sei klug. Gib nicht auf! Laß dich zu nichts verleiten, was du später bereuen müßtest. Nur jetzt keine Unüberlegtheit, lieber Franz! Es wird schon werden."

„Es wird schon werden! Wie du das sagst, verehrte Tante, wie du das sagst! Es geht um mein und Sophies Lebensglück. Bei dem schweren Amt, das ich auszuüben gedenke, brauche ich ein Heim, eine Familie, eine Frau an meiner Seite wie Soph'. Ich brauche das alles, denn ich bin ein Familienmensch. Nur wenn ich daheim einen ruhigen und sicheren Hafen habe, werde ich durchstehen können, was — und das weiß ich genau, und du weißt es auch, liebe Tante — auf mich zukommen wird, wenn —"

„— wenn du als Kaiser und König in die Tat umsetzen willst, was mein Sohn, dein Freund, geplant hat."

„Europas Vereinigte Staaten", brummte er. „Es ist die einzige Chance, die einzig mögliche Zukunft für die Monarchie!"

„Du wirst mächtige Feinde haben, Franz Ferdinand", meinte Sissy nachdenklich.

„Die mächtigsten der Welt! Aber der Herrgott wird mir zu Seite stehen. Und — meine Sophie, die er mir geschickt hat. Aber wer weiß, ob ich es überhaupt werde tun können . . . ob es mir nicht ebenso geht wie Rudi. Man hat mich bereits gewarnt", setzte er im Flüsterton hinzu.

Sissy horchte auf: „Wie?" fragte sie erstaunt.

„Ja", nickte er kurz, „aber erzähl es bitte nicht weiter und vor allem Soph' nicht, falls du einmal mit ihr reden solltest. Ich möchte niemand beunruhigen. Weißt du, ich habe einen Dickschädel, und so leicht lasse ich mich nicht ins Bockshorn jagen. Jetzt erst recht nicht — ich weiß nämlich nun, daß Rudi sich nicht irrte, und daß ich auf dem richtigen Weg bin."

„Das bist du", sagte Sissy überzeugt.

„Übrigens, Tante", fuhr er fort, „was denkst du eigentlich über das Verschwinden von Toskana?"

Damit meinte er Erzherzog Johann, Rudis anderen Freund, der mit seinem Schiff auf dem Ozean verschollen war.

„Was meinst du?" fragte Sissy.

„Glaubst du daran, daß die Santa Margaritha unterging und mit Mann und Maus am Kap Hoorn versank? So ganz ohne auch nur die geringste Spur zu hinterlassen — nicht einmal einen Rettungsring?"

„Man hat bis jetzt nichts gefunden", erklärte Sissy. „Aber der Kaiser hat eine Kommission eingesetzt, welche noch immer nach Spuren sucht und Meldungen überprüft."

„Damit werden die Herren dieser Kommission lebenslänglich versorgt sein und hernach auf Staatskosten in Pension gehen können", knurrte er, „ohne je etwas in Erfahrung gebracht zu haben."

„Du vermutest also auch im Fall von Johann Orth ein Attentat?"

„Was denn sonst", knurrte er. „Auch er wußte eine ganze Menge . . . und seiner armen Milli ist es ergangen wie Mary Vetsera. Sie war mit auf dem Schiff und mußte mit sterben."

„Aber das ist nun wirklich nicht sicher", wehrte Sissy ab. „Siehst du in diesem Fall nicht ein wenig schwarz, Franz Ferdinand? Es lauern nicht an allen Ecken und Enden Verräter, Rebellen und Attentäter."

„Doch, Tante, doch!" rief er aus. „Sie lauern. Und wir müssen auf alles gefaßt sein. Auch du."

„Ich? Aber was habe ich denn damit zu tun? Ich mische mich nicht mehr ein in die Politik, schon lange nicht."

„Das spielt doch diesen Menschen gar keine Rolle — du bist Kaiserin, das genügt!"

So kam Franzls Geburtstag heran. Die Kaiservilla füllte sich wie alljährlich mit Gästen. Marie-Valerie kam mit Kindern und Mann, und in Ischl gab es Girlanden, Glockengeläut und Böllerschüsse. Ganz Ischl war auf den Beinen, und die Pfarrkirche wie immer zu klein für den Anlaß; aber der Herr Pfarrer predigte so rührend, daß es Franzl selbst das Wasser in die Augen trieb. Hatte der geistliche Herr sich doch eine uralte bayrische Handschrift aus dem Ende des achten Jahrhunderts, die im Kloster Weißenbrunn entdeckt worden war, zum Thema genommen.

„Das erfragte ich unter den Menschen als der Wunder größtes, daß die Erde nicht war noch der Himmel oben, noch Baum noch Berg noch kein heller Stein, noch Sonne nicht leuchtete noch der Mond, noch die herrliche See war. Als da nichts war, Enden noch Wenden, da war der eine, allmächtige Gott —"

Zu ihm betete Franzl, daß er ihn in all den Wirren seiner Zeit behüten und beschützen möge. Ihn und die Seinen, besonders aber Sissy, die ihm Sorgen machte.

Und er betete noch um eine Spanne ruhiger Zeit für die Völker seiner Monarchie, für deren Wohlstand und Frieden. Und bat um Vergebung, falls er, der Diener, gefehlt haben sollte. Er wollte das Beste, war aber doch nur ein Mensch.

Und Sissy kniete neben ihm in der Kirchenbank, Franz Ferdinand hinter ihnen. Der Duft von Weihrauch und Blumen wehte ihnen zu vom Altar.

Draußen war Sommer, der Herbst aber schon nah. Die Schnitter arbeiteten schon auf den Feldern.

Dritter Teil

1. Süße Trauben in Meran

Sissy fuhr nach Südtirol an den Karersee und dann zur Traubenkur nach Meran. Voll Unternehmungslust machte sie fast täglich Ausflüge in die wunderschöne Umgebung der Stadt und dachte dabei immer wieder an den harmonischen Ausklang der Festtage von Ischl.

Der Abschied war ihnen beiden schwerer als sonst gefallen, und sie waren wieder näher aneinandergerückt. Keiner hätte zu sagen vermocht, woran es lag, aber jeder hatte Tränen in den Augen, als sie voneinander schieden, und sie suchten es nicht zu verbergen.

„Leb wohl, mein Engel", sagte Franzl gerührt und zog sie an sich, um sie zu küssen.

Schmal und zerbrechlich, wie sie war, hielt er sie länger als nötig in seinen Armen.

„Servus, Löwe", hauchte sie, „bleib mir brav und gesund. Wir sehen einander ja bald wieder."

„Hoffentlich", brummte er. „Bei dir weiß man das nie. Du bist wie eine Schwalbe, immer noch. Man kann dich nicht festhalten."

„Das will ich auch gar nicht — festgehalten werden", lächelte sie unter Tränen, und daraufhin ließ er sie los.

Sie erwiderte nun aber erst recht seinen Kuß, zog ihn selbst an sich, und er atmete noch einmal den Veilchenduft ihrer Kleider; der Duft blieb an ihm hängen, als sie schon den Zug bestiegen hatte und aus dem Schornstein der Lokomotive der Rauch emporzischte.

Auch Franzl blieb nicht mehr in Ischl. Er hatte keine Traubenkur vor sich, vielmehr eine Reihe wenig erbaulicher Pflichten. Darunter die des bevorstehenden Staatsbesuches des deutschen Kaisers Wilhelm, des Säbelraßlers.

Der gute Wilhelm, der nach den Wünschen und Vorstellungen der Schönerianer der Souverän des gesamten deutschen Sprachraumes werden sollte. Er unternahm auch alle Anstrengungen, den Hohenzollern diesen Machtbereich zu gewinnen, stand aber mit diesen Ansprüchen in krassem Gegensatz zu den Interessen der Habsburger. Bismarck war es bereits gelungen, daß nun Wilhelm und nicht Franz Joseph die deutsche Kaiserkrone trug.

Wilhelm, ein Wolf im Schafspelz, war als Verbündeter mit höchster Vorsicht zu genießen. Und redete er sonst im allgemeinen große Worte in bezug auf die Einigkeit aller Deutschen — womit er sie unter seiner eigenen Krone versammelt sehen wollte und auch die deutschsprechenden Österreicher meinte —, so galt seine nunmehrige Visite ausgerechnet den Ungarn; er wollte sich in Budapest aufgrund des Beistandsvertrages mit Österreich-Ungarn die Schlagkraft der tapferen ungarischen Monarchie sichern, deren Militär schließlich in das Bündnis mit einbezogen war.

Um jedoch dem Großmaul Wilhelm die Grenzen seiner Macht deutlich zu machen, wollte ihm Franzl, wie Nikolaus II. in Petersburg, die Schlagkraft seiner Truppen beim Herbstmanöver in Totis demonstrieren. Es würde demnach ein recht heikler Staatsbesuch werden.

Sissy würde sich unterdessen an Meraner Trauben laben dürfen. Sie hatte keinen Zweifel gelassen, daß sie zu den Feierlichkeiten nicht nach Budapest kommen würde, sondern es lieber vorzog, dem Wilhelm nicht zu begegnen.

„Ich wollt', ich könnt' das auch", seufzte Franzl neidvoll, aber es sollte ihm, wie so manches andere, nicht erspart bleiben.

Immerhin würde sie aus der Ferne an den Vorgängen in Budapest Anteil nehmen, denn es ging um Ungarn, und alles, was damit zusammenhing, ließ sie auch jetzt nicht ganz unbeteiligt. Sie hatte noch immer ein Herz für diese Nation, die sie von Anfang an mochte und schätzte.

Daß es nach den schrecklichen Ereignissen des Aufstandes und denen, die darauf folgten, allmählich wieder zu einer Annäherung zwischen Budapest und Wien gekommen war, ja, daß man ihr und ihrem Franzl sogar huldigte und zujubelte, war ihr Verdienst, das wußte auch er. Sie hätte für Franzl wohl auch die italienischen Provinzen erobert — als zauberhafte, charmante junge Frau, die sie damals gewesen war. Doch dazu sollte es nicht kommen. Die Politiker am grünen Tisch verdrängten, wie so oft, die Politik des Herzens. Statt Sympathie hatten sie Dekrete und statt Menschlichkeit Kanonenkugeln anzubieten. So gingen die italienischen Provinzen verloren, wie es Sissy vorhergesehen hatte. Und hier, in Meran, empfand sie dies nun besonders bitter.

Sie hatte Solferino nicht vergessen. Diese Schmach, die ihrem Franzl und seinem Haus angetan worden war, hatte sie hautnah miterlebt — in den Lazaretten, in denen sie selbst die Verwundeten besucht und gepflegt hatte.

Unter ihren Begleitern bei ihrem Südtiroler Kuraufenthalt befand sich — wie schon so oft — die Gräfin Sztaray, die brav und ergeben mithielt, wenn es Sissy zu stundenlangen Spaziergängen in die Umgebung trieb.

Es war nun schon Mitte September, und Franzl traf in der ungarischen Hauptstadt die letzten Vorbereitungen für den Besuch des deutschen Kaisers. Wilhelm wurde für den einundzwanzigsten September erwartet und würde drei Tage bleiben. Danach durfte Franzl wieder zurück nach Wien, wo inzwischen die Arbeit gewiß nicht weniger geworden war und die unerledigten Akten sich auf seinem Schreibtisch in der Hofburg vermutlich türmen würden.

„Er könnte doch nachher", meinte Sissy zu Irma, „für ein paar Tage hierher nach Meran kommen. Nach Wilhelms gehaltvollen Reden hat er gewiß eine Erholung nötig."

„Er wird nicht können, Majestät", vermutete die Sztaray. „Majestät wissen doch, wie es mit seinen Staatsgeschäften ist. Aber Majestät können ihm ja schreiben; wir werden sehen."

Und das tat Sissy wirklich. Ihr Brief tat Franzl wohl. In dem Budapester Wirbel wehte ihn ein Hauch erholsamer Meraner Luft an, und er verspürte nach der Lektüre von Sissys Zeilen wirklich große Lust, alles liegen und stehen zu lassen und zu ihr zu fahren — mochte den Wilhelm empfangen, wer immer es wolle.

Aber natürlich ging das nicht. So einen Eklat konnte man sich nicht leisten. Doch es war schön zu spüren, daß sie so an ihn dachte und ihn wieder in ihre Nähe wünschte. Und tatsächlich — der Briefumschlag, welcher das Delphin-Wappen des Achilleion trug, duftete nach ihrem Parfum, nach Veilchen! Er hielt ihn lange in Händen, bevor er ihn beiseite legte, um ihn hernach in einer Schatulle aufzubewahren. So, wie er es mit allen ihren Briefen tat. Er hütete sie wie Schätze. Er betrachtete die Züge ihrer Schrift. Sie wirkten gebrochen, zittrig, nicht mehr so klar und zielstrebig wie früher. Das erschreckte und verwirrte ihn.

Ohne daß Sissy es ahnte, verriet ihre Schrift ihm einiges. Ihre nervöse Überreiztheit sprach aus diesen Zeilen, ebenso wie ihre innere Unrast, die ihn immer wieder mit Besorgnis erfüllte. Wo gab es hierfür Linderung, Heilung?

Sie hatte Meran hauptsächlich wegen ihrer Gicht aufgesucht. Die Traubenkur sollte helfen und auch nervlich beruhigend auf sie einwirken. Außerdem gab es in Meran jede Art von Bequemlichkeit. Der hübsche, an der Passer nahe der Etschmündung am Fuß des Küchelberges liegende Kurort bot auch ein reiches kulturelles und gesellschaftliches Leben; man konnte es dort wirklich einige Wochen aushalten.

Franzl hoffte das Beste und schrieb an Sissy, er könne leider nicht kommen, der „Willem" aus Preußen werde ihn in Anspruch nehmen und danach auch noch das rumänische Königspaar. Vielleicht hätte er dann auch eine Kur nötig.

Aber sie möge doch die Ratschläge ihrer Ärzte befolgen und auf sich achtgeben. Sissy war gehorsam. Sie unterzog sich willig den ihr verordneten gymnastischen Übungen und aß die vorgeschriebenen Mengen von Trauben. Sie durfte keine fetten, mehligen oder blähenden Speisen essen, wozu sie ohnedies keine Lust verspürte, und hoffte auf eine günstige Wirkung der Kur auf Nerven und Magen.

Meran bot auch in anderer Hinsicht mehr als die beiden anderen Traubenkurorte, die zu Sissys Zeit bekannt geworden waren: Dürckheim in der Rheinpfalz und das schlesische Grünberg. Meran war ein Brennpunkt Tiroler und somit österreichischer Geschichte. Die Steine dieser alten Stadt hatten viel gesehen und wußten vieles zu erzählen. Sissys reger Geist fühlte sich dadurch angeregt und von trüben Gedanken befreit.

Oft durchwanderten sie Seite an Seite die Arkaden der Altstadt, blieben vor den Schaufenstern der Verkaufsgewölbe stehen und ließen sich vom Getriebe des lärmenden Blumenmarkts gefangennehmen. Sie besuchten den Konvikt der Benediktiner und das Mädchengymnasium der englischen Fräulein, die alte, aus dem fünfzehnten Jahrhundert stammende landesfürstliche Burg und beteten in der dortigen Kapelle, deren schöne Fresken die Trauung der Margarete Maultasch mit Ludwig von Brandenburg darstellten.

Die Sonntagsmesse hörte Sissy in der Stadtpfarrkirche, die immer gesteckt voll war. Es war die Herbstsaison. Zu den damals knapp zehntausend Einwohnern kamen noch rund sechstausend Kurgäste hinzu, welche die Fremdenzimmer und Hotels belegt hatten.

Natürlich durften Besuche auf den Schlössern Tirol und Schönna, wo sich das Mausoleum des Erzherzogs Johann befand, nicht fehlen.

Das schöne, anmutige Land, das in den Farben des Herbstes prangte und auch in seinem angenehmen Klima so wohltuend und beruhigend wirkte, war ein prächtiges Stück Österreich. Und Irma Sztaray konnte sich die Frage nicht verkneifen, warum man denn auf Korfu hatte bauen müssen, wenn es so nah und innerhalb der eigenen Grenzen so herrliche Fleckchen unter Gottes Himmel gäbe.

„Und nun ist das Achilleion ein Klotz am Bein; Majestät werden es womöglich nie mehr besuchen, doch die Erhaltung kostet Geld und die Verwaltung Mühen!"

„Ich weiß, Irma, ich weiß", meinte Sissy nicht ohne Verlegenheit. „Die Hoffnungen, die ich in mein Haus auf Korfu setzte, haben sich nicht erfüllt. Das Achilleion war eine kostspielige Enttäuschung. Ich dachte, dort vielleicht meinen Lebensabend zu verbringen. Mehr noch — ich wollte sogar dort begraben sein. Doch nun, Irma, steht mein Sinn nach einem anderen Ort für meine letzte Ruhe. Sie wissen, welchen ich meine."

„Das Plätzchen unter dem Fenster in der Kapuzinergruft", nickte die Sztaray. „Majestät sollten jetzt nicht daran denken. Bis dahin ist noch viel Zeit."

„Wer weiß", meinte Sissy nachdenklich. „Vielleicht kommt der Moment früher, als wir denken, daß man dort meinen Sarg neben den von Rudolf stellt."

„Aber Majestät! Doch nicht wieder solch trübe Gedanken! Sehen Sie doch nur, all das Leben ringsum, das ist die Wirklichkeit!"

„Ich weiß", lächelte Sissy nachsichtig. „Sie meinen es gut mit mir — viel zu gut, ich verdiene das gar nicht. Irma, Sie haben mit mir in rührender Weise Geduld. Wenn ich zurückdenke — all die Jahre, die wir mitsammen verbracht haben! Da haben Sie wohl einiges auszustehen gehabt!"

Irma Sztaray schoß das Wasser in die Augen.

„Aber ich liebe doch Eure Majestät", gestand sie mit zittriger Stimme. „Von diesen Jahren, die Sie eben erwähnen, möchte ich keinen Tag missen! Gott hat mich Eurer Majestät zur Seite gegeben. Dafür bin ich ihm unendlich dankbar! Ich weiß den Vorzug wohl zu schätzen, fast immer in der Umgebung Eurer Majestät sein zu dürfen. O nein, sagen Sie nichts — es war schön und ist schön. Und ich hoffe, es wird noch recht lange so bleiben! Ich wüßte nicht, was ich ohne Eure Majestät anfangen sollte, ich meine, was ich tun, wie ich weiterleben sollte, wenn eines Tages..."

Die Stimme versagte ihr.

„Treue Irma Sztaray!" Sissy strich der Gräfin über die Hand.

So saßen sie Seite an Seite auf einer Bank des Kurparks in Meran, und die „Geheimen", welche für die Sicherheit der Kaiserin zu sorgen hatten, hielten sich diskret hinter Palmen versteckt im Hintergrund.

Abends besuchten sie eine Vorstellung in dem von Ferstel erbauten Theater; man gab ein Lustspiel, nichts sonderlich Aufregendes, die Handlung und die Pointen plätscherten leicht dahin. Auf der Bühne agierten Schauspieler, die man von Wien her kannte, wenn auch nicht gerade vom Burgtheater.

Die Zeitungen berichteten schon von dem bevorstehenden Kaisertreffen in Budapest. Franzls Briefe ließen eine gewisse Hektik erkennen; sie kamen bereits aus der Budapester Burg. Er schrieb trotz aller Arbeit täglich.

In Meran hatte man sich an die Anwesenheit der Kaiserin gewöhnt; sie verbat sich jegliche offizielle Beweihräucherung und wollte nichts anderes als einer von vielen Kurgästen sein, die hier Heilung suchten. Natürlich machte die Kurverwaltung mit Sissys Anwesenheit Werbung: Man konnte in den Bulletins des Fremdenblattes lesen, was die „Gräfin Hohenembs" tat und welche Orte sie besucht hatte — fast immer heftete sich ein Berichterstatter in respektvoller Entfernung an ihre Fersen. Doch auch das konnte ihren Aufenthalt nicht trüben.

183

2. Jagdschloß-Gäste

Während in Budapest die Vorbereitungen für zwei Staatsempfänge auf Hochtouren liefen — denn nach Kaiser Wilhelm wurde auch das rumänische Königspaar erwartet —, mußte Franzl vorher noch nach Totis, wo heuer die Herbstmanöver abgehalten werden sollten. Fürst Eszterhazy hatte sein Schloß als Hauptquartier zur Verfügung gestellt, und hier trafen Franzl und Wilhelm, der Gast bei den Manövern war, zusammen.

An der sehr langen Tafel im Jagdschloß speisten der Feldzeugmeister, Freiherr von Beck, und Edmund von Krieghammer, der Kriegsminister, mit den beiden Monarchen.

„Krieghammer — Krieghammer", schnarrte Wilhelm amüsiert. „Das ist der richt'che Name für 'nen Kriegsminister. Hoffentlich haut er auch feste druff, wenn's in die Schlacht geht!"

Davon wollte er sich am folgenden Morgen überzeugen. Franzl ritt noch immer in schneidiger Haltung wie ein Junger ins Manövergelände hinaus, begleitet von Wilhelm, der kritisch die Übung beurteilte.

„Man kann sagen, was man will", meinte er skeptisch, „die Österreicher sind ja nicht gerade schlecht, aber meine Preußen schießen besser!"

Die alljährlich an einem anderen Ort der Monarchie stattfindenden Herbstmanöver, die auch stets mit anderen Truppenteilen abgehalten wurden, dienten nicht nur Soldaten und Offizieren zur Übung. Sie sollten vielmehr den Monarchen von der Schlagkraft seiner Truppe unterrichten. Tatsächlich klappte diesmal nicht alles, was den Herren Offizieren der Anwesenheit der „Allerhöchsten Majestät" wegen Kopfzerbrechen bereitete.

„Na", meinte Wilhelm zu Franzl tröstend, „nimm's nicht

krumm, Kamerad... Auf der Jagd nachher zielen wir beide bestimmt besser!"

Die sollte bei Schloß Körösöderö stattfinden. Dort wollte man — als Gäste von Erzherzog Friedrich — zwischen Manöver und Staatsempfang eine kleine Verschnaufpause einlegen.

Franzl ahnte nicht, daß ihn dort eine Überraschung erwartete.

Traf er doch im Jagdschloß einen wirklich unerwarteten Gast der erzherzoglichen Familie an: die Komtesse Chotek. Noch vor nicht allzu langer Zeit hatte man sie, die in Preßburg bei Friedrichs Töchtern als Hausdame gearbeitet hatte, mit Schimpf und Schande aus dem Haus gejagt. War doch Friedrichs Gattin, die Erzherzogin Isabella, durchaus der Meinung gewesen, daß die häufigen Besuche Franz Ferdinands einer ihrer Töchter gelten würden. Als sich aber dann herausstellte, daß dies ein arger Irrtum war und die Besuche des Thronfolgers vielmehr der Hausdame galten, war der Teufel los, und im ersten Zorn wurde Sophie kurzerhand des Hauses verwiesen.

Nun aber lagen die Dinge anders. Möglicherweise wurde die fristlos Entlassene eines Tages gar Kaiserin von Österreich und Königin von Ungarn, obwohl dem noch arge rechtliche Hindernisse entgegenstanden. Doch selbst wenn sie nicht zu solchen Würden gelangte, würde sie doch als Gattin des künftigen Kaisers und Königs eine äußerst einflußreiche Persönlichkeit.

Friedrich sah die Dinge nüchtern genug. Er kannte den Dickschädel Franz Ferdinands zur Genüge. Der würde seinen Kopf durchsetzen, koste es, was es wolle! Und war das erst einmal so, dann war das schlimm; denn er war nicht nur dickköpfig, sondern auch nachtragend.

Friedrich machte seiner säuerlichen Isabella daher klar, daß es höchste Zeit wäre, die leidige Angelegenheit mit der

Komtesse Chotek irgendwie wieder ins rechte Lot zu bringen. Und was ließ sich Besseres tun, als hier quasi den Wünschen des Thronerben Vorschub zu leisten? Der Kaiser und die Komtesse sollten einander wie durch Zufall kennenlernen . . .

Die Komtesse wunderte sich nicht schlecht, als sie die Einladung des Erzherzogs erhielt. Im ersten Moment sträubte sich ihr Stolz dagegen, auf den Vorschlag einzugehen. Doch sie besann sich anders. Da war wirklich eine Chance; die wollte sie wahrnehmen!

Mit klopfendem Herzen packte sie ihre Koffer und fuhr mit einem flauen Gefühl im Magen nach Ungarn. Schon das Wiedersehen mit der Erzherzogin, die gewiß noch immer nicht gut auf sie zu sprechen war, würde sie Überwindung kosten. Mit Friedrich würde es sicher keine Probleme geben, das war ganz klar, denn schließlich ging ja die Initiative zu einem Treffpunkt von ihm selbst aus.

Und dann kam der große Moment: die Begegnung mit dem Kaiser. Auge in Auge sollte sie jenem Mann gegenüberstehen, dessen Korrektheit allgemein bekannt war und der nichts anderes gelten lassen wollte als Ordnung, Recht und Pflicht. Dieser Mann hatte bisher stets sein Veto eingelegt, wenn es um ihre und des Kronprinzen Heiratspläne ging. Hatte der Pflichtmensch Franz Joseph denn kein Herz? Das war doch ganz und gar unmöglich. Wenn sich Sophiens Verlobter Franz Ferdinand der Unterstützung durch Sissy versichert hatte, dann wollte sie, Sophie, es direkt beim Kaiser versuchen. Er konnte doch unmöglich — wie seine Gegner behaupteten — ein lebendes Monument aus Stein sein!

Franz Joseph war ein begeisterter Jäger; die Jagd versetzte ihn immer in gute Laune. Hier, in der freien Natur, taute er im allgemeinen auf. Was die Komtesse jedoch nicht bedachte, war der Umstand, daß diese günstige Atmosphäre leicht durch die meist recht lautstarke Anwesenheit des Kaisers Wilhelm empfindlich getrübt werden konnte. Das wurde ihr erst durch die Begrüßung des Erzherzogs bewußt, der ihr nun ausführlich erzählte, wer noch als Gast erwartet wurde.

Dieses Unbehagen verstärkte sich, als sie der Herrin des Hauses gegenübertrat. Die lächelte gezwungen, und auch Sophie war verlegen. Sie wechselten dann einige Worte über das Wetter, die über die Peinlichkeit der Szene hinweghelfen sollten. Der Erzherzog rettete die Situation mit einem Scherz und rief nach der Dienstmagd, die Sophie auf ihr Zimmer geleitete.

„Sie haben zweimal Gelegenheit, Seine Majestät zu sehen und zu sprechen", sagte ihr Friedrich später, als sie wieder in die Halle hinunterkam, „abends, bei der Begrüßung, wo ich Sie vorstelle — ich habe mir schon einen Plan zurechtgelegt, wie ich Ihre Anwesenheit erklären kann —, und dann morgen Mittag in der Jagdhütte, wo es einen Imbiß für den Kaiser und die Jäger gibt."

„Und Wilhelm?" fragte Sophie.

„Er trifft gleichfalls hier ein. Dadurch sind Ihre Möglichkeiten begrenzt — wie ich Wilhelm kenne, wird er Franz Joseph und mich durchaus mit Beschlag belegen."

„Und welches ist nun der offizielle Grund meiner Anwesenheit?"

Der Erzherzog lächelte schlau.

„Sie holen sich Sachen ab", meinte er, „die Sie noch aus der Zeit Ihrer Tätigkeit bei meiner Familie vermissen; wir konnten Sie Ihnen nicht zusenden, weil sich jetzt erst herausgestellt hat, daß sich hier auf Köröserdö einiges befindet, was möglicherweise Ihnen gehört . . . und außerdem könnte sich da die Gelegenheit ergeben, den Frieden wieder herzustellen."

Sophie lächelte warm.

„An mir soll's nicht liegen, daß er wieder hergestellt wird", meinte sie.

„Das glaube ich, Komtesse", meinte Friedrich besorgt, „doch was Ihren Herrn Bräutigam, meinen Neffen, angeht, so habe ich da gewisse Bedenken . . ."

„Kaiserliche Hoheit mögen sich da auf mich verlassen", versicherte jedoch Sophie. „Ich habe ihm ja bereits geschrieben. Es ist zwar noch keine Antwort eingetroffen, ich bin aber sicher, daß er unsere kleine List billigt."

„Das wird er — wenn sie Erfolg hat", meinte der Erzherzog. „Na, warten wir also auf meinen kaiserlichen Verwandten und hoffen wir das Beste . . ."

Sophie schickte ein Stoßgebet zum Himmel. Sie war aufgeregt, und die Minuten bis zur Ankunft des Kaisers schienen ihr mit bleierner Langsamkeit dahinzurinnen.

Wie würde er die Begegnung aufnehmen? Würde er etwa das Spiel durchschauen und womöglich ungnädig sein? Oder würde es ihr gelingen, ihn von ihrer ehrlichen Liebe zu Franz Ferdinand zu überzeugen? — Sie begehrte nichts, keinen Titel, keinen Anspruch auf den Thron. Aber Franz Ferdinand war ein von so vielen verkannter und innerlich einsamer, verletzlicher Mann, der sie brauchte. Und sie, sie hatte, an Jahren kein junges Mädchen mehr, als sie ihn kennengelernt hatte, das beglückende Gefühl erfahren, geliebt und begehrt zu werden. Und für etwas wirklich nütze zu sein.

Indem sie ihr künftiges Leben diesem Manne widmete — diente sie da nicht zugleich auch Franz Josephs Interessen? Und galten diese Interessen nicht dem Wohl der Monarchie? — Dagegen standen doch nur papierene Paragraphen! Es mußte dem Kaiser doch möglich sein, sie zu Fall zu bringen oder eine Ausnahme zu machen — nur dieses eine, einzige Mal!

Über den Wäldern senkte sich die Sonne schon früh. Es war Herbst, die Mitte des Monats September bereits überschritten. Ein kühler Hauch wehte durch den Forst, und die bunten Blätter fielen, ein stiller Reigen, den Waldboden bedeckend.

Von ihrem Fenster aus sah Sophie die Kutschen vorfahren. Friedrich und Isabella standen vor dem Haus auf der Treppe und begrüßten den Kaiser und seine Begleitung. Es sah nach Herzlichkeit aus. Im Schloß wurde es hernach sehr lebendig; Koffer wurden geschleppt, Türen zugeschlagen, Stimmengewirr erfüllte die Treppen und langen Gänge des alten Baus. Die unzähligen Jagdtrophäen, welche die teppichbelegten Bogengänge und Treppen schmückten, zeugten vom Jagdglück mancher Saison, an der auch Franz Joseph durch respektable Abschußziffern beteiligt war.

Denn damals waren die Wälder noch heil und voll Leben. Und die reiche Beute einer solchen Jagd vermochte dem Wildbestand nichts Ernstliches anzuhaben. Auch jetzt freute sich Franzl wieder auf manchen gelungenen Schuß. Die Jagdordnung war festgelegt, die Treiber schon oben im Jagdhaus versammelt. Morgen, in aller Frühe, konnte es losgehen.

Doch vorher kam noch Wilhelm. Und — der große Augenblick für Sophie . . .

Wilhelm nahm sich im Jagdanzug ein wenig sonderbar aus. Der Filzhut, den er trug, war keine goldglänzende Pickelhaube und der Jagdrock keine Uniform; ohne diese wirkte er beinahe unscheinbar, machte dies aber durch sein Gehaben und sein vieles Reden reichlich wett. Er benahm sich, als hätte er ständig eine Zahl von Zuhörern vor sich, die eigens gekommen waren, um seine Geistesblitze anzuhören.

Wie unscheinbar war dagegen Sophie, die an der abendlichen Tafel erschien, dort ein bescheidenes Plätzchen einnahm und sich im übrigen wirklich am liebsten unsichtbar gemacht hätte.

Aber es half nichts, bevor man Platz nahm, wurde sie vorgestellt. Franzls graues Augenpaar ruhte mit offensichtlichem Erstaunen auf ihr, das des Kaisers Wilhelm mit wacher Aufmerksamkeit.

„Charmant, charmant, Komtesse", schnarrte Wilhelm mit hochgezogenen Augenbrauen, schmatzte Sophie einen Kuß auf den Handrücken und knallte die Hacken zusammen; die Stiefel, die er trug, waren das einzige, was an seine sonstigen Bekleidungsgewohnheiten erinnerte.

Graf Eduard Paar, der mit der Begleitung des Kaisers gekommen war, verfolgte die Szene ebenfalls mit Interesse. Er sah auch, wie Franz Joseph verstohlen schmunzelte. Aber er war sich nur nicht im klaren darüber, ob dies dem sich hingerissen gebärdenden Wilhelm galt oder dem Umstand, daß die Komtesse überhaupt anwesend war.

Franzl wechselte einen vielsagenden Blick mit Friedrich. Der hatte jedoch eine undurchdringliche Miene aufgesetzt, und Hausherrin Isabella ließ ein Gespräch erst gar nicht aufkommen, sondern bat zu Tisch, kaum daß die Diener den Aperitif herumgereicht hatten.

An der langen Tafel versammelten sich an die zwanzig Personen. Sophie sah ihre Felle davonschwimmen; sie saß vom Kaiser so weit weg, daß er wohl kaum das Wort an sie richten würde. Aber gehorsam ging sie zu ihrem durch ein Kärtchen mit ihrem Namen gekennzeichneten Platz.

Doch während man die Suppe löffelte, fühlte sie Franzls forschende Blicke auf sich gerichtet. Sie hob den Blick vom Teller und sah ihn offen an. Er legte den Löffel beiseite; als erster von allen war er mit der Suppe schon fertig, und der nächste Gang wurde aufgetragen.

Er lächelte nicht unfreundlich . . . Offenbar durchschaut er alles, dachte sie. Doch es macht ihm nichts aus. Sie versuchte, seinen prüfenden Blicken standzuhalten; der Blick seiner blauen Augen konnte fast wehtun. Es ist, als wolle er mir auf den Grund meiner Seele blicken, sagte sie sich. Doch sie hielt stand — und lächelte unwillkürlich selbst. Der Bann schien gebrochen.

Und dann kam Wilhelms lautstarker Trinkspruch, mit dem er sich glücklich pries, diesen „unvergeßlichen Abend" und diese „unerhörte Gastfreundschaft" genießen zu dürfen, die ihm „zeitlebens unvergeßlich" bleiben werde.

Nach dem Essen saß man noch eine kleine Weile beisammen, um zu plaudern. Das Gespräch der Männer drehte sich um die morgige Jagd. Sophie kam sich überflüssig vor, sie stand wie ein Mauerblümchen in einer Ecke und trank ihren Mokka.

Sich jetzt zu verabschieden wäre unhöflich gewesen; dennoch spielte sie mit diesem Gedanken. Isabella machte die Honneurs, und Wilhelm mußte sich eine Zeitlang mit ihr unterhalten, obwohl er stets zu Sophie hinüberschielte. Deren Verlegenheit wuchs. Ich gehe auf mein Zimmer, sagte sie sich. Mögen sie von mir denken, was sie wollen! Doch da stand plötzlich Franzl vor ihr.

„Sie sind das also", sagte er, „die meinem Herrn Neffen den Kopf so gründlich verdreht hat, daß er um Ihretwillen auf seine Pflicht vergißt!"

„Majestät — das wird er niemals, solange ich an seiner Seite bin", verbesserte sie.

„Aber er tut es ja bereits! Er möchte die Krone und Sie. Und müßte doch gerade als Kronprinz wissen, daß er sich an das Hausgesetz zu halten hat. Allerdings — nun kann ich ihn besser verstehen, jetzt, da ich Sie vor mir sehe!"

„Majestät beschämen mich", flüsterte sie und das Herz schlug ihr bis zum Hals hinauf.

„Sie müssen mich verstehen", meinte er gütig. „Meine oberste Pflicht ist es, über die Einhaltung der Gesetze zu wachen. Und Präzedenzfälle zuzulassen, kann ich mir nicht erlauben. Ich wäre ein schöner Kaiser, der so etwas einreißen ließe. Erst recht darf ich das nicht in meiner eigenen Familie!"

„Majestät", stieß sie hervor, „ich beanspruche nichts — ich verlange nichts, erhebe keinerlei Anspruch ... außer dem, als eine angetraute Ehefrau mit reinem Gewissen an seiner Seite sein zu dürfen!"

3. Wilhelm in Budapest

Franzl sah sie lange an. Sie stand vor ihm, mit vor Erregung geröteten Wangen, die ihr ein Aussehen natürlicher Frische verliehen. Er fühlte, er hätte sich selbst belogen, wenn er versucht hätte, sich einzureden, sie gefiele ihm nicht.

„Hm", brummte er und zog nachdenklich seine buschigen Brauen zusammen. „Hm ... Ich ehre Ihren Standpunkt, Komtesse! Falls die Kronjuristen einen Weg finden, wünsche ich Ihnen viel Glück."

Sie versank tief in den Hofknicks, als er jetzt freundlich nickte und sich wieder den anderen Gästen seines Bruders zuwandte. Sophie verharrte in der Devotion, wie in Trance, bis sie sich bewußt wurde, daß er bereits gegangen war.

Da erhob sie sich und verließ, ohne noch länger zuzuwarten, an den Dienern vorbei hastig den Raum. Sie lief in ihr Zimmer hinauf, warf sich auf die Daunen ihres Bettes und schluchzte vor Erregung; erst jetzt löste sich in ihr etwas, kam zum Durchbruch, schuf sich in Tränen befreiende Bahn.

Was war das nun gewesen, was hatte Franzls Onkel eigentlich zum Ausdruck gebracht? Sein Wohlwollen, seine Zustimmung zu der ersehnten Heirat, oder — hatte er nur um Verständnis für seine weiterhin unnachgiebige Haltung ersucht?!

Sie hätte es gewußt, hätte sie den Brief lesen können, den er noch am selben Abend an Sissy schrieb. Und den diese in Meran mit freudiger Überraschung las. Sissy wünschte bloß, auch Franz Ferdinand hätte ihn lesen können . . .

Im Revier des Erzherzogs Friedrich knallten am folgenden Morgen ausgiebig die Büchsen. Wilhelm war kein übler Schütze, wenn er in der Politik auch manchen Bock schoß, der ihm keine Trophäe einbrachte.

Zu Mittag hielten die Jäger Rast im Jagdhaus. Dort fanden sich wieder Sophie und Isabella ein. Sophie half, die Jäger zu bewirten, und wieder ruhte des Kaisers Blick wohlgefällig auf ihr, besonders, als er bemerkte, wie sie standhaft Wilhelms Geschäker auswich. Wie Franzl glaubte auch Wilhelm keinen Augenblick an ein zufälliges Zusammentreffen.

Das Halali am Abend zeitigte eine reichliche Strecke; in Reihen lag das erlegte Wild vor den Jägern, als die Jagd abgeblasen wurde und es wieder zurück zum Schloß ging. Die Schloßküche war auf lange Zeit mit Wildbret versorgt, aber darauf war es den Jägern gar nicht angekommen — für sie zählte nur das Vergnügen, zum Schuß gekommen zu sein und getroffen zu haben.

Für Franz Joseph und Wilhelm kan nun wieder der offizielle Teil ihres Zusammentreffens. Denn nun ging es nach Budapest.

Sophie aber fuhr zurück nach Prag. Dort, in der Nähe der Moldaustadt, lebte sie jetzt im väterlichen Schloß Weltrus, dessen barocke Kuppel weithin sichtbar war. Ihr Vater war der diplomatische Vertreter der Monarchie am Brüsseler Hof — ein exzellenter Diplomat, nicht willens, seine Karriere um der Pläne seiner Tochter willen zu gefährden. Er hatte ihr geraten, zu verzichten. Doch wie Franz Ferdinand hielt sie standhaft an dem Verlöbnis fest, das sie einander gegeben hatten.

Franzl und Wilhelm verabschiedeten sich von den freundlichen Gastgebern und derem alten, romantischen Schloß. Am 20. September trafen sie in Budapest ein, wo eine riesige Menschenmenge sie auf dem Platz vor dem Ostbahnhof erwartete.

Der starke Polizeikordon hatte Mühe, die Menge im Zaum zu halten. Gemeinsam stiegen die beiden Monarchen in ein à la Daumont bespanntes offenes Gefährt, und fort ging's durch die geschmückten, von Eljen-Rufen widerhallenden Straßen.

Da gab es Triumphbögen in den Farben Ungarns und Preußens und eine riesige Göttin Hungaria, die eigens für den Besuch aufgestellt worden war. Man überquerte die Donau auf der Kettenbrücke und erreichte schließlich die Ofener Burg.

Franzl und Wilhelm saßen nebeneinander und winkten nach allen Seiten ihre Grüße in die Menschenmasse, die ihre Hüte schwenkte, die ganze Strecke hindurch.

Die Budapester hatten auf dem Franz-Joseph-Platz, der Albrecht- und der Kerepeserstraße gewaltige Festdekorationen errichtet. Dort warteten bereits die Pressefotografen, die ihre großen Plattenkameras auf hölzernen Stativen in Positur gebracht hatten. Als die Monarchen und ihr Gefolge vorbeifuhren, klickten unentwegt die Auslöser.

Dann kam der große Moment der Auffahrt vor der Burg, wo Franzl und Wilhelm zum erstenmal vor der Menge sprachen. Danach waren sie beide froh, im Inneren des Gebäudes verschwinden und dort verschnaufen zu können ...

Am Abend dieses denkwürdigen Tages gab Franzl für seinen Gast in der Burg eine Soiree, zu welcher der ungarische Hochadel und alles, was in der Stadt Rang und Namen hatte, geladen war. Unter den riesigen Lustern des prächtigen Saales versammelten sich Hunderte Gäste, glänzten die Damen mit schimmerndem Schmuck und kostbaren Toiletten und die Herren mit ihren Orden an Uniform oder Frack. Es war ein Abend, wie ihn die Budapester Gesellschaft sich wünschte.

Wilhelm präsentierte sich beim Cercle in der Uniform eines Honved-Majors. Er sah darin wie ein Schauspieler aus und fühlte sich in dem engen, verschnürten Rock auch offensichtlich weit weniger wohl als in der gewohnten Uniform, die er stets in Potsdam anhatte.

Da machte Franzl in seiner ungarischen Galauniform mit Karpak und Federbusch schon eine weit würdigere Figur; doch hätte er gern Sissy an seiner Seite gehabt. Aber das störte nicht weiter, denn auch Kaiser Wilhelm war ohne Damenbegleitung.

Anderntags konferierten die mitgekommenen Diplomaten, während Franzl Wilhelm ins neuerrichte Parlamentsgebäude führte, das jetzt schon der Stolz von Budapest war. Und danach ging die Besichtigungstour weiter zum Justizpalast — zu Fuß, um sich ein wenig die Beine zu vertreten, und wieder unter dem allgemeinen Jubel der temperamentvollen Budapester.

Vor dem Justizpalast warteten dann wieder die Kutschen, und zurück ging's in die Burg. Es war bereits viel durchgestanden und machte schon müde.

Sissy in Meran ließ sich's bessergehen. Auch sie war unterwegs, doch wie stets inoffiziell als „Gräfin Hohenembs".

Sie brauchte sich nicht begaffen zu lassen und an kein Zeremoniell zu halten. Zwar zog auch sie, die verschleierte, schlanke Dame in Schwarz, oft neugierige Blicke auf sich, denn nach den Fotos, die in Zeitungen erschienen waren und auf denen stets auch Irma von Sztaray zu sehen war, erkannte man zumindest diese. Und dann war der Rückschluß auf die Identität der Dame in Schwarz nicht allzu schwierig.

„In Wien", meinte Irma Sztaray bei einem solchen Spaziergang, nachdem sie eben im Promenadencafé die Berichte aus Budapest gelesen hatten, „könnt' Seine Majestät solch einen Aufwand jetzt gar nicht machen. Es ist gut, daß er jetzt alle Monarchen in Budapest empfängt — es muß ja ganz arg ausschauen in Wien, wo doch der Doktor Lueger alles aufreißen läßt, weil er unter und über der Erd' die neue Stadtbahn baut."

„Franzl wird als nächstes in Budapest König Carol von Rumänien und Carmen Sylva empfangen", meinte Sissy nachdenklich. „Ich hätte Carmen Sylva gern wiedergesehen. Doch führe ich nach Budapest, müßte ich ins Geschirr... Und sie versteht, daß ich das gar nicht mag. Da bleibe ich lieber noch ein paar Tage hier in Meran!"

Franzl aber hatte einstweilen noch immer mit „Willem" zu tun. Er fuhr mit ihm zu einer Festvorstellung in die Budapester Oper, und in der darauffolgenden Nacht, in der ganz Budapest festlich beleuchtet war, fuhren sie durch die Straßen der Stadt, den Kai entlang und über die Kettenbrücke, von wo aus der Gast die Festbeleuchtung gebührend bestaunen konnte.

Erst spät in der Nacht reiste Wilhelm dann ab nach Berlin, und Franzl atmete erleichtert auf.

Doch vorher tat Wilhelm noch etwas, was Sissy so gut gefiel, daß sie ihm spontan ein Telegramm schickte. Er hielt nämlich — wieder einmal — eine Rede. Und zwar an seinem letzten Budapester Abend, noch vor dem Opernbesuch, beim Galadiner in der Burg. Da brachte Franzl auf seinen Gast der Höflichkeit gemäß einen Trinkspruch aus. Und Wilhelm mußte gemäß der Sitte darauf antworten.

Doch aus der Antwort auf einen Toast wurde bei ihm — wie schon so oft — ein Schwall von Worten, der nicht einzubremsen war. Immerhin, er sagte den Budapestern so viel Artiges und Nettes, daß sie es gern über sich ergehen ließen und ihm mit lautem Beifall dankten, in den Franzl einfiel.

Schmunzelnd freilich, weil er Wilhelms Schwächen kannte.
Die anwesenden Journalisten hatten Wilhelms Rede mitstenographiert. Anderntags stand sie in etlichen Zeitungen abgedruckt — und zwei Tage nach dem großen Ereignis las man sie auch in Meran.

Und deshalb dankte ihm Sissy, wie sie schrieb, aus ihrem „ungarischen Herzen" heraus für seine schönen Worte. Wilhelm erhielt das Telegramm, als er schon wieder in seinem Potsdam war. Las es, lief rot an und ließ dann seinen Adjutanten kommen.

„Mann", schnarrte er ihn an, „das haben wir nun davon, daß Sie mich während meines Toasts dauernd mit den Füßen getreten haben!"

„Majestät", verteidigte sich der Gute, „ich wollte doch bloß daran erinnern, daß es Zeit wäre aufzuhören! Es dauerte doch schon viel zu lang, und Majestät hatten mir ausdrücklich befohlen, ein Zeichen zu geben —"

„Schon gut, schon gut, Mann", schnarrte Wilhelm. „Immer, wenn ich aufhören wollte, stießen Sie mich — und da dachte ich, ich solle noch weiterreden! Am Schluß fiel mir schon gar nichts mehr ein — und für das, was ich dann trotzdem noch sagte, kriege ich dieses Danktelegramm!"

Königin Elisabeth und König Carol von Rumänien besuchten Budapest am 28. und 29. November. Da wurden viele der Dekorationen, die man für Wilhelm errichtet hatte, einfach nur ein wenig verändert. Die Farben Preußens mußten denen Rumäniens weichen. Die Farben Ungarns und das Schwarzgelb Habsburgs blieben an den Fahnenstangen gleich hängen.

Franzl, der jede freie Minute dazu benutzte, um schriftliche Verwaltungsarbeiten zu erledigen, dachte voll Grauen an den Berg von Arbeit, der ihn bei seiner Rückkehr nach Wien in der Hofburg erwarten würde. Doch auch das Repräsentieren gehörte zu seinen Aufgaben.

Das wirkte sich günstig auf die Beziehungen der Monarchie zum Ausland aus. Denn die „Besuchsdiplomatie" der damaligen Zeit trug sicherlich vielfach positive Früchte, obwohl sie das Schlimmste niemals verhindern konnte: den Krieg.

Freilich war der Besuch des rumänischen Königspaares für Franzl weit weniger anstrengend als jener des deutschen Kaisers, und er verlief auch in ungezwungenerem Rahmen und recht angenehm. Es gab das übliche Galadiner, den Opernbesuch und dann noch einen großen Abend im Budapester Park-Club, wo sich die Majestäten mit Landsleuten, aber auch den Mitgliedern der Budapester Gesellschaft zwanglos unterhielten.

Carmen Sylva fragte Franzl mehrmals nach Sissy.

„Oh, es geht ihr relativ gut, sie ist jetzt in Meran, und ihre Kur wird in den nächsten Tagen zu Ende sein! Ich hoffe, sie dann bei mir in Wien zu haben", erzählte Franzl.

„Sie müssen sie von mir von Herzen grüßen", bat die Königin. „Und ich schreibe ihr selbst bald wieder. Sie hätte das Versemachen nicht aufgeben sollen!"

„Seit dem Tod unseres Sohnes", berichtete Franzl ernst, „hat sie keine Zeile mehr verfaßt. Vor diesem schrecklichen Ereignis schrieb sie noch mehrere Gedichte an einem Tag, nachher nichts mehr. Ach, es hat sich seitdem sehr vieles in unserem Leben verändert."

„Ich kann es ihr nachfühlen", meinte die Königin voll Mitgefühl. „Es muß ja für Sie beide ganz entsetzlich gewesen sein!"

„Die Zeit, von der man sagt, daß sie die Wunden heile, hat bei ihr nichts dergleichen bewirkt", bemerkte Franzl traurig. „Manchmal werde ich selbst ganz mutlos, wenn ich mitansehen muß, wie sie sich quält."

Franzl war, wie Carmen Sylva, in Gedanken bei Sissy. An seiner Seite saß eine aufrichtige Freundin und Bewunderin seiner Frau, und die, der ihre Gedanken galten, war fern . . .

Noch in der Nacht schrieb er an Sissy und fragte an, wann sie wohl ihre Kur beenden würde und was sie dann für Pläne habe. Ob es nicht möglich wäre, daß sie den Herbst, der noch viele schöne, sonnige Tage verspräche, gemeinsam verbringen könnten — daheim, in Wien?

Sissy las in Meran den Brief zweimal durch und ließ ihn dann sinken.

„Er meint unseren Lebensabend", sagte sie zu Irma Sztaray.

Das glaubte sie zwischen den Zeilen herauszulesen.

4. Wallsee

Als die Septembertage zu Ende gingen und Franzl hoffen durfte, seine Sissy nun bald wieder in Wien zu haben, erhielt er von ihr ein Telegramm:

HABE SO LIEBE NACHRICHT AUS WALLSEE VON FRANZ SALVATOR UND MARIE VALERIE, DIE MICH BITTEN, FÜR EIN PAAR TAGE ZU IHNEN IN DIE WACHAU ZU KOMMEN, DASS ICH IHREN WUNSCH NICHT ABSCHLAGEN KANN. SEI NICHT UNGEHALTEN! ICH BLEIBE NICHT LANG.

SISSY

Franzl hatte Schloß Wallsee für Marie-Valerie nach deren Heirat gekauft. Das alte Gebäude war über fünfhundert Jahre alt und hatte zudem während der Reformationskriege erheblich gelitten. Damals, als es noch eine feste Burg genannt werden konnte, hatte es den verfolgten Protestanten als Zuflucht und Stützpunkt gedient. Nun war von all dem nichts mehr zu bemerken; Franzl hatte die ehemalige Burg ihrem letzten Besitzer, dem Herzog von Sachsen-Coburg-Gotha, abgekauft, das Haus renovieren lassen und Marie-Valerie zum Geschenk gemacht.

„Das ist gescheit von Sissy", fand Franzl, der noch gar nicht dazu gekommen war, sich die neue Bleibe der jungen Leute in ihrem jetzigen Zustand anzusehen. „Dann kann sie mir ja gleich berichten, was aus dem alten Kasten geworden ist. Genug Geld hat es mich ja gekostet, damit sich die Kinder dort wohl fühlen können."

Der „alte Kasten" lag südöstlich von Enns, wo der Hofzug hielt. Sissy nahm nur die Gräfin Sztaray mit. Danach konnte der Zug mit Sissys Begleitern wie geplant nach Wien weiterreisen.

„Ich sehe schon meinen Schwiegersohn, Gräfin", rief Sissy erfreut, kaum, daß sie den Bahnsteig betreten hatte. „Er holt uns mit seinem Gespann ab. Da ist er ja schon!"

„Mama!" rief Franz Salvator erfreut. „Wie schön, daß du gekommen bist. Marie-Valerie kann es schon kaum erwarten. Rasch, steigt ein, wir wollen keine Minute verlieren, die wir dich bei uns haben dürfen!"

Es sollten ein paar Tage „entre nous" werden — nur den Angehörigen gewidmet —, und deshalb hatte Sissy auch nur die treue Gräfin Sztaray nach Wallsee mitgenommen.

„Du siehst gut aus, Mama", stellte der Erzherzog befriedigt fest, während er sich höchst persönlich auf den Kutschbock seines Landauers schwang und Peitsche und Zügel ergriff.

„Und du auch, Junge", fand Sissy anerkennend. „Der Jagdanzug steht dir gut. Einmal nicht in Uniform! Wirklich, ganz passabel!"

„Uff", stöhnte die Gräfin, der es nicht leicht fiel, den

Fond des Gefährts zu erklettern, und daraufhin mit einem Laut der Erleichterung in die Lederpolster sank.

„Die Kur in Meran hat mir gutgetan", erzählte Sissy angeregt. „Ich fühle mich jetzt wieder recht ordentlich."

„Das wird Marie-Valerie aber freuen! Ich kann dir gar nicht beschreiben, wie sie sich auf dich freut, seit wir deine Nachricht bekamen, daß du kommst. Seit Tagen wird bei uns nur noch gescheuert und geputzt. Es war schon nicht mehr auszuhalten! Ich wußte schon gar nicht mehr, wohin ich mich flüchten sollte!"

Der Erzherzog schnalzte mit der Peitsche und feuerte seinen Braunen an; der legte sich in die Riemen und trabte los.

„Nun", lachte Sissy, „hast du es ja überstanden, und wir sind hier. Ich hoffe, daß wir beide euch nicht allzusehr zur Last fallen."

„Du fällst uns nie zur Last, Mama. Und du bist auch nicht schuld an der vielen Putzerei; wir hatten vor wenigen Tagen noch Handwerker im Haus. Ich dachte schon, die werden nie fertig! Aber nun kann Wallsee sich sehen lassen! Wie schade, daß Papa nicht auch kommt. Wir sind ihm ja so dankbar!"

Als sie über die Zugbrücken die beiden Wehrgräben passierten und das Gespann in dem engen, verwinkelten, romantischen Hof des Schlosses hielt, kam sich Sissy im ersten Moment wie ein gefangener Vogel vor. Da ragten Mauern hoch hinauf, zwar neu angestrichen in freundlichem Schönbrunnergelb, doch sie verwehrten den Blick auf die anmutige Landschaft.

Aber sie überwand das Gefühl, das sie überkommen wollte und drohte, die frohe erwartungsvolle Stimmung zu erdrücken, mit der sie hierhergekommen war. Voll Freude auf das Wiedersehen mit ihrem Liebling. Und da hörte sie auch schon ihre Stimme: „Mama!"

Marie-Valerie kam aus dem Haus gelaufen, mit weit geöffneten Armen, umfing Sissy und gab ihr einen herzlichen Kuß.

„Mama! Ich bin ja so froh, daß du da bist! Und besonders die Kinder werden sich über die Großmama freuen! — Doch komm jetzt herein, ich muß euch alles zeigen! Du wirst staunen, was wir aus dem alten Haus gemacht haben."

„Du fühlst dich wohl?"

„Aber gewiß doch, Mama! Man muß sich zwar erst eingewöhnen, aber hier läßt sich's leben!"

In der ersten Wiedersehensfreude war die Gräfin Sztaray beinahe vergessen worden. Sie war auch diskret in dem Gefährt sitzen geblieben. Doch als der Kutscher das Gespann jetzt in den Stall führen wollte, mußte sie wohl oder übel heraus und betrachtete anerkennend das renovierte Gebäude, wobei ihr Blick auf den Eingang zur Schloßkapelle fiel.

„Das ist unser besonderer Stolz, Gräfin", sagte da auch gleich die Erzherzogin. „Herzlich willkommen auf Wallsee, Sie sind ja der gute Geist von Mama! Bleiben Sie es auch weiterhin und fühlen Sie sich wohl bei uns."

„Das werde ich gewiß, Kaiserliche Hoheit", erwiderte die Sztaray freundlich und respektvoll. „Majestät wird sich aber jetzt wohl ein wenig ausruhen wollen!"

„O ja, natürlich! Kommt nur herein", bat Marie-Valerie mit einladender Gebärde. „Ihr werdet sehen, wie hübsch es drinnen ist. Vorsicht, Gräfin, da sind Stufen!"

Beinahe wäre Irma tatsächlich gefallen. Während sie mit aufmerksamen Blicken alles ringsum begutachtete — die Blumen an den Fenstern, den hübschen Glockenzug an der Tür und die romantischen schmiedeeisernen Laternen, welche nachts den Schloßhof erhellen sollten —, wäre sie um ein Haar gestolpert.

Marie-Valerie und Sissy gingen voran, ihnen beiden folgte der Erzherzog, ein Bild der Zufriedenheit. Mit seinem Hausstand und seiner Ehe, Kindern und einer lieben Frau, konnte er auch nichts anderes als sich glücklich schätzen — und oft dachte er zurück an die schicksalhafte Ballnacht in Wien, an der er und die Tochter der Kaiserin einander zum erstenmal begegnet waren.

Sie sprachen oft davon und auch von jenem Abend im alten Burgtheater am Michaelerplatz, das jetzt abgerissen war. Es war einst Schauplatz ihrer jungen Liebe.

Abends saß man am offenen Kamin, denn die Nächte hier oben wurden schon kühl, und plauderte. Frau von Sztaray hatte sich nach dem Abendessen diskret zurückgezogen und überließ Sissy der Gesellschaft ihrer Lieben.

Der schöne Salon, der mit alten Ölbildern, Seidentapeten und altem Mobiliar geschmückt und eingerichtet war, strahlte Atmosphäre aus. Die Einrichtung stammte zwar zum großen Teil aus dem Hofmobilien-Depot, doch Marie-Valerie und ihr Franz hatten jedes Stück ausgesucht, das sie hierherkommen ließen. Es war auch manches aus Lichtenegg dabei, das Sissy wiedererkannte.

„Zum leichter Eingewöhnen", kommentierte dies Marie-Valerie.

Der Haushalt Franz Salvators verfügte nur über relativ knappe Geldmittel. Er bezog zwar Sold und Apanage, war aber dennoch froh, wenn ihm — wie im Fall von Wallsee — der Schwiegervater unter die Arme griff und seine Frau auf ihre Mitgift zurückgreifen konnte.

Sissy, die Geldsorgen nicht kannte und in solchen Dingen gänzlich unbewandert war, hörte sich mit Staunen und Amusement an, daß die jungen Leute offensichtlich finanzielle Probleme hatten.

„Aber das ist doch ganz und gar unmöglich", lachte sie, „na, da muß ich aber mit Franzl reden!"

„Weißt du, Mama, wir haben bei der Renovierung ein wenig übers Ziel geschossen", gestand Marie-Valerie schuldbewußt. „Es fiel uns noch dies und jenes ein, was ursprünglich gar nicht geplant war und wovon Papa auch nichts weiß. Wir ließen uns das auf separate Rechnung setzen."

„Nun, wenn es Papa nicht wissen darf, vielleicht kann dann Mama helfen! Gebt mir die Rechnungen, Frau von Sztaray wird das mit Herrn von Berewicky regeln. Ich werde dafür sorgen, daß die Summe angewiesen wird!"

Marie-Valerie fiel Mama um den Hals.

In der Nacht lag Sissy in ihrem hohen Federbett, das ihr recht ungewohnt war und ein wenig bäuerlich anmutete, noch lange wach und sah zu, wie sich das Mondlicht durch die Gardinen stahl. Natürlich war sie zufrieden, daß ihre Tochter eine glückliche Ehe führte. Aber zu Hause fühlte sie sich hier nicht. Sie war die Schwiegermama, die zu Besuch gekommen war, die Großmutter, welche die Enkel selten sahen und vor der sie Scheu empfanden.

Kam Marie-Valerie nach Wien, in die Hermesvilla, dann war das etwas anderes. Denn dann war es wieder fast so wie in alten Zeiten, als sie nur Mutter und Tochter waren und nichts und niemand zwischen ihnen stand. Niemand, mit dem Sissy die Liebe ihres Kindes teilen mußte. Sie beschloß, diesen Besuch nicht auszudehnen.

Es war recht seltsam — aber sie hatte tatsächlich Sehnsucht nach Wien und ihrem Franzl. Vielleicht, daß das innige Verhältnis zwischen Marie-Valerie und ihrem Mann in Sissy den Wunsch, Franzl bald wiederzusehen, aufkeimen ließ.

Aber in einem Punkt war Sissy mit sich ganz zufrieden: Sie war keine Schwiegermutter, wie die ihre gewesen war. Nie wollte sie eine sein, die stets mit Belehrungen kam und alles und jedes bemängelte. Auch wenn es noch so gut gemeint war, so war es doch unerträglich und hatte Scherben und bittere Tränen verursacht. Das ungetrübte Glück der jungen Frau, das sie nicht genossen hatte — ihr Kind, ihre

Tochter, sollte es haben dürfen . . . Wie gut, daß sich auch Franzl den Kindern gegenüber so einsichtsvoll und spendabel zeigte! Und das, obwohl gewisse Briefe aus München ihn zwangen, seine Ausgaben einzuschränken . . . Sich selbst gönnte er ohnedies fast nie etwas. Er empfand dies nicht als sonderlichen Mangel, war einfach anspruchslos, und manchmal mußte man ihn geradezu zwingen, sich dies oder jenes anzuschaffen.

Sissy schlief endlich ein, halb zufrieden und müde. Sie schlief traumlos und erwachte gegen halb sieben.

Von den Kindern war der dreijährige Hubert beim Frühstück am lautesten. Marie-Valerie hatte es sich nicht nehmen lassen, ihre liebe Schar um sich zu versammeln und Mama zu präsentieren. Elisabeth war nun schon fünf und benahm sich bereits gesittet. Das Kindermädchen brachte die Kleinen schließlich fort, nachdem sie sich an der Großmutter sattgesehen und sie hinreichend bestaunt hatten.

„Wir können heute vormittag mit dem Landauer eine Fahrt in die Umgebung machen", schlug Franz Salvator vor.

„Das ist eine nette Idee", meinte Sissy. „Aber früher einmal hätte man mir einen solchen Vorschlag nicht machen dürfen. Da hätten Pferde gesattelt werden müssen! Es ist Jagdzeit, und noch heute verspüre ich die Lust — ach, wie lange bin ich schon nicht mehr zur Fuchsjagd geritten!"

Doch der herbstliche Nebel, der von den Niederungen der Donau aufstieg, verzögerte die Ausfahrt. Und Sissy, die schon die ganze Zeit über mit sich rang, kam zu einem Entschluß. Es gelang ihr, ihren Schwiegersohn unter vier Augen zu sprechen.

„Was ich dir jetzt sage, bleibt unter uns. Niemand darf von diesem Gespräch erfahren, schon gar nicht Marie-Valerie, sie würde sich sonst ängstigen. Und laß es auch meinen Mann nicht wissen, daß ich dir ein Geheimnis anvertraut habe . . . Bleib mit mir in Kontakt. Wir können meinen Mann erst ins Vertrauen ziehen, wenn wir Erfolg haben . . ."

Franz Salvator horchte überrascht auf. Sissys Miene war ernst, ja sie war sogar bleicher als sonst, und sie redete seltsam eindringlich.

„Was denn für ein Geheimnis, Mama?" staunte er. „Wovon sprichst du? Was ist es, wovon niemand wissen darf?"

„Meine Nichte Marie schreibt uns Erpresserbriefe", flüsterte Sissy mit erregter Stimme. „Mein Mann hat schon große Summen an sie gezahlt, aber es nimmt kein Ende. Man muß ihr das Handwerk legen, aber wie? Hast du eine Möglichkeit, nach München zu kommen?!"

„Nach München? — Ich müßte Urlaub nehmen, Mama. Soll ich sie etwa aufsuchen und mit ihr reden? Es ist ja unfaßlich!"

„Du sagst es, mein Schwiegersohn. Das muß man ihr begreiflich machen. Sie ist, wie du weißt, mit dem Opernsänger Bruck verheiratet."

„Ob der etwa dahintersteckt?"

„Wohl kaum; sie will sich ja von ihm scheiden lassen!"

„Weißt du ihre Adresse?"

„Zuletzt war es noch die ihres Mannes."

„Also doch! Vielleicht ist das mit der Scheidung nur eine Finte. Du hast recht daran getan, mit mir darüber zu sprechen. Ich fahre bei nächster Gelegenheit nach München und lege diesem sauberen Paar das Handwerk, das verspreche ich dir!"

„Aber es muß ganz ohne jedes Aufsehen geschehen, hörst du?"

„Oh, dafür werde ich schon sorgen, laß mich nur machen, ich habe Freunde dort. Die werden mir helfen."

Sissy war dennoch nicht beruhigt. Nun lastete die Ungewißheit auf ihr, wie ihr Schwiegersohn Franz Salvator die

„Angelegenheit Larisch" bereinigen wollte. Franzl durfte davon — vorerst wenigstens — nichts wissen.

Zu Mittag kamen sie dann von der Ausfahrt zurück. Der Anblick des Donaustroms hatte Sissy mit wehmütigen Erinnerungen erfüllt. Wie lange war das nun schon her, seit sie ihn zum erstenmal in Richtung Wien befahren hatte? Fünfundvierzig Jahre! Damals war sie auf ihrem blumengeschmückten Brautschiff unterwegs gewesen, unterwegs zur Hochzeit und in Franzls Arme ...

Die Post hatte ein Schreiben aus Wien gebracht. Franzl schrieb ihr, nachdem er seine Repräsentationen in Budapest gut überstanden habe, säße er nun wieder in der Hofburg vor einem Berg Arbeit und mit der großen Sehnsucht nach Sissy in seinem Herzen. Da konnte Sissy es nicht übers Herz bringen, ihn länger allein zu lassen. Und nach dem Gespräch mit ihrem Schwiegersohn war da auch etwas in Sissy, das sie mit Unruhe erfüllte und zum Aufbruch drängte, fast wie zu einer Flucht.

Der Brief war fast nur ein Vorwand. Marie-Valerie war traurig, und Franz Salvator schüttelte nur den Kopf. Irma aber, die angefangen hatte, sich in ihrem kleinen Zimmer häuslich einzurichten, seufzte nur gottergeben und packte schweigend ihre Sachen wieder ein.

Traurig stand Marie-Valerie am Fenster und winkte der Kutsche nach, die den „kurzen Besuch" zum Bahnhof brachte.

5. Die Herzgruftkammer

Franzl umfing sie mit seinen Armen; sie hielt ihm die Wangen zum Kuß hin, doch er suchte ihre Lippen und sah sie dann prüfend an.

„Du hast dich etwas erholt", stellte er befriedigt fest. „Das freut mich wirklich, mein Engel."

„Doch du siehst abgespannt aus, Löwe", fand sie bedauernd. „Budapest hat dich hergenommen, nicht wahr?"
„Zwei Staatsempfänge hintereinander sind auch keine Kleinigkeit. Aber immerhin ging es in einem Aufwaschen."
„Manchmal, mein Löwe, mache ich mir um dich Sorgen. Du bist auch nicht mehr der Jüngste. Du solltest dich ein wenig mehr schonen, du reibst dich förmlich auf! Und wer dankt dir schon dafür? Deine Generäle, deine Minister? Lächerlich!"
„Das Volk vielleicht", meinte Franzl.
„Das Volk! Da denkt doch auch nur jeder an sich selbst. Sagt sich: wozu haben wir einen Kaiser? Der soll dafür sorgen, daß wir haben, was wir brauchen."
„Dazu ist er aber doch wirklich da, Sissy, oder? Freilich, anstrengen muß sich ein jeder auf dem Platz, auf den er gestellt ist. Ich tu's auf dem meinen. Wir haben eine Vorbildfunktion."
„Das Lied kenne ich", lächelte sie. „Nun, jeder handelt eben nach seinem Gewissen. Du glaubst an deine Verantwortung für alle; ich glaube an die Verantwortung des einzelnen für sich selbst."
Sie war „durch die Kammer" gekommen, ohne Voranmeldung, hatte ihn überrascht, indem sie ein Vorrecht nutzte, das nur ganz wenige besaßen. Er hatte sie noch nicht aus Wallsee zurückerwartet. Sie hatte ihr Kommen nicht angekündigt. Wie eine Erscheinung stand sie plötzlich in der Hofburg neben seinem Schreibtisch und begrüßte ihn. Die Tapetentür, die sie leise öffnete, hatte er, in seine Arbeit vertieft, gar nicht gehört.
Die Überraschung war ihr gelungen. Sie lachte ein so selten gewordenes Lachen, daß der Anblick ihn rührte und ergriff.
„Wie war's bei den Kindern", fragte er und wollte diesen schönen Augenblick durch nichts gefährden. Sie war wieder

da, das genügte ihm, und sicher hatte sie auf ihre Art mit ihrer Auffassung auch recht. Eine Frau, die sich der Denkart ihres Mannes unterordnete, war sie nicht. Das hatte ihm eigentlich immer an ihr gefallen. Es machte einen wesentlichen Teil ihrer Persönlichkeit aus; es war nur mitunter unbequem.

„Bei den Kindern? Ach, ein wenig laut", antwortete sie, „und ungewohnt. Ich war ja noch nie in dem Schloß."

„Und? Wie hat's dir dort gefallen?"

„Nun, sie haben sich ein liebes Nest gebaut", antwortete Sissy bereitwillig. „Und sie sind dir unendlich dankbar! Nur kommen sie mit ihrem Geld nicht aus; du weißt ja, wie das ist, wenn man sich neu einrichtet. Ich habe ihnen meine Hilfe zugesagt — es braucht deine Schatulle nicht zu belasten."

Er lachte.

„Dafür bin aber nun ich dir ‚unendlich dankbar', mein Engel. Nach dem Erdbeben in der Steiermark waren eine Menge Leute bei mir, die mich angeschnorrt haben; die Herren Bürgermeister und Gemeinderäte, einzelne Bauern, denen ein Balken die einzige Kuh erschlagen hat. Da hab' ich wieder in meine ‚Schatulle' greifen müssen."

„Mein armer Löwe", lächelte sie ihn an. „Mein guter Löwe! Die denken alle sicher: der Kaiser ist unendlich reich, er kann sich's leisten. Warum zahlst du das immer aus deiner eigenen Tasche? Da muß doch endlich ein öffentlicher Fonds her. Und eine gesetzliche Regelung für solche Fälle!"

„Das Wohlfahrtswesen ruht aber auf der Bereitwilligkeit von Privatpersonen und privaten Vereinen. Du kennst doch die Paulin. Du weißt, wie sie sich abstrampelt mit dem Organisieren von Tombolas, Lotterien, Benefizvorstellungen und Wohltätigkeitsbällen."

„Aber die Fürstin Metternich lebt doch nicht ewig, Mann!"

„Sicher nicht. Doch wir haben ja auch nicht nur sie! Es

gibt ja noch andere. Der Rothschild zum Beispiel baut uns den ganzen Nordbahnhof."
„Weil er dafür geadelt werden will. Das hat die Metternich freilich nicht mehr nötig", schmunzelte Sissy animiert. „Und du auch nicht . . . Dafür gibst du am meisten."
„Na, das gehört sich doch so", lächelte Franzl. „Du bleibst doch wohl jetzt ein bißchen in Wien?"
„Ja, ich denke schon. Ich möchte mich ein wenig ausruhen."
„Gott sei Dank", entfuhr es ihm. „Ich meine: Gott sei Dank, daß du jetzt bei mir bleibst. Weißt du, die ewige Sorge um dich macht mich manchmal fast krank. Die Sorge um deine Gesundheit und deine Sicherheit! In Italien, in Frankreich, auf dem Balkan — überall regt sich Rebellion. Und auch die Schweiz ist nicht mehr sicher. Glaube mir, ich habe meine Berichte . . . Sie ist zum Treffpunkt der Anarchisten geworden, deine schöne, geliebte Schweiz! Dort läßt man sie ungeschoren, sie haben dort nichts zu fürchten, solange sie nicht in der Schweiz selbst tätig werden. Aber sie kommen an geheimen Treffpunkten zusammen, konspirieren, hecken finstere Pläne aus, die sie dann anderswo durchführen!"
„Aber, wie du eben sagst, nicht in der Schweiz. Wieso ist es also dann dort nicht für mich sicher?"
„Weil es sich bei diesen Leuten um Fanatiker handelt, mein Engel. Sie könnten, bei guter Gelegenheit, ihrem Prinzip untreu werden, in der Hoffnung, sie blieben unentdeckt und ungestraft — was sie sogar bei einiger Geschicklichkeit schaffen könnten. Denn diese Leute sind keine Amateure — sie entwickeln eine regelrechte Strategie des Verbrechens, die sich gegen die gekrönten Häupter richtet. Sie wollen die Monarchien zu Fall bringen, die Kaiser und Könige morden, einen totalen Umsturz wollen diese Menschen! Das Chaos streben sie an!"

„Weil nur aus dem Chaos etwas Neues entstehen kann, was vielleicht besser als das Alte ist", sagte sie zu seiner namenlosen Überraschung.

„Sissy! Wie kannst du nur so etwas sagen", entfuhr es ihm. „Was könnte es Besseres geben? Was wir tun, ist durch Jahrtausende gewachsen, es ist ein Prinzip, für das es keinen Ersatz gibt! Was wollen diese Leute?"

„Freiheit, Franz", antwortete sie ohne lange zu überlegen. „Frei sein von jeder Bevormundung."

„Das sind Träumereien", wehrte er ab. „Da müßte jeder einzelne ein Übermensch sein! Wer hat sie, diese Einsicht, Toleranz, diese Rechtschaffenheit, die dazu nötig wäre, um ein Zusammenleben ohne Vorschriften und Gesetze zu ermöglichen? — Das ist unmöglich, Sissy, diese Menschen schaffen nur unendliches Leid. Davon zu träumen mag ja ganz schön sein — in die Tat umsetzen kann man es nicht! Glaub mir, auch wenn manche denken, daß ich hier in einem elfenbeinernen Turm sitze — ich kenne die Leute. D'rum geh' ich auch gern in den Wald — wo's nicht viele gibt..."

„Schön", sagte sie, erhob sich und drückte ihm einen Kuß auf die Stirn. „Ich will dich nicht länger bei deiner Arbeit stören, Löwe. Ich wollt' nur bei dir vorbeischauen und dich wissen lassen, daß ich wieder da bin. — Sehen wir uns abends in Lainz?"

„Aber sicher komm' ich in die Hermesvilla", rief er gleich.

Und so leise, wie sie gekommen war, verschwand sie wieder. Sie schlenderte durch die Korridore der Burg hinüber in den Michaelertrakt. Gedankenverloren betrat sie den Saal der Spanischen Reitschule und starrte hinab auf den Sand der Manege, in welcher sie einst auf ihren Pferden Kunststücke vollführt hatte, die denen einer Zirkusreiterin nichts nachstanden. Kein Wunder — denn die Tochter von Direktor Renz, einem der berühmtesten Zirkusunternehmer Europas, hatte ihr Unterricht im Dressurreiten gegeben.

Die Leere der Reitschulhalle widerte sie an. Sie hörte im Geist das Peitschenknallen, sah auf der Galerie ringsum die Gesichter von Höflingen auf sich gerichtet, sie glaubte den Nachhall von Befehlen zu hören, die von den Bereitern gerufen wurden. Doch in Wirklichkeit war es hier einsam und totenstill. Staub lag auf dem Geländer. Sissy wandte sich ab. Sie ging hinüber in die nahen Säle der Nationalbibliothek, wo Tausende von Folianten auf den Regalen standen, schlenderte durch den angrenzenden Redoutensaal, der bis zum nächsten Ball dahindämmerte, und ging dann die Treppen hinunter zur Augustinerkirche.

In dieser Kirche waren Franzl und sie getraut worden. Es war ein Gotteshaus voll der Erinnerungen. Um diese Stunde war das Gotteshaus geschlossen; Passanten konnten es nicht betreten. Sissy war allein. Das Licht, das vor dem Hochaltar flackerte, schien das einzig Lebendige in dem riesigen Kirchenraum zu sein.

Sissy suchte sich zu erinnern an jenen Tag, an dem sie Franzl das Jawort gegeben hatte. Es gelang ihr nicht. Ihr fiel nur ein, daß sie von den tagelangen Vorbereitungen, der Fahrt nach Wien, dem Aufenthalt in der Favorita und der endlosen Trauungsmesse entsetzlich müde gewesen war. Von der Last des Brautkleides mit seiner schweren Schleppe ganz abgesehen.

Sie ging vor bis zum Hochaltar, kniete sich in einen der Betschemel und versuchte zu beten. Doch auch das wollte ihr nicht gelingen. Ihre Gedanken schweiften fortwährend ab, sie kehrten zurück nach Schloß Wallsee, das sie so überstürzt verlassen hatte. Und sie fragte sich, was die Reise Franz Salvators nach München bringen werde. Und an Franzl dachte sie auch, und den Abend in der Hermesvilla, auf den auch sie sich freute.

Sie glaubte hinter sich ein scharrendes Geräusch zu hören, sah aber niemand. Wahrscheinlich ist es ein Kirchendiener, dachte sie. Sie erhob sich und fühlte sich wie von einer magischen Kraft nach rechts gezogen, passierte das düstere Epitaphgewölbe, das sie in seinem marmornen Totenprunk erschauern ließ, und stand dann vor der Lorettokapelle.

Herzog Friedrich, der Schöne, hatte dieses Kloster der Augustiner im Jahre 1327 erbaut, dessen Kirche nun zur Hofpfarrkirche geworden war. Von seiner Kanzel predigte einst Abraham a Santa Clara zu den Wienern — und hier, in der Lorettokapelle, gab es eine kleine, verschlossene Kammer, zu der Franzl einen Schlüssel besaß. Doch durch ein Gitter konnte sie auch jetzt in ihr düsteres Inneres blicken und sehen, was sie barg, ohne sie betreten zu müssen. Denn das war nur zu besonderem Anlaß üblich. Ein solcher Anlaß war in der Regel die feierliche Beisetzung einer Urne, die das Herz eines der Mitglieder der Habsburger Familie barg. In der düsteren Kammer standen auf hölzernen Regalen die Herzen von Königen, Kaisern und Erzherzögen. Auch das Herz Kaiser Ferdinands II., dessen Soldaten die Protestanten, die sich im Schloß Wallsee verschanzt hatten, belagerten, ruhte hier in seiner Urne.

Wenn man die Körper der Habsburger für die Bestattung in der Kaisergruft bei den Kapuzinern einbalsamierte, entfernte man die Innereien, die Eingeweide und das Herz. Sie kamen in kunstvolle, silberne Urnen, die dann hier, in dieser Kammer, der Ewigkeit entgegendämmerten.

Sissy stand vor dem Gitter und starrte in die Urnenkammer. Wenn sie daran dachte, daß eines Tages an ihr und Franzl die gleiche unheimliche Prozedur vollzogen werden würde, empfand sie Grauen und Übelkeit.

Was hatte doch diese Familie, der sie seit der Heirat in diesem Gotteshaus, in dem auch die düsteren Zeremonien der Ordensritter vom Goldenen Vlies vollzogen wurden, im Laufe der Jahrhunderte, die sie nun regierte, für Bräuche und Gepflogenheiten, für Gesetze und Zwänge entwickelt, die sie den eigenen Mitgliedern auferlegte und antat!

Während ihr Leib in seinem Sarg in der Kapuzinerkirche ruhen durfte, an dem Plätzlein hoffentlich, das sie sich wünschte, würde ihr Herz hier sein, in dieser düsteren Kammer, in einem kleinen Gefäß und auf ein staubiges Holzregal gestellt! Eine von den nun schon fast fünfzig Urnen, die sie flüchtig zählte . . .

Zählte, bis sie wieder jenes Geräusch hörte, das sie vorhin bereits vernahm. Diesmal erschrak sie wirklich. Sie fuhr zusammen, drehte sich um — und sah wieder nichts. Es hatte wie der Nachhall eines verhaltenen Schrittes geklungen, der aus der Richtung des Epitaphs in der St. Georgs-Kapelle gekommen war. Und diesmal war sie ziemlich sicher, sich nicht getäuscht zu haben. Sie war also nicht allein! Hatte man ihr etwa einen Confidenten nachgesandt, der sie beobachten sollte?! Ein Gefühl der Empörung, mit etwas Furcht gemischt, wallte in ihr auf. Sie verließ ihren Platz vor der Lorettokapelle und schritt auf die Kapelle des Heiligen Georg zu, entschlossen, sich endgültig Klarheit zu verschaffen.

Plötzlich hörte sie den Schritt hinter sich, wandte sich jäh um und stand Franzl gegenüber.

„Franzl — du hier . . .?" rief sie aus.

„Man hat mir berichtet, daß du hier bist", erklärte er, „und da wollte ich — da dachte ich mir — rund heraus gesagt, Sissy, ich machte mir Sorgen. Diese Kirche hier — so schön sie auch ist — ich habe fast vermutet, dich vor der Herzkammer anzutreffen."

Die Sorge, von der er sprach, stand ihm deutlich genug ins Gesicht geschrieben.

„Oh, Franzl", meinte sie kopfschüttelnd und berührte

ihn zärtlich und dankbar. „Glaubst du denn, es stünde so schlimm um mich?"

„Nun, es ist nicht gerade ein erheiternder Anblick", meinte er. „Aber du mußt es so sehen: hier, im Zentrum der Monarchie, bleiben unsere Herzen für ewig . . ."

„— und schlagen nicht mehr", stellte sie fest, „sondern sind in staubige Urnen eingeschlossen. Ein merkwürdiger Brauch. Wenn man sie wenigstens in die Särge, zu den Toten legen würde — aber hier, in einer Art Abstellraum!"

„Es ist ein Gotteshaus. Hier sind sie dem Altar nahe — dem Tisch des Herrn."

„Denkst du, daß sie in der Gruft Gott ferner wären? Glaubst du das wirklich?"

„Sissy, dies hier ist Tradition, wie so vieles andere", erklärte er. „Und ich werde daran nicht rütteln."

„Dann möchte ich wenigstens, daß mein Herz einst neben dem deinen steht", bat sie leise.

Danach klangen ihre Schritte gemeinsam auf den steinernen Fliesen, bis sie die Kirche verlassen hatten.

6. Abendleuchten

Die Villa im Lainzer Tiergarten war überflutet vom Licht der herbstlichen Sonne. Auf allen Wegen lag gefallenes Laub, und der stille Reigen der Blätter rieselte unaufhaltsam dem feuchten Boden zu.

Der Kaiser und die Kaiserin, wie seltsam, sagte sich die Dienerschaft, als das Gefährt antrabte und vor der Auffahrt hielt. Seltsam allerdings, denn man sah sie fast nie gemeinsam — und nun kamen sie beide aus der Stadt, zu ungewohnter Stunde. Normalerweise arbeitete der Kaiser jetzt noch. Daß er sich Zeit für seine Frau nahm und alles andere zurückstellte, fiel auf, weil es so gar nicht seiner Gewohnheit entsprach.

Das Paar wirkte weich gestimmt und gelöst. Franzl half ihr galant aus dem Wagen, und gleich darauf waren sie im Inneren des Hauses verschwunden, wo Sissy die Dienerschaft zu ihrer Rückkunft angetreten fand und alle freundlich, aber rasch begrüßte und mit Aufträgen bedachte, um für das Wohl ihres Gatten zu sorgen.

Dann saßen sie, in Harmonie wie schon lange nicht, an einem der Fenster eines Salons und tranken Tee. Sie knabberten Gebäck und betrachteten einander, als hätten sie sich nach langem Verlorensein wiedergefunden.

„Wir machen uns Sorgen umeinander", stellte sie fest, „nicht wahr?"

„So ist es, Sissy", bestätigte er, „und das müßte nicht sein. Wir sollten länger beisammen und mehr füreinander dasein. Wir lieben einander, und das ist eine Gnade Gottes; nicht alle haben dieses Glück. Wir sollten es nicht länger aufs Spiel setzen!"

„Du hast wohl recht", nickte sie. „Und mehr kann man ja wohl auch nicht verlangen und nicht erreichen, als mit einem Menschen, den man liebt, glücklich zu sein. Ohne Sorgen ums tägliche Brot, um das so viele bangen müssen."

„Ja", nickte Franzl, „das ist uns zuteil geworden."

„Aber um einen hohen Preis."

„Das ist unser Schicksal! Man kann sich nicht aussuchen, als wessen Kind man geboren wird."

„Genausowenig, wie man weiß, wohin die Liebe fällt", lächelte sie versonnen. „Weißt du eigentlich, daß ich als Kind für deinen Bruder Karl Ludwig schwärmte? — Wir haben einander Briefe geschrieben und Geschenke gemacht — er sandte mir einen Ring, ich habe ihn heute noch. Ein Armband und eine Damenuhr an einem goldenen Kettlein — ich bewahre sie noch auf, Franzl! Und denk dir nur, er schickte sogar Backwerk nach Possenhofen. Und einmal eine rote Rose! Die preßte ich in einem Buch zwischen den

Seiten. Es gibt sie wohl noch, ich habe das Buch ewig lange nicht mehr in Händen gehabt. Und für seinen Ring sandte auch ich ihm einen; es war beinahe wie eine Verlobung! Und dabei war ich erst zwölf, dein Bruder aber immerhin schon fünfzehn! Er kam mir schon wie ein richtiger junger Herr vor."

„Aber in Ischl kam dann alles anders", meinte Franzl schmunzelnd.

„Gottlob, denn hätte sich erfüllt, was ich mir damals erträumte, wäre ich jetzt Witwe", stellte sie fest.

„Und auch weder Kaiserin noch Königin", ergänzte er.

„Nun, darauf könnte ich zur Not verzichten — nicht aber auf meinen Franzl", neckte sie ihn.

„Fast könnte ich noch nachträglich auf meinen Bruder eifersüchtig werden", meinte er. „Nun, er war ein hübscher Bursche, sah sicherlich besser aus als ich, und du warst nicht die einzige, die sich nach ihm umgedreht hat."

„Ach, Franzl — das war ja eine harmlose Mädchenschwärmerei! Dann kamst ja du, und Karl Ludwig wurde mir nicht mehr gefährlich."

„Aber er", meinte Franzl, „hat dir noch oft genug schöne Augen gemacht. Ich habe es wohl bemerkt, Sissy! Ich glaube, er hat mich um mein Glück immer ein wenig beneidet."

„Ich habe ihm keine Avancen gemacht, wenn du das meinst. Im übrigen wachte ja auch deine Mutter mit Argusaugen über mich. Aber sie kannte meine Jugendschwärmerei. Sie und meine Mutter hatten offenbar für später gewisse Pläne daraus abgeleitet!"

„Ich sollte ja Nené, deine Schwester, heiraten. Siehst du, dann wäre ich Witwer — so wie du, wenn dich mein Bruder geheiratet hätte, Witwe wärest."

„Hast du's nicht manchmal bereut? — Daß du eine so schwierige Frau geheiratet hast, Franzl?"

„O nein", antwortete er weich. „Ich habe mir nur immer

gewünscht, daß du nicht ein solcher Wandervogel wärest. Und nicht die Manie hättest, weniger als neunundvierzig Kilo wiegen zu wollen!"

„Nun", nickte sie, „das werde ich ja wohl auch nicht in alle Ewigkeit können."

Sie wird doch nicht tatsächlich vernünftig werden, dachte er froh. Zeit wäre es zwar, doch ich kann es fast nicht glauben...

Und sie dachte, daß er doch im Grunde ein genügsamer, armer Teufel wäre, den sie die Hälfte seines Lebens zur Einsamkeit verurteilt hatte.

Aber vielleicht war es wirklich noch nicht zu spät, es wieder gutzumachen. Es sollte fortan anders werden, das nahm sie sich in dieser stillen, traulichen Stunde vor.

„Franzl", sagte sie mit unüberhörbarer Zärtlichkeit in der Stimme, „ich glaube, das Meer ist still geworden, die Wogen haben sich geglättet. Ich sehne mich nach Ruhe und Frieden! Ich möchte — ja, ich möchte, daß wir einander gern haben, und Seite an Seite in Würde dem Alter entgegensehen. Es läßt sich ja nicht vermeiden, daß es an unsere Tore klopft. Wir wollen das Beste daraus machen, nicht wahr?"

„So hättest du schon vor zwanzig Jahren reden sollen", entfuhr es ihm.

„Du lieber Himmel", wehrte sie sich in komischem Entsetzen. „Also, damals waren wir wirklich noch nicht alt!"

„Ich fühle mich auch jetzt noch nicht so", stellte er fest. „Und auch dich würde jeder für bedeutend jünger halten."

„Ach", meinte sie wegwerfend, „ich habe gelernt, daß es nicht darauf ankommt, wie man aussieht, sondern darauf, wie man sich fühlt. In diesem Punkt bin ich wohl schon hundert."

Er vermied es, sich hiezu zu äußern. Es traf sie nur wieder ein prüfender, besorgter Blick. Sie tat ihm sehr leid, und doch war er unendlich froh, daß es nun endlich so weit war, daß sie bereit schien, ihr aufreibendes, unstetes Leben aufzugeben. Fast konnte er es nicht glauben, doch jedes ihrer Worte schien es zu bestätigen. Eine Wandlung zum Guten, die er zwar nicht begriff, aber wie ein spätes, doch wohlverdientes Geschenk des Himmels annahm.

„Ich werde", sagte sie in eine unvermutet eingetretene Stille hinein, „mich um meine kleine Meierei kümmern. Damit du weiterhin frische Milch hast. Ich werde auch verschiedenes anderes tun. Ich will gleich morgen deine Garderobe durchsehen, denn es scheint mir, daß deine Freundin Kathi darauf nicht hinreichend geachtet hat. Nun, es ist ja auch mein Amt und nicht das ihre — und es wird in Hinkunft einiges anders werden."

Er zuckte leicht zusammen. Sie wird doch nicht, dachte er in heimlichem Erschrecken, meinen gemütlichen Morgenplausch bei Kathi abschaffen wollen! — Und was die Meierei angeht, wie bringe ich ihr bloß bei, daß die Kuh, die sie aus Marokko oder sonstwoher mitgebracht hat, schon längst keine Milch mehr gibt? — Er sah mit einem Male recht nachdenklich aus, was ihr nicht entging.

„Ist etwas?" fragte sie.

„Die Meierei", wich er aus. „Die Meierei . . . Deine Kuh, die frißt längst nur noch das Gnadenbrot."

„Oh", nahm sie's betreten zur Kenntnis.

„Auch", fuhr er fort und nahm einen Anlauf, um loszuwerden, was ihm besonders auf der Zunge brannte, „habe ich ja mein tägliches Frühstück bei der Baronin. Das ist sehr wichtig für mich, denn sie ist besser als jeder noch so gute Informant."

„Ich verstehe", sagte sie gedehnt.

„Vielleicht nicht so ganz", ergänzte er eifrig. „Siehst du, sie beschafft mir alle Zeitungen, die ich lesen will. Sonst legt man mir ja doch nur Ausschnitte vor, die ich lesen soll. Ich muß aber auch das andere wissen, und sie verschafft mir's.

Und erzählt mir, was sonst noch außerhalb der Mauern von Schönbrunn passiert."

„Ja", nickte Sissy einsilbig.

„Es ist also gar nicht vonnöten, daß du womöglich jetzt neue Kühe kaufst. Diese Meierei brauchen wir nicht."

Sie seufzte enttäuscht. Fühlte sich plötzlich gekränkt und zurückgesetzt. Aber es war ja ihre Schuld, und wie konnte sie nach all den Jahren auch anderes erwarten? — Sie wollte ernten, wo sie nicht gesät hatte, und die Früchte schmeckten dementsprechend bitter.

Doch so schnell gab sie nicht auf. Sie warf die Flinte nicht vorzeitig ins Korn. Dies hier war ihr Mann, war ihr Haus. Sie konnte doch nicht so leichtfertig gewesen sein, ihren Anspruch verspielt zu haben!

„Nun", erkärte sie, „es muß ja nicht unbedingt die Meierei sein. Es gibt ja auch noch anderes zu tun. — Ich gehe trotzdem einmal hin . . ."

„Du wirst enttäuscht sein, Sissy."

Sie war es jetzt schon, ja, sie war enttäuscht!

„Ich habe mich zu wenig darum gekümmert", stellte sie traurig fest. „Das hätte ich eben nicht tun sollen. Jetzt ist es zu spät, oder?"

„Die Kuh wird nicht mehr jünger", lachte er, den Doppelsinn ihrer Worte nicht begreifend, „ebensowenig wie wir. Aber von außen besehen ist der Stall in Ordnung."

„Natürlich", hauchte sie, „von außen besehen soll er es auch sein . . . Es braucht ja auch niemand zu merken, daß er an sich schon längst sinnlos ist."

Wie schrecklich sensibel und verletzlich sie doch ist, dachte er erschrocken, denn ihre Stimme hatte den Klang einer zerbrochenen Glocke gehabt. In ihren Augen erblickte er den Schimmer von Tränen.

„Sie lebt ja, die Kuh", beeilte er sich zu versichern. „Niemand hätte es übers Herz gebracht, das Tier zu schlachten!"

Am nächsten Tag sah sie die Kuh. Sie war nach Schönbrunn gefahren und erstieg den Serpentinenweg zum Schweizergarten. Die Kuh stand an ihrer Krippe und fraß Heu; sie sah recht wohlgenährt und gepflegt aus und betrachtete Sissy aus sanften Augen mit einem verständnislosen Blick.

„Du kennst mich nicht mehr, nicht wahr?" fuhr Sissy sanft über ihren Schädel und strich ihr über die weichen rosigen Nüstern mit einer liebevollen, zärtlichen Gebärde. Die Kuh fühlte sich beim Fressen gestört, muhte unwillig und verjagte mit ihrem Schwanz ein paar Fliegen.

„Du hast ja recht", fand Sissy und tätschelte ihren gestriegelten Rücken. „Du hast ja recht — und ich gehe auch schon wieder!"

Das Personal des Schweizerhauses atmete erleichtert auf, als sich die überraschend und unangemeldet erschienene Majestät mit einigen freundlichen Worten verabschiedete. Sissy hatte nichts auszusetzen gehabt; aber fremd und unnütz war sie sich vorgekommen.

Bin ich hier überhaupt noch zu Hause, fragte sie sich. Bin ich es überhaupt irgendwo? Im Achilleion etwa? — Dort wohl am allerwenigsten, ich bin nie heimisch dort geworden, obwohl ich so fest daran glaubte, daß ich es einmal werden würde.

Ich habe in meinem Leben nur ein einziges wirkliches Daheim gehabt: Possi, das gute, alte Possenhofen, wo mich meine Mutter zur Welt gebracht und wo ich aufgewachsen bin.

Vielleicht auch noch das liebe Gödöllö. — Aber vermisse ich Gödöllö? Es ist seltsam, ich vermisse es nicht. Ich habe kein Verlangen danach, wieder dort zu sein. Doch nach Possenhofen, dorthin möchte ich . . .

Ich bin töricht wie ein Kind, schalt sie sich, und doch stieg es ihr vor Rührung feucht in die Augen und schnürte ihre

Kehle zusammen. Possenhofen... ja, Possenhofen! Mit all den Fasern ihres wunden Herzens zog es sie plötzlich dorthin. Sie stand vor der Gloriette und sah sie nicht. Vor ihr lag Wien hingebreitet im herbstlichen Glanze; doch sie sah nicht diese Stadt, sondern war in Gedanken in einem fernen Haus am Starnberger See, in Räumen, in denen einst ihr Kinderlachen erklang. Wo noch die alte Kuckucksuhr in ihrem kleinen Mädchenzimmer tickte und alte Spielsachen standen, Puppen, die sie einst ans Herz gedrückt hatte, und wo vielleicht im Garten noch die alte Schaukel hing. Auf ihr hatte sie einst versucht, sich mit wildem Jauchzen zum Himmel empor zu schwingen. Doch erreicht hatte sie ihn nie...

Am liebsten wäre sie sofort nach Bayern aufgebrochen. Doch das ging ja nicht so. Sie hatte doch Franzl zugesagt, endlich in Wien bleiben zu wollen. Für immer. Oder für eine Weile wenigstens. Ja, wenigstens für eine kleine Weile.

Sie eilte leichtfüßig die steil abwärtsführenden Wege zum Schloßpark hinunter. Und dabei kam ihr zum Bewußtsein, wie nahe die Gloriettegasse war, in welcher die Villa stand, welche die „Freundin" bewohnte.

Dort muß ich auch einmal hin, sagte sie sich, und sehen, was mein Franzl so gemütlich findet, daß er davon gar nicht lassen will. Ja, ich werde die Baronin besuchen!

Und irgendwann, vielleicht noch heuer, vielleicht auch erst im Frühjahr kommenden Jahres, möchte ich mein Possi wiedersehen. Es ist seltsam, daß es mich dort so hinzieht, sagte sie sich.

7. Allianzen

Franzl hatte wenig Zeit. Die Innen- wie auch die Außenpolitik forderten ihn. Besonders die offensive Außenpolitik des deutschen Nachbarn und Verbündeten bereitete ihm Sorgen. Da traten seine privaten Probleme immer wieder in den Hintergrund — und das war hinsichtlich der drückenden Verantwortung, die auf ihm lastete, nur natürlich.

Seine Warnungen an Sissy, lieber im Lande zu bleiben und das Ausland besser zu meiden, hatten ihren realen Hintergrund und entsprachen einer echten Sorge um ihre Sicherheit. Was der österreichische Geheimdienst aus dem Ausland berichtete, beunruhigte ihn sehr. Tatsächlich entwickelte sich die Schweiz zu einem Anarchistennest. Aber nicht immer waren es politische Revolutionäre, welche zur Gefahr wurden. Sehr oft handelte es sich um Handlanger, die für Geld oder aus vermeintlich patriotischen Motiven zur Waffe griffen und damit den Interessen von Lobbies oder auch von Staaten dienten. Manchmal ohne daß sie eine Ahnung hatten, wer ihre Hintermänner waren.

So bezogen etwa die „Deutschnationalen" in Böhmen die Gelder für ihre subversive Tätigkeit auf dem Umweg über die deutsche Botschaft in Wien; damit druckten sie ihre gegen Habsburg gerichteten Pamphlete. Der Ritter von Schönerer griff keineswegs in die eigene Tasche, um seine Partei zu finanzieren, die letztlich eine Angliederung der deutschsprachigen Gebietsteile Österreich-Ungarns an das Reich der Hohenzollern anstrebte.

Andererseits finanzierten sich die Tschechen, die sich durch diese Aktivitäten nicht minder bedroht sahen, zum Teil mit russischen Geldern, denn das Zarenreich fungierte als Schutzmacht aller slawischen Völker und verteidigte deren Interessen.

In Österreich-Ungarn, das damals vom sächsischen Erzgebirge bis an die dalmatinische Mittelmeerküste und vom Bodensee bis zu den Transsylvanischen Alpen reichte — die Festung Kronstadt war nur etwa hundert Kilometer von Bukarest entfernt —, in diesem riesigen Kernstück Mitteleuropas lebten außer den deutschsprechenden Österreichern auch noch Bosniaken, Kroaten, Ungarn, Tschechen, Italiener, Galizier, Polen und Dalmatiner sowie zahlreiche andere kleine Völkerschaften bis hin zu den Uzulen in den Karpaten. Ein sehr wesentliches Bindeglied war die Armee und in dieser wieder die gemeinsame Kommandosprache Deutsch. Sie aber war der Punkt, wo die Lokalpatrioten immer wieder einhakten, an nationalistischen Ehrgeiz appellierten und eine gegen die Interessen der Gesamtmonarchie gerichtete Politik betrieben.

Das Nationalitätenproblem machte die Monarchie verwundbar. Das hatten die Großmächte längst erkannt. Freundschaft zwischen den Monarchen mochte es privat zwar geben. Doch selbst die verwandtschaftlichen Beziehungen unter den regierenden Häuptern vermochten nichts gegen die Machtinteressen einzelner Lobbies, die ihrerseits wieder handfeste wirtschaftliche Basen hatten. Der Patriotismus war nur das Mittel zum Zweck, sich der Mitarbeit nützlicher Idioten zu versichern, die beschränkt genug waren, sich für fremde Interessen die Hände schmutzig zu machen.

Wilhelms kluger Taktiker Fürst Bismarck hatte mit Nikolaus einen Vertrag zustande gebracht, der ein diplomatisches Meisterstück zu nennen gewesen wäre, hätte man seine praktische Durchführbarkeit nicht am Ballhausplatz in Wien durch einen Geheimvertrag mit Frankreich zunichte gemacht. Der Vertrag zwischen Petersburg und Berlin hätte den Zaren im Kriegsfall zwischen Frankreich und Deutschland zur Neutralität verpflichtet, während er als Gegenleistung dafür die eigene Neutralität im Falle von ausgehenden Kampfhandlungen von Österreich gegen Rußland zusicherte.

Im Herbst des Jahres 1887 erkannte man jedoch in der Reichskanzlei in Wien mit aller Deutlichkeit, daß der deutsche Verbündete sich mit diesem Pakt bloß den Rücken freihalten wollte und den Krieg mit Frankreich anstrebte, das er zu provozieren suchte. Für diesen Fall, erklärte Bismarck vor dem Reichstag ungeniert, hätte er sogar italienische Truppen zur Verfügung, die Frankreich von der Flanke aus angreifen könnten. Mit diesen Italienern meinte er Teile der österreichisch-ungarischen Streitkräfte, die aufgrund des alten Bündnisvertrages mit Deutschland zur Hilfeleistung verpflichtet gewesen wären.

Franzl aber hatte wenig Lust, seine Soldaten ins Feuer zu schicken, um Wilhelm und der deutschen Hochfinanz zu fetten Gewinnen aus ihren Anteilen an Stahl- und Rüstungsunternehmen zu verhelfen, die infolge ihrer internationalen Verflechtungen Freund und Feind mit gleicher Ware beliefert hätten. Daß mit diesem Kaiser und seinem Reich kein solches Geschäft zu machen war, ja, seine auf die Erhaltung des Friedens gerichteten Bestrebungen ihn als permanenten Spielverderber erscheinen ließen, machte Franz Joseph und seine Familie in gewissen Kreisen höchst unbeliebt.

Hätte sein Sohn Rudolf seine paneuropäischen Ziele verwirklichen können, wäre im europäischen Raum für sie überhaupt kein Geschäft mehr zu machen gewesen. Unglückseligerweise verfolgte der neue Thronfolger die gleichen Ziele; man hatte ihn bereits gewarnt, und Ferdinand traf schon insgeheim Maßnahmen für den Fall, daß auch er ein vorzeitiges gewaltsames Ende finden würde.

Noch aber saß „der Alte" auf dem Thron, und mehr und mehr sah es danach aus, als stünde dieser Thron auf einem Pulverfaß. Man konnte schwerlich direkt gegen ihn an, aber man konnte ihn an verwundbarer Stelle treffen und den alten Löwen dadurch reizen. Man konnte das Reich in seiner Gesamtheit provozieren — sodaß man vielleicht am Ballhausplatz die Nerven verlor und sich zu einer Unvorsichtigkeit verleiten ließ, durch die dann das Kriegsgeschäft in Gang kam.

Dies alles war Franzl bekannt, doch nun glaubte er, mit

Sissy nicht länger darüber diskutieren zu müssen. Hatte sie doch selbst erklärt, ihre Reiselust wäre verflogen und er müsse nun nicht mehr für ihre Sicherheit fürchten, wenn sie im Ausland wäre.

Daß sie endlich zur Vernunft gekommen zu sein schien und ankündigte, seßhaft werden zu wollen, war für Franzl eine große Erleichterung. Bisher hatte sie in einer eigenen Welt gelebt, die irreal und doch in gewissem Sinne auch heil genannt werden konnte. Da sie sich nicht um Politik kümmerte, existierten viele Probleme für sie einfach nicht. Sie verdrängte das Wissen um sie als für ihre Person nicht gültig. Franzl wußte aber sehr wohl, daß dies ein gefährlicher Trugschluß von ihr war, wenn sie glaubte, eine inselgleiche Existenz führen zu können. Sie war — auch wenn sie es nicht wahrhaben wollte — eine Person von eminenter politischer Bedeutung und Wirksamkeit. Ein ganz leicht erkennbarer Beweis für diese Tatsache war die Einstellung der ungarischen Reichshälfte zu ihr, die sie nach wie vor förmlich vergötterte.

Nun glaubte er die Gefahr endlich gebannt. Doch er hätte seine Sissy besser kennen müssen. Sie war mit dem ehrlichen Wunsch nach Wien gekommen, in der Hermesvilla, an der Seite ihres Gatten, in Ruhe und Frieden ihren Lebensabend zu verbringen. Doch sie fühlte sich nicht wieder angenommen. Ja, mehr noch, sie glaubte sich verdrängt.

Mißtrauen nagte an ihrem Herzen, und es richtete sich gegen die Baronin Kiss. Die hatte sich einen Platz im Herzen des Kaisers erobert — und das mit Sissys eigener Unterstützung. Nun aber dachte diese, eine so große Bedeutung in Franzls Leben stünde der Baronin nicht zu.

„Ich muß mit ihr reden", sagte sie sich. „Ja, ich werde sie besuchen! Wir werden einander Aug in Aug gegenüberstehen."

Das einfachste wäre wohl gewesen, wenn sie eines Morgens gemeinsam mit Franzl in die Gloriettegasse gegangen wäre. Doch dann wäre kaum ein Vieraugengespräch mit Kathi zustande gekommen, wie es sich Sissy vorstellte. Und auch dann nicht, wenn sie eine Begleiterin — etwa Irma Sztaray — mitgebracht hätte.

Warum aber machte sie es nicht einfach wie Franzl, ging zu Fuß und ganz solo in die nahe Gloriettegasse und läutete bei der Schauspielerin an? — Nun, Franzl würde es höchstens eine Stunde später wissen, das war klar. Aber was war dabei? Er selbst nahm ja täglich diesen Weg. Sie, Sissy, hatte dagegen bis jetzt noch keinen Einwand erhoben.

Und warum nicht gleich hingehen? — Sie war zwar nicht angemeldet, und es widerstrebte ihr, die Baronin unter Außerachtlassung jeder Höflichkeit einfach zu überraschen. Aber vielleicht war das gerade gut, brachte Kathi aus der Fassung. Sie, Sissy, war die Kaiserin. Sie konnte kommen und gehen, wann es ihr beliebte.

Unbewußt reckte sie sich auf, und ihr Gesicht nahm einen energischen Ausdruck an. Zehn Minuten später stand sie vor der Schratt-Villa; die Straße mit ihren Alleebäumen war fast menschenleer, niemand beachtete sie. Und wie Franzl, als er zum erstenmal vor dem Tor zum Vorgarten stand, hatte sie ein Problem: Wie komme ich hinein, fragte sie sich. Es war doch wohl unschicklich, zu rufen!

Dann entdeckte sie die Klingel, die Franzl täglich zog, wenn er zu seinem Frühstück wollte. Sie zog daran — zu heftig, wie es schien, denn gleich darauf wurde klirrend ein Fenster geöffnet, und ein Dienstbote fragte unwirsch:

„Was wollen S'? Die Gnä' Frau ist nicht daheim!"

Damit hatte Sissy gar nicht gerechnet . . . Auch nicht damit, daß dies nur eine Ausrede sein könne. Sie sagte kein Wort, wandte sich um und lief fluchtartig davon und hörte nochmals die unangenehme Stimme hinter sich:

„He — was haben S' denn wollen?!"

Ja — was hatte sie denn wirklich gewollt . . .? Sie war heilfroh, als sie, wie sie hoffte, unerkannt wieder im Schloßpark war. Sie war zornig und fühlte zugleich tiefe Beschämung.

Ich werde sie doch zu mir zum Tee bestellen, sagte sie sich. Sie lief zum Schloß und hörte, als sie die Vorhalle betrat, einen erstaunten Ausruf. Sie wandte sich um.

Die Posten standen stramm, das Gewehr geschultert. Zwei Damen verneigten sich an der Tür zum Bergl-Zimmer, davon eine ganz tief. Sie erkannte sie nicht sogleich. Doch als sich die Frau aus dem Hofknicks aufrichtete, wußte sie, wer hier neben der Ferenzcy stand.

„Mikes!" rief Sissy überrascht und erfreut aus, „liebe Frau von Mikes!"

„Majestät, ich bin über das Wiedersehen entzückt", rief die Gräfin, „ich habe hier nur Frau von Ferenzcy besucht. Wir haben von alten Zeiten geplaudert, als auch ich die Ehre hatte, zum Hofstaat Eurer Majestät zu gehören. Nun, das ist schon eine Weile vorbei . . . Aber ich bin jetzt wieder vorübergehend in Wien, und da hat es mich einfach hierhergezogen!"

„Sie müssen mit mir kommen, jetzt gleich", meinte Sissy impulsiv.

„Aber, Majestät, ich bin nicht für eine solche Visite angezogen und nicht angemeldet. Man wird mich gar nicht vorlassen —"

„Was reden Sie da von vorlassen! Ich nehme Sie einfach mit mir — und Sie auch, Ida!"

Natürlich war Frau von Mikes aufs höchste entzückt. Daß sich diese Begegnung gleich zu einem Plauderstündchen ausdehnen würde, hatte sie nicht zu erhoffen gewagt; und doch war es der uneingestandene Wunsch gewesen, Sissy zu sprechen, der sie hierher nach Schönbrunn geführt hatte.

In einem der Salons der Kaiserin ließ man sich an einem Jourtischchen nieder.

Frau von Mikes atmete zufrieden jene Luft in tiefen Zügen ein, die sie so lange hatte entbehren müssen — die Luft der kaiserlichen Gemächer, in denen sie aus und ein gehen durfte, als sie noch bei Hofe war. Daß dies nicht mehr der Fall war, daran war Sissy schuld, denn sie hatte ihre Hofdame Mikes mit einer heiklen Mission betraut. Frau von Mikes war erfolgreich gewesen. Tatsächlich hatte sie herausbekommen, wo Sophie Chotek sich aufhielt, die in einem Kloster versteckt wurde, als deren Liebschaft mit Franz Ferdinand entdeckt worden war und zum Skandal geführt hatte.

Frau von Mikes wurde dieser Dienst schlecht gelohnt. Sie wurde entlassen. Und das sehr zu ihrem wie auch zu Sissys Leidwesen. Doch Franzl blieb hart. So kam man sich aus den Augen.

Sie war ein wenig schlanker geworden, doch sie trug noch immer jenen gutmütig-pfiffigen Ausdruck in ihrem Gesicht, der Sissy für sie eingenommen hatte.

„Was führte Sie nach Wien?" wollte Sissy wissen.

„Na, können sich das Majestät nicht denken?" lautete die respektlose Gegenfrage. „Man redet doch von nichts anderem! Und die Zeitungen schreiben doch tagtäglich drüber! Da muß man doch als Kulturmensch dabeisein!"

„Wobei, bitte?" fragte Sissy ahnungslos.

„No, bei der Eröffnung vom neuen Burgtheater natürlich!" rief die Mikes begeistert. „Noch sind zwar ein paar Planken drumherum, aber was man von außen schon sehen kann — na, alle Achtung!"

„Ach so, das meinen Sie! Und deswegen sind Sie extra nach Wien gekommen?"

„Nicht nur ich, Majestät, nicht nur ich! Na, und man freut sich halt, wenn man wieder in Wien ist, wo man so lang gewohnt hat, und man kauft gleich ein, was man in der Provinz, wo ich jetzt leb', nicht kriegt."

Sissy lächelte: „Nun, es freut mich jedenfalls von Herzen, Sie wiederzusehen, liebe Mikes. Es geht Ihnen doch hoffentlich gut? Und auch der Familie?"

„Durchaus, Majestät, durchaus. Wir können nicht klagen. — Majestät sind doch sicher übermorgen abend auch dort? Im Burgtheater, meine ich."

„Nein, Mikes. Ich gehe in kein Theater mehr."

„Aber das ist doch ein offizieller Festakt, Majestät ... Da können Majestät doch gar nicht fernbleiben!"

„Ich bin auch bei der Eröffnung der Hofoper nicht gewesen. Nur wenn ich anläßlich eines Staatsbesuches gar nicht anders kann, gehe ich hin. Ich habe dem allen entsagt — nach dem Tod meines Sohnes, müssen Sie wissen. — Ach ja, in einer Kinematographen-Vorstellung war ich, in Biarritz. Weil es eine neue Erfindung ist, die ich kennenlernen wollte. Meine arme Schwester ist in Paris umgekommen — wegen eines solchen Apparates! Ich gehe bestimmt auch zu sowas nicht mehr hin."

Die Mikes klatschte auf ihre urtümliche Art entsetzt in die Hände. „Und am Abend zuvor — zur Abschiedsvorstellung ins alte Burgtheater gehen S' auch nicht?"

„Natürlich nicht. Obwohl — in diesem Haus habe ich manches erlebt — auch Privates, und es tut mir leid darum."

„Den Schauspielern auch, wie man hört! Die haben alle Angst vor dem neuen, großen Theater. In dem werden s' schreien müssen, damit man sie überall versteht, sagt man."

„Mein Mann wollte ja ursprünglich gar kein so großes Hofburg-Theater haben", erklärte Sissy. „Und es war auch gar nicht daran gedacht, es dort hinzubauen, wo es jetzt steht. Aber das ist eine lange Geschichte."

Sie glaubte, jetzt zu wissen, warum sie die Baronin Kiss

nicht daheim angetroffen hatte. Die Übersiedlung eines ganzen Theaters in ein neues Haus war wohl eine recht umständliche Angelegenheit.

8. Das neue Burgtheater

„Ja", plapperte die Gräfin Mikes, deren Herz übervoll war in ihrer seligen Stimmung, Sissy persönlich angetroffen zu haben, „ich bin kaum zwei Stunden in Wien gewesen, als ich auch schon den ganzen Tratsch zu hören bekam, der so in den Gassen im Gange ist. Vom Burgtheater. Vom Direktor. Von den Schauspielern . . ."

„Auch von Katharina Schratt?" fragte Sissy hellhörig.

„Natürlich, auch von der. Von der sogar ganz besonders."

„Wieso besonders?" wollte Sissy wissen.

Die Mikes machte ein erschrockenes Gesicht.

„Nun ja, weil — weil — weil sie doch eine so berühmte Schauspielerin ist. Von der redet man halt!"

Das klang wie eine Ausrede. Sissy empfand, daß Frau von Mikes etwas anderes hatte sagen wollen. Nun fiel es der schwer, das zu verbergen. Sie hatte sich ganz einfach verplappert.

„Das ist doch wohl nicht der alleinige Grund", meinte Sissy argwöhnisch. „Nein, liebe Mikes, seien Sie aufrichtig: weshalb redet man über die Schratt — und was redet man über sie . . .?"

Frau von Ferenczy sah die große Verlegenheit der ehemaligen Hofdame und verspürte Mitleid mit ihr. Auch sah sie eine gefährliche Situation heraufdämmern, und daher versuchte sie, der Mikes zu Hilfe zu kommen.

„Die bevorstehende Weihnachtspremiere", warf sie ein, „ist schon in aller Munde. Da wird die Frau Baronin zum erstenmal im neuen Haus auftreten."

„Zu Weihnachten erst?" wunderte sich Sissy. „Aber das ist doch erst in zwei Monaten!"

„Aber sie arbeiten jetzt schon daran — das neue Haus hat ja ganz andere Dimensionen. Da paßt nichts mehr, von den Dekorationen angefangen bis zur Stimme und den Stellproben."

Sissy war nicht überzeugt. Umso weniger, als die Mikes eine vorsichtige, deshalb aber nicht weniger ungewöhnliche Bemerkung machte, daß man sie daheim dringend erwarte und die Zeit, die sie in Schönbrunn hatte zubringen wollen, längst überschritten sei. Als sie Sissy begegnet wäre, da wäre sie eben im Aufbruch begriffen gewesen.

Jemand, dem die Auszeichnung widerfuhr, sich mit dem Kaiser oder der Kaiserin in einem Gespräch zu befinden, durfte von sich aus eine solche Bemerkung nicht machen; es lag ausschließlich im Ermessen der Majestäten, wann sie eine Unterredung beenden wollten. Alles andere verstieß gegen die höfische Sitte, und Frau von Mikes konnte gewiß nicht behaupten, daß ihr diese Gepflogenheit unbekannt wäre. Umso verdächtiger erschienen die Worte, die sie voll Verlegenheit fallen ließ, wobei sie nicht einmal wagte, Sissy ins Gesicht zu sehen.

Doch auch hier wieder half ihr die Ferenczy.

„Ja, das stimmt, Majestät", erklärte sie rasch, „die arme Frau von Mikes ist nur noch eine Woche in Wien und hat in dieser Zeit so viele Erledigungen, daß sie einem direkt leid tun kann!"

„Nun", meinte Sissy pikiert, „dann wollen wir die Gräfin nicht länger aufhalten."

Und sie gab das Zeichen zur Entlassung. Die beiden Frauen versanken in den Hofknicks.

„Sie bleiben, Ida", befahl Sissy jedoch, bevor sich auch diese verabschieden konnte. „Kommen Sie bitte mit mir."

Die Ferenczy und die Mikes wechselten einen vielsagenden Blick. Auch das entging Sissy nicht, noch weniger, daß die Mikes dabei eine fast flehentliche Miene aufsetzte. Das sieht so aus wie eine Bitte, etwas nicht zu verraten, sagte sie sich mißtrauisch und nahm sich vor, der Sache auf den Grund zu gehen.

Tatsächlich hatten die Mikes und Ida Ferenczy etwas besprochen, das sowohl Kathi als auch Sissy betraf. Doch die Mikes wollte nicht diejenige sein, die das Gerücht Sissy weitererzählt hatte. Sie verspürte nicht die geringste Lust, nicht nur beim Kaiser, sondern auch bei der Kaiserin in Ungnade zu sein. Ein gebranntes Kind, das sie war, fürchtete sie das Feuer.

Ida aber wußte, als sie Sissy folgte, daß ihr wohl nichts anderes übrigbleiben würde, als Farbe zu bekennen. Sie kannte Sissy und hatte den unnachgiebigen Ausdruck ihres Gesichts bemerkt. Ausflüchte würden da nicht helfen; aber Ida Ferenczy nahm sich vor, die arme Mikes möglichst zu schonen.

Sissy schritt zielstrebig in ihr Arbeitszimmer, vorbei an Lakaien und Höflingen, die sie kaum grüßte. Ihr Haupt war stolz erhoben, ihr Nacken aufgereckt. Unwillkürlich nötigte sie Ida, die hinter ihr herschritt, Bewunderung ab. Was für eine Frau, dachte die Gräfin. Was ist sie doch noch immer für eine bewundernswerte Frau! Jetzt war sie offenbar die verkörperte beleidigte Majestät.

Arme Mikes!

Diese fuhr heim mit einem recht flauen Gefühl im Magen. Sie nahm sich vor, so bald als möglich von Ida zu erfragen, was nach ihrem Abgang noch losgewesen war. Sie vermutete nichts Gutes.

Und dabei hatte sie doch nur warnen wollen! Denn böswillige Zungen wollten der Schratt und dem Kaiser ein Verhältnis andichten, das über den Rahmen freundschaftlicher Beziehungen hinausging.

Der Weg durch die endlosen Zimmerfluchten von Schloß Schönbrunn schien der armen Ida diesmal so lange wie nie zuvor. Wie kann ich es der Kaiserin nur schonend beibringen, fragte sie sich, daß es sich bloß um eine Verleumdung handeln kann, um eine Intrige gegen die Schratt?!

Wie die Wiener aber nun einmal waren, nahmen sie dergleichen begierig für bare Münze, froh, daß sie wieder Gesprächsstoff hatten — noch dazu einen, bei dem es um den Kaiser persönlich ging!

In Gedanken sah Ida, wie sie die Köpfe zusammensteckten: Kann es denn wahr sein, daß der Kaiser etwas mit der Schratt hat?

Irgendwie mußte man dem einen Riegel vorschieben. Doch es handelte sich um nichts Gedrucktes. Ein Gerücht läßt sich nicht, wie eine Zeitung, konfiszieren!

Wie hatte doch Frau von Mikes gesagt? — „Das sind sicher neidische Kollegen vom Burgtheater, die der Baronin ihren Erfolg mißgönnen!"

Ob das stimmte? Genausogut konnte das Gerücht auch außerhalb des Theaters in Umlauf gebracht worden sein. Ida war sich darüber im klaren: die Sache war gefährlicher, als es den Anschein hatte, denn das Gerücht war geeignet, das Ansehen des Kaisers beim Volk zu erschüttern.

Während Ida gehorsam Sissy auf den Fersen blieb, schwirrten wilde Gedanken wie ein Bienenschwarm durch ihren geplagten Kopf. Auf jeden Fall hat Frau von Mikes recht daran getan, mit dieser üblen Sache zu mir zu kommen, sagte sie sich.

Die Mikes fühlte sich einfach in ihrem ehrlich besorgten patriotischen Herzen dazu verpflichtet, die Gefahr aufzuzeigen. Doch da die Angelegenheit aufgrund ihrer privaten Perspektive derart heikel war, hatte sie lange überlegt, was sie tun sollte. Ihr erster Impuls war, direkt zu Sissy zu gehen. Schließlich hatte sie stets deren Vertrauen besessen. Doch dann — in Erinnerung dessen, was ihr als schnöder Undank erscheinen mußte, war sie vorsichtig geworden und hatte überlegt. Nein, nicht direkt zur Kaiserin, hatte sie sich gesagt und sich ihrer Freundin und Kollegin am Hof, Ida Ferenzcy, erinnert.

Sie hatte sie aufgesucht und ins Vertrauen gezogen. Und dabei festgestellt, daß Ida auch schon von der üblen Sache Wind bekommen hatte. Beide fanden, es wäre an der Zeit, mit der Kaiserin zu sprechen — doch es müsse in aller Vorsicht geschehen, man dürfe die sensible Sissy nicht verletzen.

Ida wollte es auf sich nehmen, Sissy zu informieren. Gerade als die beiden Frauen fast zu einem Entschluß gekommen waren und Ida die Mikes hinab in die Halle begleitet hatte, war ihnen Sissy über den Weg gelaufen. Nun war es zu spät, weitere Pläne zu erwägen, und die Mikes wußte nur zu gut, daß es momentan auf Idas Geschicklichkeit ankam. Sie konnte nur hoffen, daß dabei nichts schiefgehen würde.

Beide Frauen ahnten nicht, daß Sissy in ihrem Innersten bereits verletzt und im Augenblick nicht gut auf die Schratt zu sprechen war, wenn auch nicht aus dem Grund, den das Gerücht beinhaltete. Sie fühlte sich bloß verdrängt, beiseite geschoben, unnütz geworden. Und da sie sehr wohl wußte, daß sie selbst daran nicht unschuldig war, war sie inkonsequenterweise umso wütender. daß ihr, der Kaiserin und Königin, einmal bestimmt sein würde, eine Schauspielerin mit den Augen einer Rivalin zu sehen, erschien ihr ungeheuerlich. Aber daß diese so weit gehen könnte, wie böse Zungen behaupteten, überschritt ihr Vorstellungsvermögen. Sie war der Meinung, die Schratt würde wohl wissen, wo ihre Grenzen lägen. Und auf Franzls Ehrenhaftigkeit hatte sie stets vertraut und seine Treue nie in Frage gestellt.

Es hätte sie wie ein Keulenschlag getroffen, hätte ihr Ida Ferenzcy reinen Wein eingeschenkt. Krampfhaft überlegte die Gräfin deshalb eine Ausrede. Gewiß, man mußte die Kaiserin informieren — aber nicht auf einmal, sondern vorsichtig und schonend! Und auf keinen Fall durfte die Gräfin Mikes dabei im schiefen Licht einer Denunziantin erscheinen. Was soll ich der Kaiserin also sagen? überlegte sie. Ihr blieben nur noch wenige Sekunden bis zu dem Moment, in dem sie sprechen mußte . . .

In ihrem Arbeitszimmer angekommen, schickte Sissy das Mädchen, das mit dem Säubern der Möbel beschäftigt war, hinaus. Aug in Aug stand ihr Ida gegenüber.

„Was ist los?" fragte sie ohne Umschweife. „Was wird mir verschwiegen? Wir kennen uns lange genug, Ida. Sie dürfen mir nichts verheimlichen."

„Es — es ist das Theater, Majestät", fiel Ida nichts Besseres ein.

„Welches Theater? Das Burgtheater?"

„Das alte Burgtheater, Majestät", log Ida. „Frau von Mikes hat mich gebeten, ob ich ihr nicht Karten verschaffen könnte — es ist ausverkauft. Frau von Mikes möchte ein Souvenir mitnehmen!"

„Was denn für ein Souvenir?" staunte Sissy.

„Nun, Majestät werden sehen — wer das Glück hat, in die letzte Vorstellung gehen zu können, nimmt sich ein Andenken an das Theater mit. Ein Stück von einem Logenvorhang, Samt von einer Brüstung, womöglich gar eine Logenklinke oder ein Nummernschild. Die Leute nehmen sich Werkzeug mit in die Vorstellung — Schraubenzieher, Scheren, alles möglich! Es wird ein tränenreicher Abschied werden, Majestät. Die Wiener würden am liebsten haben, daß das alte Theater stehen bleibt."

„Ist es denn die Möglichkeit", staunte Sissy. „Da wendet mein Mann ein Wahnsinnsvermögen auf, um den Wienern ein schönes, neues Haus an die Ringstraße hinbauen zu lassen, viel größer und kostspieliger, als er ursprünglich wollte, und nun wollen sie sich nicht von dem alten Tempel trennen!"

Ida war sichtlich froh, daß es ihr augenscheinlich gelungen war, die Situation fürs erste zu meistern und eine Ausrede zu finden, die vor allem die Mikes aus der Sache heraushielt. Natürlich war das keine Lösung des Problems, aber auf jeden Fall war Zeit zum Nachdenken gewonnen.

„Ich wußte gar nicht, daß Frau von Mikes eine solche Theaternärrin ist", meinte Sissy noch immer ein wenig mißtrauisch.

„Majestät — es ist für sie ein Stück Wien, das sie mit nach Hause nehmen will", suchte Ida zu erklären. „Was wäre Wien ohne sein Burgtheater! Ach, es wird wirklich Tränen geben und schwer werden, das Publikum an das neue Haus zu gewöhnen — von den Schauspielern gar nicht zu reden. Alle klagen, auch die Baronin. Vor der festlichen Eröffnungsvorstellung zittern sie!"

Sissy schüttelte den Kopf.

„Ich habe nicht gedacht, daß die Sache so viel Aufheben verursacht", fand sie. „Gewiß, es ist ein festliches Ereignis. Die Architekten sagten, es sei das schönste Theater Europas geworden. Aber Theater haben für mich ihre Bedeutung verloren, das ist der Grund, daß ich an der Sache nicht so großen Anteil nehme."

„Aber ganz Wien nimmt Anteil daran, Majestät! Wien ist doch eine Theaterstadt!"

„Nun, versuchen Sie, Frau von Mikes einen Platz zu beschaffen", meinte Sissy stirnrunzelnd.

„Und Majestät gehen nicht hin — zur Abschiedsvorstellung und zur Eröffnung?"

„Was sollte ich dort? Den Leuten mit meinem Trauergewand die Laune verderben?"

„Aber Seine Majestät wird doch wohl müssen!"

„Natürlich muß er. Er wird die Hofloge betreten, man

wird sich erheben und die Hymne singen. — Spielt die Baronin?"

„Hat man denn Majestät noch kein Programm vorgelegt? — Oh, es liegt doch auf dem Schreibtisch!"

Sissy sah das Kuvert und überflog die Festfolge mit dem Verzeichnis der Mitwirkenden.

„Zum Prolog — die Gabillon, die Wolter, die Hohenfels und Sonnenthal. Da ist sie nicht dabei. — Aha, da steht aber: sowie das gesamte künstlerische Ensemble. Da muß sie also doch auf die Bühne, wenn auch nur, um sich zu verneigen. Und was folgt dann? Grillparzers unvollendete ‚Esther', mit Gabillon, Devrient, der Kallina und der Bleibtreu — und zum Schluß auch noch ‚Wallsteins Lager', worin die Baronin auch nicht mitwirkt, wie ich feststelle."

„Dafür hat man sie aber auf den eisernen Vorhang gemalt, Majestät. Sie diente dem Maler Fux als Modell für die ‚heitere Muse'."

„Wie schön", spöttelte Sissy, „dann hat man sie also immer vor Augen, auch wenn sie im Stück gar nicht auftritt!"

„Sie wird darauf verewigt sein — selbst, wenn sie längst nicht mehr spielt, als eine große Künstlerin."

Ich muß es mir ansehen, dachte Sissy. Aber nicht während einer Vorstellung. Und auch ins alte Burgtheater möchte ich noch einmal — um Abschied zu nehmen. Es ist tatsächlich so: wieder geht ein Stück vom alten Wien dahin und fällt der Spitzhacke zum Opfer!

Nun also würden die Planken um die riesige Baustelle des Burgtheaters fallen, Jahre später als beabsichtigt; ursprünglich sollte das Theater in unmittelbarer Nähe der Hofburg stehen, wie das alte, das durch den „Theatergang" direkt mit dem Kaiserappartement verbunden war. Und es sollte auch ein intimes Theater werden, das nicht viel mehr als tausend Zuschauer faßte. Doch da die finanziellen Mittel für den Bau des geplanten Kaiser-Forums fehlten und die

Ringstraßen-Architekten einen Prunkbau als Gegenüber zum neuen Rathaus haben wollten, an einem Platz, wo noch eine Lücke klaffte, entstand der Musentempel, der nun, fünf Jahre später als geplant, eröffnet werden sollte.

9. Abschied und Weihe

Der Platz, an dem das neue Hofburg-Theater gebaut worden war —, es war blutgetränkter Boden. Hier, an der Stätte der ehemaligen Löwelbastei, hatten die Wiener im Jahre 1683 in Kämpfen von gnadenloser Härte die Türken, die versucht hatten, die Bastei durch Minen zu sprengen, unter schweren Opfern zurückgeschlagen.

Nun stand hier ein Theater — und was für eins! Für 75 Florentiner-Gulden konnte man sich eine Loge kaufen, um den Prachtbau von Hasenauer und Semper zu bestaunen, seinen herrlichen Zuschauerraum, seine prachtvollen Wandelgänge, Feststiegen und Foyers, an denen Künstler wie Gustav Klimt ihr Können bewiesen hatten.

Das neue Haus hatte bereits elektrisches Licht, wofür man ein eigenes, kleines E-Werk in der Schenkenstraße bauen mußte. Und doch — der in feenhaftem Glanz erstrahlende Prunkbau erschien vielen zwar staunenswert, doch wer das alte Theater am Michaelerplatz bei der Abschiedsvorstellung erlebt hatte, dem klangen noch die Worte des Epilogs in den Ohren, den der große Sonnenthal rezitierte, bevor sich das ganze Ensemble des Hauses zum letzten Mal verneigte:

„Wohl prangt das neue Heim, das uns empfängt,
durch kaiserliche Gnade uns bereitet.
Und dennoch klopft in Wehmut mir das Herz,

*und wie ein Mann, der von der Heimat scheidend
sich eine Scholle Heimaterde mitnimmt, möcht' ich
von diesen Brettern hier, die nicht nur euch,
die uns die Welt bedeuten, einen Splitter mit mir
nehmen,
daß er uns wahre das Angedenken einer großen Zeit,
da uns're Kunst, Kind dieses Hauses,
unter einem Dach mit Öst'reichs Kaiserkrone durfte
wohnen . . ."*

Das war im neuen Haus nicht mehr der Fall. Auch Sissy hatte — ein letztes Mal — den Theatergang durcheilt. Sie öffnete die Tapetentür und stand im Logenkorridor des alten Theaters am Michaelerplatz, das seine letzte Vorstellung spielte. Hier brannten und dufteten noch Öllämpchen und Kerzen. Auch die Bühne war von warmem Kerzenlicht erhellt. In all den Jahren, in denen hier gespielt worden war, hatte die oft prophezeite Feuersbrunst nicht stattgefunden.

Die Stimmen der Schauspieler hallten von der Bühne her. Der Zuschauerraum war bis auf den letzten Platz mit einem andächtig lauschenden Publikum besetzt; auch die seitlich der Bühne befindliche Hofloge. Aber Franzl war nicht da.

Soweit Sissy erkennen konnte, gab es aber auf den für den Hof reservierten Plätzen auch keine Gräfin Mikes . . .

Sissy war schon wieder fort, als sich Ida Ferenczys Prophezeiung erfüllte. Nach Schluß der Vorstellung, kaum daß der Vorhang gefallen war, traten die Souvenirjäger in Aktion.

Im neuen Burgtheater gab es außer der offiziellen Hofloge auch noch eine sogenannte „Incognitologe", in der man halbwegs ungesehen war. In dieser wollte Sissy das neue Haus während einer Vorstellung erleben, aber nicht am Tag der Eröffnungspremiere. Am Morgen nach diesem gesellschaftlichen Großereignis wanderte sie mit Ida durch das neue Haus. Auf der Bühne wurde eben die Dekoration von gestern Abend abgebaut. Auf den Prunkstiegen und im Foyer entfernte man Palmen und Blattpflanzen, die zur festlichen Dekoration hier aufgestellt worden waren. Im Buffetsaal hing noch der Rauch von Zigarren und Zigaretten in der Luft, ja, man konnte sogar glauben, auch noch den Duft kostbarer Parfums zu verspüren.

„Es ist wunderschön, Majestät", meinte Ida. „Ein Palast der Schauspielkunst! Wien kann darauf stolz sein."

Doch als Sissy in der Hofburg die ersten Kritiken las, mußte sie feststellen, daß die Presse gegenteiliger Meinung war. Und bei Franzl fand sie den „Fürsten", der als oberster Intendant auch für die Hoftheater verantwortlich war, und den neuen Direktor des Burgtheaters, Herrn Doktor August Förster. Die Herren hatten allesamt rote Köpfe. Bei Sissys Eintritt fuhren sie überrascht herum; sie merkte, es herrschte dicke Luft im Arbeitszimmer des Kaisers.

„Bis jetzt hat mir noch niemand gesagt, ich wär' schwerhörig", hörte sie Franzl gerade noch sagen.

Dann aber, als sie eintrat, verabschiedete er noch die Herren, und sie entfernten sich in verdächtiger Eile.

„Ich komme eben vom Burgtheater", berichtete sie ihm.

„Warum bist du denn nicht gestern abend mit mir gegangen?" fragte er stirnrunzelnd.

„Das weißt du doch, Löwe! Weil ich dann ins Geschirr gemußt hätte."

„Na", meinte er, „diesmal hast du recht gehabt. Dir ist einiges erspart geblieben."

„Wieso?" fragte sie neugierig. „Und was war denn vorhin hier los?"

„Es ist ein Skandal", erklärte Franzl zornig. „Die Zeitungsschreiber haben völlig recht, obwohl ich sonst nicht immer ihrer Meinung bin! Diesmal teile ich sie. Schon bei der ‚Weihe des Hauses' war ich nicht imstande, auch nur einen Satz zu verstehen. Und dann, während der Vorstellung — die Schauspieler, habe ich mir sagen lassen, haben sich die Seele aus dem Leib geschrien. Vergeblich! Diese Architekten!"

„Aber das Theater ist doch herrlich schön", fand sie.

„Gewiß, das ist es! Aber die Akustik ist furchtbar miserabel!"

„Was spielt man denn morgen?"

„‚Ein Glas Wasser‘ von Eugen Scribe. Warum? Willst du's sehen? Ich warne dich. Du wirst keinen einzigen Satz verstehen können."

„Aber das ist ja eine Katastrophe", meinte Sissy und setzte sich an seine Seite.

„Das ist es wirklich! Wenn ich bedenke, was das Theater gekostet hat. Und die fürstlichen Honorare, welche ich den Herren Baumeistern und Architekten bezahlen mußte!" rief Franzl ergrimmt. „Das ist doch wohl das Mindeste, was man von einem Theater verlangen muß — daß man die Schauspieler versteht, meine ich!"

„Kannst du denn niemanden zur Verantwortung ziehen?"

„Die Pläne wurden genehmigt . . . Und es wurde nach diesen Plänen gebaut!"

„Mit einem Wort — keiner ist jetzt zuständig. Kein Wunder, daß die Leute dem alten Theater nachweinen und von der ‚Weihe‘ des neuen gar nicht entzückt sind!"

„Das ist so bei den Wienern, Sissy. Sie werden sich an das neue Haus gewöhnen und es liebgewinnen wie das alte. Die Mängel, die sich jetzt zeigen, müssen freilich behoben werden."

„Wieso spielte eigentlich die Baronin nicht im Eröffnungsstück?"

„Weil man kein Lustspiel aufführen wollte, sondern ein würdiges, ernstes Stück. Die Baronin spielt ab Weihnachten wieder in einer Komödie. ‚Die Schulreiterin' heißt sie. Ihr Partner ist Max Devrient."

„Sie wird doch hoffentlich nicht reiten?!" platzte Sissy lachend heraus. „Da würden die Tierfreunde aber protestieren, Franzl! Das arme Pferd könnt' einem wirklich leid tun!"

„Du sollst sie nicht verspotten", knurrte Franzl und verzog keine Miene über den Scherz. „Es kann nicht jede deine Figur haben!"

„Wenn ich nicht darauf achten würde, hätte ich sie auch nicht", stellte Sissy fest und runzelte die Stirn. „Und die ‚Heitere Muse' auf dem eisernen Vorhang find' ich geschmeichelt."

Er traute seinen Ohren nicht.

„Sissy, was hast du?" fragte er erstaunt. „Ist etwas zwischen dir und Kathi?"

„Ich habe Kopfschmerzen. Du entschuldigst mich, bitte", erklärte sie und erhob sich brüsk.

Sie verließ den Raum ohne ein weiteres Wort, während Franzl ihr verdattert und kopfschüttelnd nachsah.

Die Sztaray und die Ferenczy hatten die Krise kommen sehen. Ida fand es nicht ratsam, in dieser Situation auch noch das Problem aufzurollen, um dessentwillen Frau von Mikes sie aufgesucht hatte. Doch die Dinge nahmen auch ohne ihr Zutun ihren Verlauf.

Sissy erkundigte sich nach der Adresse von Frau von Mikes und mußte zu ihrer Überraschung hören, daß die Gräfin schon wieder abgereist sei. Wieder erwachte ihr Mißtrauen. Überraschend äußerte sie den Wunsch, das neue, im vergangenen Sommer im Prater aufgestellte Riesenrad zu besichtigen. Sie wollte dabei nur von Ida Ferenczy begleitet werden.

„Majestät, es ist kurz vor Allerheiligen, und das Riesenrad wird sicher nicht mehr in Betrieb sein", berichtete die

Ferenzcy bedauernd. „Man kann damit nur während des Sommers fahren!"

„Unsinn", blieb Sissy hartnäckig. „Es herrscht heute klares, schönes Wetter. Ich wüßte nicht, weshalb wir nicht eine Umdrehung mit dem Riesenrad fahren sollten, um uns die Stadt von oben zu besehen. Die Aussicht auf den Prater sei, habe ich mir sagen lassen, herrlich!"

„Das mag schon sein, Majestät", meinte Ida, „aber wir werden uns wohl bis zum nächsten Sommer gedulden müssen!"

„Bis zum nächsten Sommer?" schüttelte Sissy den Kopf. „Wer kann sagen, ob es dann nicht zu spät ist. Vielleicht lebe ich dann gar nicht mehr. Nein, ich will heute und jetzt mit dem Riesenrad fahren. Der Besitzer muß irgendwo aufzutreiben sein! Er mag für uns eine Extrafahrt arrangieren. Die Kosten werden ihm selbstverständlich vergütet."

„Ich werde mich bemühen, Majestät!"

„Und keinerlei Aufsehen, bitte — wir sind incognito selbstverständlich. Noch eins: wie lange dauert solch eine Fahrt?"

„Nun, vielleicht fünf oder zehn Minuten."

„Das genügt wohl", murmelte Sissy mehr zu sich selbst.

Ida wagte nicht, zu fragen, was die Kaiserin damit meinte. Sie ging, um ihren Auftrag auszuführen.

Es war ihr nicht wohl während der Fahrt in den Prater, während der die Kaiserin schweigsam neben ihr saß. Sissy benahm sich seltsam. Sie zeigte keine Spur der gewohnten, leicht distanzierten Vertraulichkeit, die sonst trotz des Standesunterschiedes zwischen diesen beiden Frauen herrschte, die so lange miteinander gelebt hatten und durch die Welt gereist waren.

Der Besitzer des Riesenrades fühlte sich durch die überraschende Ankündigung, daß die Kaiserin seine Attraktion sehen wolle, höchst geehrt; er hatte nur Mühe, seine Techniker aufzutreiben, die das technische Wunderwerk mit seinen dreißig Waggons — diese brachten ihre Passagiere in die luftige Höhe von sechzig Metern — in Betrieb setzen mußten.

Gabor Steiner, ein prominenter Showmanager des damaligen Wien, hatte unter vielen Schwierigkeiten den Platz erworben und dieses Riesenrad errichtet, das seither tagtäglich die Schaulustigen aus allen Ländern in den Prater zog, auch dann, wenn es sich, wie eben jetzt, nicht drehte.

Doch nun sah man davor eine Kutsche halten. Zwei Damen stiegen in einen der Waggons, und es drehte sich für sie ganz allein! Was sich aber jetzt drinnen in dem Waggon abspielte, sah und hörte niemand.

„Höchst interessant, nicht wahr?" begeisterte sich Ida. „Warum wollten Majestät nicht, daß Herr Steiner mitkommt, und uns alles erklärt?"

„Ich bin nicht neugierig", erwiderte Sissy, „weder auf Herrn Steiner noch auf diese ganze Konstruktion. Ich will etwas ganz anderes wissen. Und zwar von Ihnen! Wir sind nirgendwo sicher. In der Hofburg haben die Wände Ohren. Selbst der Kutscher, der uns fährt, kann ein verkappter Confident sein. Doch hier oben, Ida, hört uns niemand. Und hier können und müssen Sie reden."

Die Ferenzcy wurde bleich. Obwohl Sissy sich nicht genau geäußert hatte, wußte Ida dennoch sofort, was die Kaiserin meinte.

„Majestät", stieß sie abwehrend hervor.

Sissy wandte sich ab. Sie starrte wortlos durch die Waggonfenster auf die langsam unter ihr wegsinkenden Bäume und Praterbuden, auf das Leben auf dem Praterstern, wo sich viele Kutschen tummelten, bis die Menschen allmählich immer kleiner und kleiner wurden.

Der Wind umpfiff den Waggon. Die Achse, an der er hing und schaukelte, knirschte.

„Hoffentlich passiert nichts; hoffentlich sind wir auch sicher, Majestät", stieß Ida besorgt hervor.

„Reden Sie endlich", verlangte Sissy ungerührt. „Wir verlassen den Waggon nicht eher, bis Sie mir gestanden haben, was Sie mit Frau von Mikes besprachen. Es ging — um die Baronin, denke ich?"

Ida war den Tränen nahe.

„Majestät sollten so nicht mit mir sprechen", schluchzte sie plötzlich, „und auch nicht schlecht von Frau von Mikes denken. Sie meinte es gut. Sie kam, um zu warnen —"

„Warnen wovor?"

„Vor den Gerüchten, die in der Stadt im Umlauf sind!"

„Gerüchte, sagen Sie? Was für Gerüchte?"

„Oh, es ist gewiß die reine Verleumdung... Deshalb aber nicht minder gefährlich. Wenn es nur oft genug wiederholt wird, glauben es die Leute, sagen sich sicher diese infamen Menschen, die etwas Derartiges in die Welt setzen, um der Ehre Seiner Majestät und der der Baronin Kiss zu schaden..."

Sissy erbleichte.

„Daran ist ganz gewiß kein Wort wahr!" rief die Ferenzcy eifrig.

„Seine Majestät ist doch über jeden Zweifel erhaben — und auch die Baronin würde nie so etwas tun, und Ihr Vertrauen, Majestät, mißbrauchen! — Majestät, können Sie je an der Liebe des Kaisers zweifeln?"

Sissy machte plötzlich eine Bewegung, als wolle sie das Fenster aufreißen, vor dem sie stand. Es gelang ihr nicht. Sekundenlang glaubte die Ferenzcy, das Herz stünde ihr still.

„Luft!" rief Sissy. „Mir ist's zu eng hier... ich will hier heraus. Kann man nicht machen, daß sich das Rad schneller abwärts dreht?!"

Doch man war eben auf dem Scheitelpunkt der Reise angelangt, und die Mechaniker stoppten die Umdrehung, um der Kaiserin, dem hohen Fahrgast, Gelegenheit zu einem ausgiebigen Rundblick zu verschaffen.

So herrlich die Aussicht auch wirklich war, weder Sissy noch die Ferenzcy genossen sie. Sissy sank auf die in der Mitte des Waggons befindliche Bank hin; sie schien völlig apathisch, und Ida kniete sich mit einem Ausruf des Schrekkens besorgt neben sie.

„Majestät — ist Ihnen übel? Ist vielleicht die Luft zu dünn hier heroben? Was kann ich bloß tun?! O Himmel, wenn wir doch schon wieder unten wären!"

Sissy nahm sich zusammen.

„Wer verbreitet solchen gemeinen Tratsch?" fragte sie gepreßt. „Die Mikes hat Talent, so etwas herauszubekommen. Weshalb ist sie abgereist? — Man muß jenen Leuten, die derartiges behaupten, den Mund stopfen."

„Die Mikes hat es durch Zufall gehört . . . Auf dem Naschmarkt, Majestät, wo sie, wie in alten Zeiten, selbst einkaufen ging. Die Marktfrau hörte es von einer Kundin, deren Neffe eine Freundin hat, die beim Theater ist. Sie sagte nur nicht, bei welchem . . ."

„Es ist also bereits zum Marktgespräch geworden!"

„So ist es. Ich weiß nicht, was man dagegen tun kann!"

„Bald wird ganz Wien auf uns zeigen — mit den Fingern, Ida! Ich, die es nicht minder angeht als die beiden Betroffenen, erfahre es zuletzt!"

„Ich schwöre, daß ich Ihnen alles erzählen wollte — ich wußte nur nicht, wann und wie!"

„Die Sorge haben Sie nun nicht mehr, Ida", erklärte Sissy bitter.

10. Das Zerwürfnis

Diesmal hatte Sissy ihr Kommen ankündigen lassen. Kathi empfing sie herzlich, wie einen lieben, willkommenen

Gast und merkte an Sissys Haltung mit Erstaunen, daß diese ihr reserviert auf ihre freundlichen Worte antwortete und auch nicht anrührte, was man ihr anbot.

Sissy saß steif auf dem selben Korbsessel, auf dem für gewöhnlich Franzl zu sitzen pflegte. Sie betrachtete nicht ohne Interesse das ihr peinlich überladen vorkommende Interieur der Veranda, in der es sich Franzl nach seinen eigenen Worten gemütlich zu machen pflegte.

Aber Gemütlichkeit kam keine auf. Verwundert und betroffen stellte vielmehr Kathi fest, daß Sissy eine fast feindselige Haltung an den Tag legte.

„Baronin, ich bin zu keinem Plausch hierhergekommen. Was mich zu Ihnen führt, ist vielmehr eine ernste Sache, die sowohl Sie als auch meinen Mann und mich betrifft. Es scheint mir eine Situation eingetreten, die eine Klärung notwendig macht."

„Eine Klärung, Majestät?" fragte Kathi verwundert, „Worüber wünschen Sie Klarheit? Was ist vorgefallen? Sprechen Sie ganz offen, ich bitte darum!"

Auch Sissy zeigte sich verwundert.

„Nach allem, was mir mein Mann erzählt, sind Sie stets vortrefflich über alles, was in Wien vorgeht, informiert! Es ist dies einer der Gründe, weshalb ihm Ihre Gesellschaft wichtig erscheint und er hierherkommt."

Das stimmte nicht ganz, es ließ die persönliche Sympathie Franzls für Kathi außer Betracht und wirkte verletzend. Kathi war auch feinfühlig genug, um den feinen Stich zu empfinden. Sie hatte Sissy bisher noch nicht von dieser Seite kennengelernt.

„Ich verstehe noch immer nicht recht, Majestät", sagte sie und verfiel gleichfalls in Reserve.

Auf dem runden Tischchen zwischen ihnen stand dampfender, aromatisch duftender türkischer Mokka, verführerisch anzusehendes Rahat und Knabbergebäck, das Kathi auch als Koch-Künstlerin in Freundeskreisen berühmt gemacht hatte. Ihre Haushälterin hatte alles aufgetragen, und die zarten, blitzblanken Porzellanschälchen und silbernen Löffelchen und Konfektgabeln luden zum Zugreifen ein. Doch da Sissy keinen einzigen Blick darauf verschwendete, obwohl ihr der Kaffeegeruch sehr wohl in die Nase stieg, blieb auch Kathi nichts anderes übrig, als die Herrlichkeiten unberührt zu lassen.

„So, Sie verstehen nicht, Baronin", versetzte Sissy stirnrunzelnd und mit strafendem Blick. „Oder wollen Sie nicht verstehen? Es ist doch unmöglich, daß Sie kein Wort von dem wissen, was selbst mir bekannt geworden ist. Von meinem Mann will ich nicht reden, denn mir ist klar, daß es ihm keiner zu berichten wagt und Sie naturgemäß kein Interesse daran haben dürften, mit ihm darüber zu sprechen. Ich aber kann die Dinge unmöglich so treiben lassen!"

„Aber was, um Himmels willen, Majestät — was ist es denn, was Sie so erregt?"

Sissys Blick wurde noch schärfer.

„Sie mögen auf der Bühne eine gute Schauspielerin sein", versetzte sie Kathi einen weiteren Nadelstich, „aber mich vermögen Sie nicht zu täuschen."

„Majestät, ich schwöre, ich habe keine Ahnung, wovon Sie reden", wurde Kathi nun tatsächlich bleich.

Das irritierte Sissy denn doch.

„Ich möchte als gute Katholikin nicht glauben, daß Sie bereit sind, einen Meineid zu schwören", versetzte sie. „Aber daß Sie wirklich nichts wissen, faßt mein Verstand ebensowenig."

In die Blicke von Kathi trat ein seltsamer Ausdruck. Es war, als dämmere ihr etwas.

„Man hat mich bei Majestät verleumdet", entfuhr es ihr. „Ja — es kann gar nicht anders sein! Das Burgtheater, Majestät — und das müssen Sie wissen — ist ein Schlangennest.

Einer intrigiert gegen den anderen, und Fürst Montenuovo, dem ja auch die Hoftheater unterstehen, verfolgt mich geradezu, denn er ist seit den Tagen gemeinsamer Kindheit der Freund Ihres Gatten. Er möchte seine Majestät am liebsten gegen alles und jeden abschirmen, aus Furcht, ein anderer Einfluß als der seine könne auf den Kaiser Macht gewinnen. Ja, er fürchtet meinen Einfluß. Montenuovo ist ein gefährlicher Mann . . ."

„Ich weiß", nickte Sissy zu Frau Kathis Überraschung, und sie betonte es mit schneidender Schärfe.

Kathi wußte nicht, daß sie dabei an die Spannungen zwischen dem Fürsten und ihrem Sohn Rudolf dachte. Aber sie erkannte, daß Sissy ihr wenigstens in diesem Punkt Glauben zu schenken bereit war, und das erfüllte sie mit Erleichterung und gab ihr den Mut, weiterzusprechen.

„Der Fürst duldet niemanden neben sich, der auf den Kaiser Einfluß nehmen könnte, und, glauben Sie mir, er ist nicht wählerisch in seinen Mitteln, sich durchzusetzen."

„Ich weiß auch das", wiederholte Sissy.

Jetzt endlich nippte sie von dem Kaffee. Irgendwie schien der Name „Montenuovo" das Eis gebrochen zu haben.

Kathi nahm ein Rahat-Würfelchen auf die Zunge und auch einen Schluck. Sissy bemerkte, daß ihre Finger, welche die Schale hielten, dabei vor Erregung zitterten.

„Glauben Sie", fragte Sissy ein wenig besänftigt, „daß von Montenuovo dieses schreckliche Gerücht ausgeht — daß er es in seiner Giftküche gebraut hat?"

„Was für ein Gerücht?" fragte Kathi und stellte klirrend die Schale ab.

Die beiden Frauen sahen einander an — Sissy forschend, als wolle sie Kathi auf den Grund der Seele blicken, und die Baronin mit furchtgeweitetem Blick, doch ohne dem von Sissy auszuweichen.

Es war so still, daß Kathi glaubte, ihr eigenes Herz klopfen zu hören. Sie hegte keinen Zweifel: die Frau, die ihr jetzt gegenübersaß, war nicht die wohlwollende Freundin, als die sie Sissy bisher gekannt hatte. Sie war die Kaiserin, die sich herausgefordert glaubte.

„Majestät", stammelte sie, „seien Sie barmherzig und sprechen Sie! Um was für ein Gerücht handelt es sich?"

„Unglaublich", schüttelte Sissy aufs neue staunend den Kopf. „Wie war es möglich, das vor Ihnen verborgen zu halten? — Es kursiert rundum, ich glaube fast, die halbe Stadt spricht davon. Und doch habe auch ich erst durch einen puren Zufall davon Kenntnis erhalten. Glauben Sie mir, Baronin: ich habe mich vergewissert, bevor ich hierher zu Ihnen ging. Es ist höchste Zeit, etwas zu unternehmen; man verdächtigt Sie und meinen Mann des Ehebruchs!"

Kathi sprang auf. Sie vermochte sich nicht zu beherrschen. Bleich starrte sie Sissy an. Es war, als habe sie ein Keulenschlag getroffen.

„Majestät", stieß sie hervor, „bei meiner Ehre —"

Sissy schnitt ihr das Wort ab.

„Keine Emotionen, wenn ich bitten darf, das brächte uns in keiner Weise weiter", sagte sie im Befehlston. „Setzen Sie sich, wir müssen vernünftig miteinander reden. Es geht gar nicht darum, was ich selbst von diesem Gerede halte; es ist vielmehr unbedingt notwendig, es zum Schweigen zu bringen; die Person des Kaisers, seine Würde, die Sympathie, die ihm die Bevölkerung entgegenbringt, darf in keiner Weise länger gefährdet werden."

„Oh", stöhnte Kathi und ließ sich wieder in den Korbsessel fallen. Sie schlug die Hände vors Gesicht und stöhnte wiederum: „Oh, Himmel!"

„Den Himmel", spöttelte Sissy, „lassen wir dabei lieber aus dem Spiel."

„Majestät", schluchzte die Schratt plötzlich auf, „können doch unmöglich etwas Derartiges von mir glauben! Etwas so Niederträchtiges! Und Majestät kennen doch Ihren eigenen Mann! Wenn Majestät wüßte, wie er Sie liebt! — Wie gemein die Menschen doch sein können! Uns so etwas anzutun!"

„Das war jetzt ein treffendes Wort, Baronin, das Sie da eben sagten: das Wörtchen ‚uns'. Denn ich bin nicht weniger von dem Gerücht geschädigt. — Wie stehe ich da in der Öffentlichkeit — als die betrogene Ehefrau? — Glauben Sie nur ja nicht, man brächte mir Mitgefühl entgegen. Man würde mich vielmehr offen verspotten. Ich warte nur darauf, daß es geschieht!"

„Aber was können wir denn tun, Majestät?" fragte Kathi völlig ratlos. „Was kann man gegen solche Niedertracht unternehmen?"

„Sie fragen gar nicht, wer das Gerücht in die Welt gesetzt hat und wieso es überhaupt zu dieser skandalösen Verdächtigung kommen konnte?" wunderte sich Sissy.

„Nein, Majestät", antwortete Kathi. „Sehen Sie, ich kann mir schon denken, wer dahintersteckt: eben Montenuovo. Aber dergleichen würde man ihm niemals beweisen können. Doch auch wenn er's nicht war, sondern irgend jemand anders aus dem Theater — herausfinden könnte man das kaum."

„Das mag wohl stimmen", nickte Sissy. „Aber — gibt es nicht außer dem Theater noch andere Möglichkeiten? Wie steht es mit Ihrem Hauspersonal?"

„Meine Haushälterin und mein Dienstmädchen arbeiten bei mir seit vielen Jahren, Majestät. Das sind beides ehrliche und einfache Menschen. Und überhaupt — was sollten sie denn sagen? Daß Seine Majestät einige Male in der Woche zu mir zum Frühstück kommt, hier sein Kipferl in den Kaffee tunkt — verzeihen, Majestät, daß ich das so nüchtern erzähle — oder einen Gugelhupf ißt, und mit mir plaudert, und nach einer knappen halben Stund' wieder geht?! Was anderes gäb's nicht zu erzählen, und da ist doch wirklich nichts dran, was man irgendwem verschweigen müßt'. Oder darf der Kaiser nicht Mehlspeis' essen, wo er will?"

„Und worüber reden Sie, Baronin?"

„Über alles mögliche, was ihn interessiert! Über meine Rollen, über das, was in der Stadt vorgeht, was die Leut' so tun und reden und meinen . . . Ich leg' ihm auch die Zeitungen hin, denn er sagt, er kriegt in der Hofburg nur ausgeschnittene Artikel zu lesen. Und hin und wieder kommt's auch vor, daß er mir Socken zum Stopfen bringt. Die lass' ich ihm dann herrichten, und wenn s' fertig sind, nimmt er sie wieder mit . . ."

„Wie, Baronin — mein Mann läßt bei Ihnen seine Socken stopfen?!" staunte Sissy.

„Aber ja, Majestät", lächelte Kathi. „Sonst macht's ihm ja niemand."

„Aber der Ketterl kann ihm doch neue besorgen, soviel er will!"

„Die mag er nicht, sagt er, solang' noch die alten geh'n . . . Das haben S' nicht g'wußt?"

Nein, das hatte Sissy wirklich nicht gewußt. Und es zeigte eine Schwachstelle auf. Wieder wuchs ihr Schuldgefühl, und die unschuldige Kathi traf erneut ein Zornesblick.

„Diesen Wunsch hätten Sie ihm abschlagen sollen", erklärte Sissy hart.

„Aber wie hätt' ich denn das können? Wenn er mich doch d'rum gebeten hat! Wie konnt' ich's ihm denn abschlagen? Die arme Majestät", klagte Kathi ratlos.

Sissy seufzte. Sie erkannte: Das Verhältnis zwischen ihrem Mann und Kathi war zwar frei von Schuld, aber dennoch in einer Weise vertraut, daß es durchaus Anlaß zu Mißdeutungen geben konnte. Darum waren diese in die Welt gesetzten hinterhältigen Gerüchte auch so glaubhaft und gefährlich.

„Es gibt nur einen Ausweg", fand Sissy, nachdem sie minutenlang vor sich hingebrütet hatte und das Schweigen für Kathi fast qualvoll geworden war. „Mein Mann, Sie und ich müssen uns gemeinsam in der Öffentlichkeit zeigen. Damit nehmen wir diesen Gerüchten den Wind aus den Segeln. Und dann — danach — wäre es vielleicht ratsam, wenn sie einander weniger oft sehen würden!"

„Ganz wie Majestät befehlen", nickte Kathi ergeben. Und wiederholte leise: „Die arme Majestät . . ."

Es entfuhr ihr unwillkürlich, denn sie wußte, wie schwer es Franzl fallen würde, auch noch auf das wenige, das ihm an Privatleben verblieb, zugunsten der öffentlichen Meinung zu verzichten.

Am selben Tag noch stand das Barometer in der Hermesvilla drohend auf Sturm. Sissy konnte es Franzl nicht ersparen, auch ihn mit dem Gerede der bösen Zungen zu konfrontieren. Er tobte.

„Laß Montenuovo aus dem Spiel", verlangte er zornig „er ist einer der wenigen, die mir treu ergeben sind! Ich glaube nicht eine Minute lang an eine Intrige seinerseits. An dem ganzen Gerede ist kein wahres Wort, und ich lasse mir das nicht gefallen. Falls es gelingt, den Urheber auszuforschen, soll er mich kennenlernen!"

„Ich wünsche dir viel Glück", sagte Sissy spitz, „aber so lange werden wir nicht warten können."

Und sie entwickelte ihm ihren Plan.

„Wir müssen uns gemeinsam zeigen", erklärte sie. „Wenn ich selbst mit dabei bin, demonstrieren wir, daß an den Gerüchten nichts Wahres sein kann und zwischen uns dreien kein Verdruß besteht, was ja wohl der Fall sein müßte, wenn —"

Er sah sie lange an.

„Sissy, vertraust du mir?" fragte er ernst.

Sie seufzte: „Welchem Mann kann man schon wirklich

vertrauen? — Aber wenn du mich so anschaust, Löwe, dann lese ich in deinen Augen keine Lüge. Ja, ich will dir und ihr glauben. Aber ihr solltet etwas mehr Distanz wahren; das Gerede konnte letztlich nur entstehen, weil euer Verkehr allzu häufig und vertraulich geworden ist."

Nun war er es, der seufzte und wütend knurrte: „Ein Kaiser darf wirklich keinen Menschen haben, bei dem er sich aussprechen kann. Ein Kaiser darf gar nichts —"

„Zumindest sollte er sich nicht anderswo seine Socken stopfen lassen", versetzte Sissy lakonisch. „Noch besser: solche Socken sollte er besser gar nicht tragen!"

„Ich sagte es ja", entfuhr es Franzl, „nicht einmal in bezug auf meine Socken läßt man mich machen, was ich will!"

In den folgenden Tagen konnte man das Kaiserpaar und Kathi zur gleichen Zeit bei verschiedenen offiziellen Anlässen sehen, und wenn die drei wie zufällig miteinander ins Gespräch kamen, herrschte — wovon sich jeder überzeugen konnte — ein wohlwollend-höfliches Einvernehmen.

Das hatte tatsächlich zur Folge, daß die Gerüchte verstummten; man sagte sich, viel Wahres könne an ihnen nicht sein.

11. Rebellen

Doch der Schein war trügerisch. Ein wirklich gutes Einvernehmen zwischen Franzl, Sissy und Kathi gab es nicht. Nachdem Sissy die Gloriettegasse verlassen hatte, war bei Kathi die helle Empörung ausgebrochen. In Gegenwart der Kaiserin hatte sie nicht gewagt, erkennen zu lassen, was in ihr brodelte — doch kaum hatte sich das Gartentor hinter Sissy geschlossen, kochte der Vulkan über.

Am anderen Morgen bekam dies Franzl zu spüren, als er — ungeachtet von Sissys Vorwürfen — wie gewohnt sein Frühstück in der Gloriettegasse einnehmen wollte. Das Tor blieb verschlosssen. Die Haushälterin kam und ließ wissen, die ‚Gnädige Frau' sei unpäßlich und ließe sich entschuldigen.

Zurück im Schloß, fand er einen Imbiß, den ihm Sissy auftragen ließ. Mit frischer Milch aus der eigenen Molkerei, ließ sie ihm sagen; und er möge sich doch nach Tunlichkeit daran gewöhnen.

Er schrieb daraufhin an Kathi ein Billet und ließ es durch einen Diener in die Gloriettegasse bringen. Sie antwortete ihm, sie könne ihn nicht empfangen und bäte um sein Verständnis.

Franzl sah die Freundschaft gefährdet. Er begriff: Kathi war verletzt und gekränkt. Aber — hatte Sissy anders handeln können? Wohl kaum, er selbst hätte es auch so gemacht. Er suchte Trost und Verständnis bei Sissy, doch auch sie blieb, wenn sie beisammen waren, zurückhaltend. Er verstand die Welt nicht mehr.

Ihm blieb nichts als seine Arbeit. Und die Stunden, in denen er sich mit Sissy und Kathi in scheinbar zwanglosem Einvernehmen zeigen mußte, waren wie Hohn für seinen geraden Sinn. Er war kein Schauspieler.

Es war Mitte November, und in den Schaufenstern der Wiener Geschäfte hielten St. Nikolaus und das Christkind schon ihren Einzug, als ihm Sissy eröffnete, daß sie sich entschlossen habe, wieder abzureisen.

„Ich halte es nicht aus in dieser Stadt", erklärte sie ihm. „Du wolltest, daß ich hierbleibe, Franzl. Ich wollte das auch. Aber mir wurde diese Absicht gründlich vergällt. Hier, wo nichts als Lug und Trug herrschen, wo ein jeder gegen jeden intrigiert und Freiheit selbst für den Kaiser nichts ist als eine Illusion, kann ich nicht bleiben."

„Aber Sissy", rief er erschrocken. „Das kannst du mir doch nicht antun! Zwischen der Baronin und mir ist die Freundschaft so gut wie zu Ende. Man hat mir auch das zerstört, was so unschuldig und harmlos war! Umso mehr brauche ich dich!"

„Ich muß auch mit allem, was mich bewegt, allein fertig werden", antwortete sie mit spröder Stimme.

„Das mußt du nicht", widersprach er gequält.

„Aber ich will es gar nicht anders", erklärte sie hart. „Und du, Franzl, bist schließlich ein Mann! — Sag nichts weiter, ich habe mich entschlossen. Herr von Berewicky hat bereits den Auftrag, alles für die Reise vorzubereiten. Frau von Sztaray wird mich begleiten. Und nur kleines Gefolge."

„Und wohin willst du denn, mein Engel?! Jetzt, vor Einbruch des Winters? Kannst du nicht wenigstens über Weihnachten bleiben?"

„Zu Weihnachten bin ich längst nicht mehr hier, Franzl. Nein, versuche nicht, mich zu halten. Es ist zwecklos! Ich bin entschlossen."

„Aber wohin?" rief er, während Zorn in ihm aufwallte. „Wohin, wenn ich das fragen darf?"

„Irgendwohin", antwortete sie rätselhaft. „Nur weg von hier! Ich weiß selbst noch nicht, wohin. Vielleicht wieder an die Riviera. Vielleicht auch in die Schweiz."

„In die Schweiz! Trotzdem ich dich gewarnt und gebeten habe, dieses Land zu meiden?"

„Ich liebe aber die Schweiz", entgegnete sie eigensinnig. „Die Menschen dort sind frei. Es ist ein Land, das sich keinen König als Gefangenen seines Reiches hält — keine Kaiserin, die man in die Etikette zwängt, kein Zeremoniell, das einen zwingt, Dinge zu sagen und zu tun, die man nicht will. Auch hier wird es eines Tages dies alles nicht mehr geben. Ich weiß nicht, ob ich es noch erleben werde. Aber eines weiß ich: Rudi hatte recht, als er schrieb, der Stamm sei morsch und das Haus bräche mit Sicherheit eines Tages zusammen."

„Rudi war ein Rebell", antwortete Franzl zorngerötet.

„Ja, das war er! Er wollte alles verändern. Du weißt, wie es endete!"

„Er war mein Sohn und dachte in vielem wie ich. Nenne mich ruhig auch ‚Rebell' — ich bin es."

Er aber empfand es nicht so. Er liebte sie. Nun wollte auch sie ihn verlassen — und wieder war er dann allein. Ganz allein; denn das Zerwürfnis mit der „Freundin" schien perfekt.

Auch Sissy war voll innerem Weh. Sie war nach Wien gekommen, um Ruhe zu finden. Was aber war aus ihr geworden? Enttäuscht, beschämt, beleidigt zog sie es vor, wieder auf die Wanderschaft zu gehen. Wie ein Mensch, der verurteilt ist, keine Heimat zu haben!

Sie wußte wirklich nicht, wohin sie wollte. Possenhofen schwebte ihr vor, und zugleich fürchtete sie, an der Stätte ihrer Kindheit würde es ihr nicht anders ergehen als in Wien. Possenhofen war eine letzte Illusion, zu zerbrechlich für ein Risiko, auch diese zu zerstören.

Herr von Berewicky stellte inzwischen das „kleine Gefolge" zusammen. Frau von Sztaray, Frau von Ferenzcy, Sissys Sekretär Dr. Kromar, der Vorleser Barker, die Kammerzofen Meissl und Henike, zwei Domestiken, zwei Lakaien und er selbst würden Sissy auf dieser seltsamen Fahrt ins Ungewisse begleiten, an die er nur mit Unbehagen denken konnte.

Sissy hingegen lief in diesen Tagen ziel- und planlos durch die Umgebung der Stadt; der Herbstwind fegte ihr ins Gesicht, wirbelte Staub und Blätter auf, und schwere Wolken verdüsterten das Firmament.

„Eine Rose", sagte Frau von Sztaray und hielt an einer Wegkreuzung an, „sehen doch, Majestät — eine letzte Rose!"

„Sie hat auch schon fast keine Blätter mehr", stellte Sissy fest. „Und wird, wenn der Frost kommt, erfrieren. Arme

Rose! — Ach, Sztaray, es geht uns allen so. Das Jahr geht zur Neige. Es wird Abend und kalt . . ."

Sie kamen in ein Dorf, wo die Glocken zu einem Begräbnis läuteten.

„Kommen Sie, Sztaray", drängte Sissy weiter, „machen wir einen Umweg, das will ich nicht sehen. Diese Bauern, auf dem Weg zum Gottesacker, hinter dem Sarg. Worüber schluchzen die Weiber? Weil jemand ausgelitten hat? Ihm ist wohler, glauben Sie mir! Er wird die Herrlichkeit Gottes schauen."

„Wenn er ein redlicher Mensch war", wendete die gläubige Gräfin ein. „Andernfalls —"

„Sie zweifeln an Gottes Güte, meine Liebe? Aber der Herr versteht alles und verzeiht alles . . . Selbst dann, wenn wir es nicht vermögen. Vielleicht gerade dann . . . Welch einen Trost, was für Hoffnung bliebe uns auch, Gräfin, wenn wir das nicht glauben dürften?"

Sie führten seltsame Gespräche. Und wieder einmal ging Sissy hinab in die Kaisergruft bei den Kapuzinern. Sie nahm dieses Mal die Sztaray mit — was selten genug vorkam. Denn meistens wollte sie dort unten allein sein, um zu meditieren.

Wieder stand sie vor Rudis Sarkophag, betrachtete ihn lange und stumm, während sich die Gräfin, der ein wenig unheimlich zumute war, still im Hintergrund hielt.

Plötzlich sagte Sissy: „Das ist der Platz, Sztaray. Sehen Sie: hier, unter jenem Fenster soll man mich hinbetten, neben ihn . . . Merken Sie sich das! Es könnte sein, daß Sie dafür sorgen müßten . . ."

„Aber Majestät", wehrte sich die Sztaray, „wie können Sie so etwas sagen!"

„Es ist nötig", antwortete Sissy trocken. „Man muß auf alles gefaßt sein. Niemand kann wissen, was kommt."

Die Gräfin durchfuhr ein kalter Schauer. Sie sah vor sich

die schwarz gekleidete, schmale Gestalt der Kaiserin, die sich jetzt bückte und den Sarg ihres Sohnes küßte.

„Auf Wiedersehen, Rudi", hörte sie sie sagen. „Vielleicht sehen wir einander wirklich bald wieder!"

Und dann wandte sie sich zur Sztaray um, nahm sie freundlich beim Arm und sagte zu ihr ganz heiter:

„Kommen Sie! Gehen wir irgendwohin etwas trinken!"

Sie eilten unerkannt durch die Straßen der Stadt. Der Confident, der sie beschattete, hatte große Mühe, ihnen auf den Fersen zu bleiben, und auch die Sztaray geriet völlig außer Atem. Ihr schien allerdings, Sissy habe, seit sie wieder Reisepläne gefaßt hatte, etwas von ihrer alten Frische gewonnen.

„Ich konnte es ja schon fast gar nicht mehr glauben, daß Majestät das Reisen aufgeben wollten", meinte sie, halb belustigt, halb wehmütig. Denn sie wäre liebend gern endlich daheim in Wien oder in ihrer ungarischen Heimat geblieben.

„Ja", lächelte auch Sissy, „ich bin nun einmal wirklich eine ‚Reiserin', wie die Wiener sagen. Das ist mein Schicksal. Ich kann es nicht lassen!"

„Und — haben Majestät sich nun bereits für ein Ziel entschlossen?"

Sissy meinte: „Mir fällt nichts Besseres ein als Biarritz. Die gleiche Tour wie im vorigen Jahr, oder zumindest ungefähr — von der Riviera, wo wir den Winter verbringen wollen, in die Schweiz."

„Darf ich das Herrn von Berewicky so mitteilen? — Er wartet schon ungeduldig auf einen Entscheid!"

„Sie dürfen, damit er sich nicht länger sorgen muß. — Und jetzt gehen wir zum Demel und lassen uns oben im Stock, im Salon, bedienen!"

Franzl vernahm das nun feststehende Reiseziel Sissys mit Sorge und Mißvergnügen. Aber merkwürdigerweise war

Sissy nun ihm gegenüber wieder mild und freundlich gestimmt. Das erleichterte ihm freilich den Abschied nicht.

„Warte nur ein wenig", tröstete sie ihn, „auch mit der ‚Freundin' kommt wieder alles ins Lot. Du mußt Geduld haben. Und ein wenig Reserve kann wirklich nicht schaden — wenn du nicht wieder ins Gerede kommen willst. Denk daran, mein Löwe: du kannst dir das nicht leisten!"

„Warum", sprach er und ging auf dieses Thema gar nicht ein, „fährst du nicht nach Ungarn? Warum mußt du ausgerechnet wieder nach Frankreich und in die Schweiz? Du weißt doch, daß ich keine ruhige Stunde haben werde. Mir ist gar nicht wohl bei deinem Vorhaben!"

„Es geschieht nichts, mein Löwe", erklärte sie, „was Gott nicht will. Unser Schicksal liegt in seiner Hand. Darum hat es gar keinen Sinn, mich woandershin reisen lassen zu wollen."

„Ich wäre aber trotzdem ruhiger, wüßte ich dich in guter Hut."

„Aber ich bin bin ja in guter Hut, Franzl! Ein ganzes Gefolge begleitet mich. Und ich reise schließlich nicht zu den Menschenfressern. Was soll's also? — Sei fein, Löwe, ärgere mich nicht, gib mir lieber einen Kuß!"

Er tat es und hatte dabei plötzlich ein sonderbares Gefühl. Er glaubte, sie festhalten zu müssen.

„Fahr nicht, ich bitte dich", bat er eindringlich.

Sie sah ihn kopfschüttelnd an und wand sich aus seinen Armen.

„Du bist verrückt", lachte sie

In der Mitte des Monats November verließ der Sonderzug der Kaiserin Wien in Richtung Süden.

Sissy wußte nichts von dem jungen Mann, der in einer Schreibstube der Kaserne der fünften Eskadron des Kavallerieregiments Nr. 13 in Neapel schon seine Entlassungspapiere erhielt. Er hieß Luigi Lucheni, war vierundzwanzig

Jahre alt und hatte eben seine drei Dienstjahre beim Militär hinter sich gebracht; die letzte Zeit war der stämmige, dunkelhaarige, bäuerlich wirkende Bursche der Pfeifendeckel seines Regimentskommandaten, des Herzogs von Aragon, gewesen.

So verschieden diese beiden Männer nach Herkunft und Erziehung, Alter und Wesensart auch voneinander waren, hatten sie sich doch irgendwie aneinander gewöhnt, und der Herzog wollte den anstelligen, geschickten Burschen nur ungern ziehen lassen. Deshalb befahl er ihn noch einmal zu sich.

„Lucheni, stehen Sie bequem", empfing er ihn freundlich. „Sie sind nun nicht mehr Soldat, aber ich werde Sie vermissen. Sie haben sich gut geführt, zeigten praktischen Sinn und auf Sie war Verlaß. Solche Leute kann man gebrauchen. — Wissen Sie schon, was Sie jetzt, nach Ihrer Entlassung, beginnen werden?"

Automatisch nahm Lucheni Haltung an.

„Nein, Exzellenza", antwortete er respektvoll.

„Haben Sie keine Arbeit in Aussicht? Vielleicht bei Verwandten, bei Angehörigen?"

„Meine Eltern sind tot, Exzellenza. Ich habe niemanden", antwortete Lucheni.

Der Prinz schien nachzudenken.

„Ich mache Ihnen einen Vorschlag", meinte er, während er den stämmigen Burschen wohlgefällig betrachtete. „Treten Sie in meinen persönlichen Dienst! Kommen Sie zu mir, auf meine Besitzung nach Palermo. Ich fahre schon morgen hin. Für diese Nacht können Sie noch in der Kaserne bleiben. Und für die Zukunft wären Sie die Sorge um Obdach und tägliches Brot los. Was den Lohn betrifft, werden wir uns sicher einigen!"

Unwillkürlich reckte sich Lucheni bei des Prinzen lobenden Worten höher auf. Stolz schwellte ihm die Brust.

„Zu Befehl, Exzellenza", rief er, ohne sich lang zu besinnen.

Für einen Mann wie ihn bedeutete die Stellung eines Dieners beim Prinzen von Aragon bereits Karriere. Noch in derselben Woche übersiedelte er nach Palermo. Das alte Palais der Familie d'Aragon überraschte ihn durch einen Luxus, den Luigi Lucheni bisher noch nie gesehen hatte. In jedem der Zimmer und Säle erblickte er neue Pracht. Hier speiste man auf weißem Porzellan mit silbernem Besteck; von den Stuckdecken erstrahlte des Abends aus unzähligen Kerzen das Licht von kristallenen Lustern. Der Prinz hatte Diener, Pferde und einen Park, in welchem Wasserspiele das Erstaunen Luchenis erregten.

Abends, wenn er müde seine Bedientenstube aufsuchte, begann er unwillkürlich über die Ungerechtigkeit des Schicksals nachzugrübeln. Da war dieser Prinz, dem dies alles durch Erbschaft zugefallen war. Und da war er, Luigi, ein Mann aus dem Nichts, und selbst ein Nichts. Das würde er wohl auch für immer bleiben.

Aber mußte das wirklich so sein? Gab es denn für ihn keine Chance . . .? — Er kam mit jungen Männern aus Palermo ins Gespräch, traf sich nach Feierabend mit ihnen und trank ihren roten Wein. Allerlei wurde geredet, was Lucheni in den Kopf stieg und ihn vor dem Einschlafen beschäftigte.

Und so besuchte er weiter die Hinterzimmer verschiedenster Wirtshäuser. Lucheni schwirrte der Kopf. Der Wein schmeckte ihm, und was er zu hören bekam, beschäftigte ihn sehr. Nach dreieinhalb Monaten kündigte er dem Prinzen überraschend den Dienst.

Der staunte nicht schlecht: „Was ist denn los, Lucheni? Gefällt es Ihnen denn nicht bei mir?"

„Das ist es nicht, Exzellenza! Aber ich möchte in die Schweiz."

„In die Schweiz? Und wie kommen Sie dorthin?"

„Zu Fuß, Exzellenza. — Ich weiß, Sie haben es gut mit mir gemeint."

„Ja, haben Sie denn in der Schweiz jemand, der Ihnen bessere Arbeit gibt?"

„Vielleicht", antwortete Lucheni ausweichend. „Exzellenza, ich danke für alles . . ."

Ein undurchsichtiges Lächeln umspielte seine Mundwinkel, die einen Hang zu Eitelkeit und Grausamkeit verrieten.

Lucheni ließ sich noch den Lohn auszahlen, der ihm zustand. Die ihn das Anwesen verlassen sahen, berichteten, er habe jeden Gruß mit einem herausfordernden Grinsen quittiert und sei hocherhobenen Hauptes davongegangen.

Etwa zur selben Zeit, als Lucheni auf Sizilien Abschied nahm, entstieg ein junger, gutaussehender Mann auf dem Münchener Hauptbahnhof dem soeben aus Salzburg eingetroffenen Schnellzug. Er trug Zivil, aber an seiner ganzen Haltung konnte man dennoch den Offizier erahnen.

Der junge Mann war Erzherzog Franz Salvator. Er war hier, um sein Sissy gegebenes Versprechen einzulösen.

„Zu dumm", murmelte er, „daß Mama Sissy sich nicht die Adresse des Sängers gemerkt hat; ich brauchte zwar nur in der Oper danach zu fragen, aber —"

Er überlegte kurz und entschloß sich dann, das Bahnhofspostamt aufzusuchen, wo er nach dem Adreßbuch verlangte und unter dem Buchstaben „B" nachzulesen begann. Denn er suchte den Namen „Bruck". So hieß ja die einstige Gräfin Larisch, seit sie die Ehe mit dem Sänger eingegangen war.

Leseprobe zu Band VIII
„Sissy — und ewig bleibt die Liebe"

Der Ausklang des Jahres 1897 steht unter keinem guten Stern. In der Monarchie kommt es zu Revolten gegen den Ministerpräsidenten, Katharina Schratt fordert ihre Entlassung aus dem Burgtheater-Vertrag und der Kaiser, unter dem Eindruck möglicher neuer Erpressungen der Gräfin Larisch, stößt auf der Suche nach kompromittierendem Material auf Briefschaften Sissys, die ihm eine bittersüße Romanze enthüllen . . .

Weder Sissy noch Bay ahnten etwas von der Nähe einer Lauscherin. Als an seine Tür geklopft wurde, öffnete er und sah — sie an der Schwelle. Es verschlug ihm fast den Atem, denn dies hatte er niemals zu hoffen gewagt.

Er brachte kein Wort über die Lippen, machte nur eine einladende Handbewegung und gab ihr den Weg frei. Sissy nickte und trat ein. Sie kannte jeden Winkel dieses Pavillons, und doch schien der Raum ihr anders, seit Bay ihn mit seinem Dasein erfüllte.

„Bay", sagte sie mit weicher, zärtlicher Stimme, „Bay, morgen haben wir kaum Zeit, uns adieu zu sagen. Deshalb mußte ich kommen; so können wir beide doch nicht auseinandergehen . . . Bay, Sie wissen, daß ich Ihnen alles Glück dieser Erde wünsche, auch jenes, das nicht auf dem Rücken der Pferde liegt. Sie waren mir immer ein guter Sportskamerad, ja, mehr noch — ein Freund . . ."

„Oh, ich —" er suchte nach Worten, „ich möchte wohl, aber ich kann gar nicht sagen, wie sehr mich Ihr Kommen glücklich macht."

„Bay, ich werde Ihnen schreiben, an Ihre Londoner Adresse ... Ich würde gerne wieder im Frühjahr nach Irland kommen. Werden Sie sich noch um meine Pferde kümmern können, oder wird es damit vorbei sein, wenn Sie dieses Mädchen heiraten?"

„Charlotte", sagte er ernüchtert, „sie ist das Letzte, woran ich jetzt denken möchte."

„Aber Sie müssen, Bay!"

„Ja, ich weiß es: ich muß", sagte er bitter, und sein Blick verdunkelte sich.

„Ich hoffe sehr, daß Sie es noch ermöglichen können", hauchte Sissy und reichte ihm zum Abschied die Hand. „Leben Sie wohl, Bay, alles Gute, und alles — alles Glück!"

„Adieu, Madam", preßte er hervor. Und als er sich langsam umwandte, glaubte Sissy einen feuchten Schimmer in seinen Augenwinkeln zu erkennen.

„Auch mir fällt es schwer, mich von Ihnen zu trennen", gestand sie. „Gerade deshalb wünsche ich mir ein Wiedersehen — bei Peitschenknall und Hörnerklang", fügte sie mit erzwungenem Lächeln hinzu.

Dann wandte sie sich hastig um, öffnete wie auf der Flucht die Tür ins Freie und — prallte mit einer weiblichen Gestalt zusammen.

„Oh!" rief Marie erschrocken, denn darauf war sie nicht gefaßt gewesen, solcherart ertappt zu werden.

„Marie!" rief Sissy. „Was suchst du hier?!"

„Tante Sissy, ich —"

„Was ist hier los?" wollte Middleton wissen und erschien nun gleichfalls im Türrahmen. Und dann sagte er, so wie vorhin Marie, bloß noch „Oh ...!"

„Ich bin — ich war — ich war, jawohl, ich war vorhin mit Rudi spazieren", stotterte Marie, nach einer plausiblen Ausrede suchend. „Da verließ er mich, weil es ihm zu kühl wurde."

„Aber warum bist du denn nicht mit ihm gegangen?" staunte Sissy. „Und ihr ward beide hier, beim Pavillon?"
„O nein, wir trennten uns anderswo. Danach habe ich mich wohl im Dunkeln verlaufen. Als ich hier erleuchtete Fenster sah, kam ich schnell hierher."

„Aber du kennst doch den Park, Marie", wunderte sich Sissy. „Wie konntest du dich da bloß verlaufen?"

„Ich kenne ihn bei Tag, aber doch nicht bei Nacht", verteidigte sich Marie. „Ich habe es ja gleich bereut, nicht mit Rudi mitgegangen zu sein. Aber da war er schon weg!"

„Aber Sie hätten doch nach ihm rufen können", warf Middleton argwöhnisch ein.

„Damit er mich auslacht! Nein. Tante, du weißt, wie gut er spotten kann. Nein, eben weil ich den Park kenne, hoffte ich, mich auch allein zurechtzufinden."

„Das erscheint mir recht seltsam", brummte Middleton.

„Komm mit", befahl Sissy kurz.

Marie hatte sie mit Bay gesehen. Daran war nichts mehr zu ändern. Aber ihr Gewissen war schließlich rein.

Schweigsam lief Marie Larisch neben Sissy her, die aufgrund ihrer inneren Erregung ein rasches Tempo einschlug. Sissy sprach kein Wort. Marie deutete dies als Groll; Sissy aber dachte schon nach kurzer Zeit nicht mehr an ihre Begleiterin, sondern an Bay Middleton und ob es ihm möglich sein werde, die Jagd im Frühjahr für sie in Irland zu arrangieren.

Marie stolperte über ein Hindernis, das sie im Dunkeln übersehen hatte.

„Wir sind gleich am Ziel", tröstete Sissy. „Die Wolken verdecken den Mond, sonst könnten wir das Schloß schon sehen."

„Wirklich, Tante", klagte Marie, „es war mir unheimlich da draußen im dunklen Park..."

INHALT

Erster Teil

1. Millennium 7
2. Der Engel Ungarns 13
3. Nikolaus und Alexandra 21
4. Sissys letzter Wille 27
5. Kaisers Geburtstag 33
6. Franz Joseph, hoch! 40
7. Begegnungen 47
8. Bevor der Schnee fällt 54
9. An der Biskaya 63
10. Nicht Achilleion noch Gödöllö 69
11. Halb hier, halb drüben 77

Zweiter Teil

1. An der Jahresschwelle 87
2. Wohin die Kugel rollt 94
3. Die Tage von Cap Martin 102
4. Am Genfer See 110
5. Petersburger Erinnerungen 118
6. Die Spaziergängerin 126
7. Ein Drama an der Seine 134
8. Die Kurpromenade 143
9. Ischler Intermezzo 150
10. Wilhelm kommt 158
11. Seltsame Beziehungen 165

Dritter Teil

1. Süße Trauben in Meran 177
2. Jagdschloß-Gäste 184
3. Wilhelm in Budapest 192
4. Wallsee 199
5. Die Herzgruftkammer 207
6. Abendleuchten 215
7. Allianzen 222
8. Das neue Burgtheater 231
9. Abschied und Weihe 239
10. Das Zerwürfnis 247
11. Rebellen 255

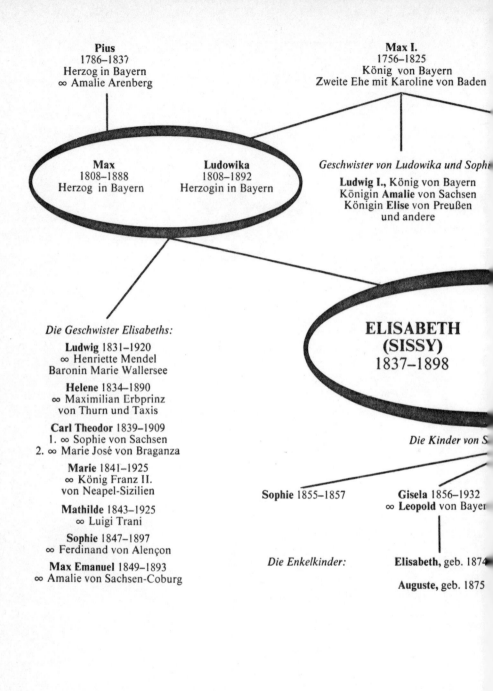

Pius
1786–1837
Herzog in Bayern
∞ Amalie Arenberg

Max I.
1756–1825
König von Bayern
Zweite Ehe mit Karoline von Baden

Max
1808–1888
Herzog in Bayern

Ludowika
1808–1892
Herzogin in Bayern

Geschwister von Ludowika und Sophie
Ludwig I., König von Bayern
Königin **Amalie** von Sachsen
Königin **Elise** von Preußen
und andere

Die Geschwister Elisabeths:
Ludwig 1831–1920
∞ Henriette Mendel
Baronin Marie Wallersee

Helene 1834–1890
∞ Maximilian Erbprinz
von Thurn und Taxis

Carl Theodor 1839–1909
1. ∞ Sophie von Sachsen
2. ∞ Marie José von Braganza

Marie 1841–1925
∞ König Franz II.
von Neapel-Sizilien

Mathilde 1843–1925
∞ Luigi Trani

Sophie 1847–1897
∞ Ferdinand von Alençon

Max Emanuel 1849–1893
∞ Amalie von Sachsen-Coburg

ELISABETH (SISSY)
1837–1898

Die Kinder von S

Sophie 1855–1857

Gisela 1856–1932
∞ **Leopold** von Bayern

Die Enkelkinder:

Elisabeth, geb. 1874

Auguste, geb. 1875

Franz II. (I.)
1768–1835
Kaiser von Österreich
Zweite Ehe: M. Therese von Bourbon-Neapel

Sophie	**Franz Karl**	**Ferdinand I.**	**Marie Luise**
1805–1872	1802–1878	1793–1875	1791–1847
Erzherzogin	Erzherzog von Österreich	Kaiser von Österreich	∞ Napoleon I.

FRANZ JOSEPH I.
1830–1916
Kaiser von Österreich

Maximilian
1832–1867
Kaiser von Mexiko

Karl Ludwig
1833–1886
Erzherzog von Österreich
Zweite Ehe: Maria Annunziata
von Bourbon-Neapel

Franz Ferdinand
1863–1914
Thronfolger
∞ Sophie Gräfin Chotek

Franz Joseph:

Rudolf 1858–1889
Stephanie von Belgien

Marie Valerie 1868–1924
∞ Erzherzog Franz Salvator

sabeth (Erzsi), geb. 1883

Elisabeth (Ella), geb. 1892

Franz Carl, geb. 1893

Hubert, geb. 1894

Hedwig, geb. 1896

Theodor, geb. 1899

Gertrud, geb. 1900

Marie, geb. 1901

Klemens, geb. 1904

Mathilde, geb. 1906

»Ein Roman aus der vergangenen österreichischen Monarchie. Die historische Kulisse und die Personen sind der geschichtlichen Wirklichkeit entnommen und spiegeln eine wundersame Tatsachenwelt wider: den Aufstieg eines Mädchens zur Kaiserin! – Unter dem gleichen Titel wurde auch ein Film gedreht, der diesem Buch vollinhaltlich entspricht. Ein schöner Geschichtsroman, gefühlvoll und seltsam subtil-aufregend. Zwischen den Zeilen liegt das Fluidum einer früheren Welt, voll satter Farben und dem verblaßten Prunk des gewesenen Reiches. Liebe und Glück gaben dem Ganzen einen ergreifenden Inhalt. Sehnsüchte, in Träume verpackt, wurden Wirklichkeit. Das ist der rote Faden des Buches!«

In dem Buch »Sissy – Ein Mädchen wird Kaiserin«
ist nur ein kleiner Teil des bewegten Lebens der
jungen Kaiserin geschildert worden. Aufgrund der
zahlreichen Leserbriefe stellen wir nun der begeisterten Leserschaft den neuen Sissy-Band vor:
»SISSY – Ein Herz und eine Krone«, ein Buch voller Dramatik und Spannung, voll Humor und Herz.

Noch immer ist Sissy jugendlich-schön und begehrenswert, und Franz Joseph liebt sie über alles. Doch da brechen schwere Schicksalsschläge über sie herein. In Bayern kommt ihr Cousin, König Ludwig II., auf ungeklärte Weise ums Leben, und der geheimnisvolle Tod ihres Sohnes, des Kronprinzen Rufolf, erschüttert die Monarchie in ihren Grundfesten. Nur ihre Liebe und ihr Glauben aneinander läßt Sissy und Franz Joseph diese schwere Prüfung überstehen.

Man schreibt das Frühjahr 1889. Noch immer steht Österreich, steht das Kaiserhaus im Bann der Tragödie von Mayerling. Aufgewühlt und voller Zweifel an der offiziellen Version versucht Sissy, die Wahrheit über den Tod ihres Sohnes, des Kronprinzen Rudolf, herauszufinden. Doch sie stößt gegen eine Mauer der Ablehnung und des Schweigens. Was sie dennoch in Erfahrung bringen kann, ist schockierend genug. Heimlich bringt sie es zu Papier und vertraut es einer Kassette an, die erst lange nach ihrem Tod geöffnet werden soll. Währenddessen entsteht fern, auf der Insel Korfu, das Achilleion, ihre Zufluchtsstätte, wo sie inmitten einer paradiesischen Natur Ruhe und inneren Frieden wiederzugewinnen hofft. Franz Joseph, der sie liebt, fürchtet, sie für lange Zeit zu verlieren.

Wieder erlebt der Leser einen weiteren Lebensabschnitt im ereignisreichen Dasein der Kaiserin Elisabeth von Österreich am prunkvollen Wiener Hof, den sie so gar nicht liebt. Immer wieder versucht sie zu fliehen, reist in Begleitung ihrer Hofdamen und des alten, getreuen Barons Nopsca in fremde Länder. Doch wieder heimgekehrt, erfährt sie, daß sich der junge, neue Thronfolger Erzherzog Franz Ferdinand weit unter seinem Stand in eine einfache Komtesse aus böhmischem Adel verliebt hat. Die Hausgesetze der Habsburger und der auf die Tradition seines Erzhauses bedachte Kaiser Franz Joseph scheinen eine Verbindung unmöglich zu machen. In seiner Not wendet sich Franz Ferdinand an die einzige, der er vertraut – an seine Tante Sissy. Sie versteht ihn und will ihm helfen. Doch sie liebt auch ihren Mann, mit dem sie ein ganzes Leben hindurch Glück und Unglück geteilt hat.

Man schreibt das Jahr 1895. Das große Fest der Heiligen Stephanskrone wirft seine Schatten voraus. Die Tausend-Jahr-Feiern in Budapest bringen Verpflichtungen mit sich, denen sich Sissy nicht entziehen kann. Doch sie flieht noch immer den Hof und die sie bewundernde Menge.
Und Rudolfs Nachfolger als Kronprinz, der junge Erzherzog Franz Ferdinand, der dessen Pläne verwirklichen will, ringt um seine Liebe. Seiner Heirat mit der nicht ebenbürtigen Komtesse Chotek stellen sich noch immer Hindernisse entgegen. Doch Sissy, seine heimliche Verbündete, hilft ihm und kämpft wie er gegen das alte Hausgesetz und starre Vorurteile...